理想的讀本

國文4

理想的讀本 國文4

目錄

序言

【理想的讀本】是我們依循對語文教育的期待與理想，從先秦至清末積累數千年的經典文學、五四以降蔚為勝境的現當代文學以及最能代表西方文明精萃之翻譯作品中，精選、編輯而成的國文讀本。由懷抱經典傳承使命的「一爐香文化事業」策畫、製作，長年推動「恢弘漢字」、「創新漢藝」的財團法人漢光教育基金會贊助並共同推出；多位充滿文學教育熱情與使命感的大學中國文學系教授、學者、專家共同執筆書寫。

【理想的讀本】系列的選文判準，以歷年來高中六個學期的國文教學內容為基礎，加以擴大、延伸、改進，希望更能符合強化語文教育的目的與當代年輕學子的需求。我們計劃編輯製作六冊國文讀本，原則上每冊選讀十五篇選文，其中包括固定比例的文言文作品與古典詩詞，近當代創作或翻譯的白話文作品或現代詩歌。

本書主要的導讀元素包括選文的原因、作者與出處、選文與注釋；選文賞析「可以這樣讀」則是文學知識與思想精髓所在，教授們以深湛的文學素養，現身說法，將經典作品條分縷析、深入淺出，詮釋文字之用、文學之美、文化之豐；「延伸閱讀」以再做點補充型態開展，經營相關的資訊與討論。選文安排由簡入繁、由淺入深、希望成為學生、老師、家長，及不同年齡層跨代閱讀國學經典與當代文學的【理想的讀本】。

在科技突飛猛進、世局快速變遷、價值板塊飄移的時代，我們既希望下一代與時俱進、經得起考驗，也希望他們能堅持信念、屹立不搖、紮根於多元豐美的人文土壤，悠遊於開闊自在的現實生活。國文教育是提供給他們成長的人文環境中最核心、最根本的一環，我們至為關心，故不揣淺陋，邁出拋磚引玉的一步，希望志同道合的各方人士不吝指正、共襄盛舉，逐步把這條深化與活化語文教育、傳承與開創中華文化的道路延伸下去。

財團法人漢光教育基金會　董事長

宋具芳

使用說明

1．本國文讀本計劃編製六冊，原則上每冊十五課（二十一篇）選文，內含適切比例的古典、現代與翻譯作品。本冊選讀文言及古典詩詞八篇、白話文及現代詩五篇、中華文化基本教材一篇。

2．每一篇的內容包括：「為何選這篇」、「作者與出處」、「選文與注釋」、「可以這樣讀」、「再做點補充」等五個元素。其中，「為何選這篇」表達這篇文章的定位與意義，或我們選讀這篇作品的目的。「可以這樣讀」以選文導覽為主，也會伺機增添一些申論，讓讀者了解其中深意。用這樣的標題，則是為柔化我們的解讀主張，鼓勵大家主動思考。「再做點補充」則包括了一般的相關資訊、文學常識與建議的「延伸閱讀」。

3．我們主張每一冊的讀本裡，至少有兩篇白話選文是應該要讀完整本書的。我們會在該篇的「延伸閱讀」中作出明確的建議。

4．編排上我們配置悅目的圖片，為了美觀，為了調劑閱讀的節奏感，更多時候是提供訊息豐富的圖片或影像，以幫助對選文內容的投入、對選文背景的理解。

編輯撰述委員

（依姓氏筆畫排序）

向鴻全

中原大學通識教育中心副教授。研究領域為中國思想史、現當代文學、通識教育。擅長散文創作，對科幻文學涉獵亦深。曾主編《臺灣科幻小說選》，著有《借來的時光》、《何處是兒時的家》等散文集。並曾獲聯合報文學獎散文獎、宗教文學獎散文獎、倪匡科幻獎評論獎、梁實秋文學獎散文獎、教育部文藝創作獎散文獎、臺北文學獎市民書寫獎等獎項。

江江明

南華大學文學系助理教授。研究領域為現當代文學，著有《論當代台港故事新編體華文小說 1949-2006》。曾發表現當代文學研究〈五〇年代台灣女性小說史觀點之詮釋策略〉、〈古典新詮，海上群芳：論海上花電影改編之女性腳色重構〉、〈他者觀點的另類介入——論張愛玲《國語海上花列傳》現代性詮釋〉等多篇學術論文，並曾獲教育部文藝創作獎、桃園縣文藝創作獎等。

何淑貞

暨南國際大學華語文教學碩士班兼任教授，曾任國立高雄師範大學國文系所教授兼系主任。研究領域：中國思想史、文化史、文學史、古典文學、漢語語法、華語文教學。專書有：《柳宗元及其詩研究》、《嘯傲東軒》、《展現生命芬芳的神話傳說——列子的智慧》、《新編抱朴子·內篇校注》、《新編抱朴子·外篇校注》、《華人社會與文化》、《華語教學語法》、《華語文教學導論》，單篇論文及創作刊登在各討論會論文集及報章雜誌。

李玲珠

高雄醫學大學通識教育中心副教授。研究領域：魏晉玄學、生死學，著有《魏晉新文化運動—自然思潮》、〈阮籍、嵇康生死意識的底蘊與轉折〉；教學專長：經典教育、國文教學，著有《懂了，紅樓夢》、〈經典教育通識化的理念與實務〉、〈大學國文內涵的反思與建構〉。

林淑貞

中興大學中文系教授。曾任中國唐代學會理事長、中興大學中文系主任、日本山口大學客座教授。研究以文學、美學為進路，著有《詩話的別響與新調：晚清林昌彝詩論抉微》、《詩話論風格》、《中國詠物詩「託物言志」析論》、《寓莊於諧——明清笑話型寓言論詮》、《表意·示意·釋義：中國寓言詩析論》、《尚實與務虛：六朝志怪書寫範式與意蘊》、《笑看人間：中國式的幽默》、《對蹠與融攝：唐人生命情調與審美風尚》、《圖像敘事與多元文本》、《詩話美典的傳釋》等，散文著有《等你，在燈火闌珊處》、《寂寞如歌》等書。

張麗珠

彰化師大國文系教授，曾任明道大學人文學院院長，武漢大學、寧波大學講座。著有「清代思想三書」：《清代義理學新貌》、《清代新義理學——傳統與現代的交會》、《清代的義理學轉型》，以及中國哲學通史的繁、簡、英文版《中國哲學史三十講》（*Thirty Chapters on the History of Chinese Philosophy*）、斷代思想史的《清代學術思想史》；另有文史專著《袖珍詞學》、《袖珍詞選》、《全祖望之史學》，暨單篇論文約六十篇，其中二十餘篇為科技部核心期刊 Thci Core 所收錄。

陳惠齡

清華大學台灣文學研究所教授。研究領域為華文文學、台灣文學、現代小說、文學理論與批評、竹塹學。著有《鄉土性・本土化・在地感——台灣新鄉土小說書寫風貌》、《現代文學鑒賞與教學》等專書以及期刊論文三十餘篇。論文〈試析白先勇《孽子》追逐的永恆家園〉曾獲賴和文學獎。

彭鏡禧

臺灣大學戲劇學系名譽教授。曾任臺大文學院院長暨外文系、戲劇系主任，維吉尼亞大學、香港城市大學客座教授。專長為文學翻譯與中西戲劇，譯作編著四十餘種，以及專書《發現莎士比亞：臺灣莎學論述選集》、《細說莎士比亞：論文集》、《尋找歷史場景：戲劇史學面面觀》、《與獨白對話：莎士比亞戲劇獨白研究》等。曾獲梁實秋文學獎譯詩組及譯文組第一名、中國文藝協會文藝（翻譯）獎章、香港翻譯學會榮譽會士。

黃雅莉

清華大學華文所教授。曾任新竹教大中語系主任。研究領域以古典詩學、詞學、現代散文為主。著有《深心與至境——宋詞主題中的生命意蘊與精神風貌》、《漂泊與尋找：王鼎鈞自傳書寫的詩心與文境》、《明清詞學體性論——以詞派之間的遞嬗為論》、《宋詞雅化的發展與嬗變——以柳、周、姜、吳為探究中心》、《宋代詞學批評專題探究》、《江西詩風的創新與再造——陳後山對杜詩的繼承與拓展》、《千古文人寂寞心——古典散文選析》、《詩心的尋索》、《詞情的饗》、《現代散文鑑賞——採擷紛繁的人生心影》，以及散文集《浮生心情》、《且向花間留晚照》。

楊宗翰

淡江大學中文系副教授。研究領域為現代詩學、台灣文學、出版編輯、文化創意產業。著有專書《破格：臺灣現代詩評論集》、《逆音：現代詩人作品析論》、《異語：現代詩與文學史論》、《台灣新詩評論：歷史與轉型》、《台灣現代詩史：批判的閱讀》、《台灣文學的當代視野》，並主編《大編時代：文學、出版與編輯論》及《淡江詩派的誕生》、合編《台灣一九七〇世代詩人詩選集》等多部文學選集。

羅智成

詩人、作家、文化評論者。曾任中時報系副刊主任、副總編輯，美商康泰納仕雜誌公司編輯總監、榫舍文化事業總經理、TOGO旅遊情報雜誌發行人、FM91.7廣播電台共同創辦人兼台長及出版社、電視製作公司負責人等，2005年後擔任過相關公職，並於文化、東吳、元智、東華、師大等大學兼任教職三十餘年。出版有詩集、散文、評論二十餘種。

蘇珊玉

高雄師大國文系教授。學術專長以文藝美學、詞（詩）話學及文學批評為主。曾參與西灣、大武山、鳳凰樹……等文學獎評審，並擔任數次兩岸主題式比較閱讀國、高中教學觀摩之評課。創作曾刊登於《聯副》、《創世紀詩雜誌》、《秋水詩刊》及《大海洋詩刊》。專書有《中國寓言》（唐宋卷）、《薛濤及其詩研究》、《盛唐邊塞詩的審美特質》、《人間詞話之審美觀》。

1 勸學 節選

先秦儒家中最具科學、實證精神的荀子，與雄辯的理想主義者孟子齊名。他以客觀的態度、清晰的理念、周延的陳述、生動的比喻深刻影響當時許多政治菁英，著名的李斯、韓非都是他的學生。可惜二千多年前儒家就已相當成熟的這一脈科學主義與實證精神，在後世卻沒有得到應有的發揚與傳承。主要的原因可能是：他的主張中具有現實性、可行性的，已被歷代的統治機制吸收、實踐，不再以學說的面貌傳世；而唐韓愈的「道統說」與宋明理學的唯心思想，更讓荀子學說見黜千餘年。這也使得中國的哲學少了某些重要的面向。本冊開宗明義第一章，讓我們透過〈勸學篇〉的選文，重返荀子的說理現場。

壹・作者與出處

荀子（約公元前三一六年～公元前二三七年），名況，趙人，被稱為荀卿，又稱孫卿。後人有認為這是避漢宣帝劉詢諱，但也有人認為荀子本姓孫，或「荀」、「孫」二字在古代同音通用。至於「卿」，一般多以尊稱為說，而也有人認為荀況字「卿」，故古書有稱為「孫

卿子」的。荀子游於齊、仕於楚，曾經擔任過楚國蘭陵（今山東蘭陵）令。他最有名的事蹟，是遊學齊國「稷下學宮」而三為祭酒，擔任學宮的主持人。

早在春秋齊桓公的時代，齊都臨淄的稷門附近便設有「稷下學宮」。「稷下學宮」的建立，在我國文化發展史上具有極重要的里程碑意義。先秦的各國爭霸，齊國在軍事力量以外，更以獨具的文化眼光和文化企圖心，希望執學術界之牛耳，以掌握文化話語權。所以在學宮設立了「論學不論政」的「列大夫」之位，又在最熱鬧的通衢大道為他們興建高門大屋，希望以此尊寵的地位，招徠天下賢士。

戰國時期繼位的齊威王、宣王、湣（ㄇㄧˇㄣ）王、襄王等，也都熱衷於提振學術文化，譬如「宣王好士」就是歷史上有名的記載。《史記》記載了齊國「稷下學宮」的盛況，說齊宣王喜文學遊說之士，包括鄒衍、淳於髡（ㄎㄨㄣ）、田駢、慎到等七十六人，都賜給他們「上大夫」職位，地位非常尊隆，當時齊國的稷下學者達一千數百餘人。而我國能夠早在兩、三千年前，就創造出輝煌早熟的「先秦子學」，以及百家爭鳴、百花齊放的文明盛況，「稷下學宮」是有力的推手。它不但是我國最早的國家級高等學府，也堪稱世界教育史上最早的官辦高等學術機構。

分別強調「道德心」和「認知心」的孟子和荀子，是儒家的兩大繼承者。孟子是在齊威王、宣王時兩度游齊，《孟子》書中有他和齊威王、宣王問答的事蹟記載。而依《史記》劉向敘考定，荀子較遲，大約是在齊湣王末年，年約五十時來到齊國。後來因為燕、齊出現戰端，燕將樂毅伐齊，湣王敗走並死於莒，於是稷下士散。直到襄王時田單復國，襄王再度恢復稷下學宮、修復「列大夫」之缺，四散的稷下士又來歸，荀子就是在此時，以其學優和年長而三為祭酒的。

荀子善《詩》、《禮》、《易》、《春秋》。清儒汪中說荀卿之學出於孔子，「而尤有功於諸經。」他甚至將荀子抬高到和周公「制禮作樂」、孔子「述而不作」一樣重要的地位，認為繼孔子傳承周公所制的禮樂教化後，儒家的《六經》之學能在後世傳衍不絕，其所依賴的就是荀子的「傳經」之功——「周公作之，孔子述之，荀卿子傳之，其揆一也。」惟後世雖知孟、荀同為孔子的繼承者，卻由於唐代韓愈的「道統說」採取「尊孟」立場，以及「尊孟」的宋明理學主宰了宋、明、清近千年的學術發展和科舉仕進，導致我國學術思想史上出現長期的「尊孟黜荀」現象。實則儒家所強調的道德仁義思想，可以分從內在德性自覺、外在禮教規範兩個不同的面向加以實踐，而孟、荀正是這兩個進路的代表。所以孟、荀是「合則雙美」的儒家雙軌，對於根器不同的芸芸眾生，缺一不可。

同樣歸宗於孔子，孟、荀最主要的差別，是在人性論上。孟子的「人性」偏就仁義禮智等天生「德性」而言，他認為這是人、禽所「別」。荀子則持自然人性論，何謂「性」？他認為是未經後天「人為」（偽）的先天本性，譬如「飢而欲飽，寒而欲煖（暖），勞而欲休」、「目好色，耳好聲，口好味，心好利，骨體膚理好愉佚」等，即是「凡物皆然」的天性自然。因此荀子主張人、禽之「別」不在「性」，而在人具有能夠學習的「認知心」。對於孟子說的仁義禮智等德性，荀子認為是後天的人為教養，要通過認知心的學習。荀子的「性惡」論不是說人性為惡，這是後人對荀學很大的誤解。他是說如果不以「禮」節制，「欲」就有可能淪為惡。又由於「禮法相涵」、「禮先法後」的緣故，法家李斯、韓非俱出荀子門下。孟學主要是發揚內在善德，弘揚孔子的「仁學」體系；荀學則強調外在規範，傳承孔子的「禮學」體系。而「仁」與「禮」，都是儒學重要的內涵。

最早的《荀子》注是唐楊倞（ㄌㄧㄤˋ）所注，通行本是清王先謙的《荀子集解》。本選文〈勸學〉是《荀子》的開篇。由於荀子繼承了孔子的禮教精神，強調「禮」對人的改造作用，要用「禮」來節制不當情欲，一如「枸木必將待檃栝烝矯然後直，鈍金必將待礱厲然後利。」彎曲的木材必須經過矯正才能變直，刀鋒鈍了就要用磨刀石磨利。因此透過「認知心」的學習，就是人脫離禽獸行為的關鍵，「學」就是荀子實現「隆禮」精神的最重要門徑。

貳・選文與注釋

君子[1]曰：「學不可以已[2]」。青，取之於藍，而青於藍[3]；冰，水為之，而寒於水。木直中繩，輮以為輪[4]，其曲中規[5]，雖有槁暴，不復挺者[6]，輮使之然也。故木受繩[7]則直，金就礪[8]則利，君子博學而日參省乎己[9]，則知明而行無過矣。故不登高山，不知天之高也；不臨深溪，不知地之厚也；不聞先王之遺言[10]，不知學問之大也。干、越、夷、貉[11]之子，生而同聲[12]，長而異俗，教使之然也。……

1 君子：指有道德、學問的人。

2 學不可以已：學習是不能停止的。已：停止。

3 青取之於藍，而青於藍：靛青的顏料是從藍草中取得的，顏色卻比藍草更藍。青：靛青，染料。藍：藍草，可作為藍色染料的原料。

4 木直中繩，輮以為輪：本來直挺的木材，可以加工使它彎曲到作為車輪。中繩：木材直挺到合乎墨線取直的標準。中：音ㄓㄨㄥˋ，合。繩：木匠用來量直線的墨線。輮：音ㄖㄡˊ，把直的東西加工使之彎曲。

5 規：圓規，畫圓的工具。

6 雖有槁暴，不復挺者：即使曬乾了，也不會再回到原來的直挺。槁：枯乾。暴：音ㄆㄨˋ，同「曝」，曝曬。

7 木受繩：木材經過墨繩取直的矯治。

8 金就礪：金屬刀鋒用磨刀石磨利。金：金屬。就：接受、接近、靠近，做動詞用。礪：磨刀石。

9 日參省乎己：每日多次、或用多事來省察自我。日：每天。參：同「三」，指多次、或多事。省：音ㄒㄧㄥˇ，省察。

10 遺言：先王遺教，指前人留下的訓誨。

吾嘗終日而思矣，不如須臾[13]之所學也。吾嘗跂[14]而望矣，不如登高之博見也。登高而招，臂非加長也，而見者遠[15]；順風而呼，聲非加疾也，而聞者彰[16]。假輿馬[17]者，非利足[18]也，而致[19]千里；假舟楫[20]者，非能水[21]也，而絕[22]江河。君子生[23]非異也，善假於物也。

11　干、越、夷、貉：泛指四方種族。干越：即吳越，或謂干即「邗」，音ㄏㄢˊ，古國名。夷：古東方種族名。貉：音ㄇㄛˋ，也作「貊」，古北方種族名。

12　同聲：啼哭聲相同。

13　須臾：短暫、片刻，一會兒。

14　跂：提起腳後跟。跂：音ㄑㄧˋ。

15　見者遠：遠處的人也能看見。

16　彰：清楚、清晰。

17　假輿馬：藉著車馬的便利性。假：憑藉、利用。輿：音ㄩˊ，車。

18　利足：善走，腳走得快。

19　致：達、到達。

20　舟楫：統稱船隻。楫：船槳，這裏借代船隻。

21　能水：善於游泳。能：善、耐。水：指游泳。名詞作動詞用。

22　絕：橫渡。

23　生：同「性」，資質、稟賦的天性。

南方有鳥焉，名曰蒙鳩[24]，以羽為巢，而編之以髮，繫之葦苕[25]，風至苕折，卵破子死。巢非不完也，所繫者然也。西方有木焉，名曰射干[26]，莖長四寸，生於高山之上，而臨百仞之淵，木莖非能長也，所立者然也。蓬生麻中，不扶而直[27]；白沙在涅，與之俱黑[28]。蘭槐之根是為芷[29]，其漸之滫[30]，君子不近，庶人不服[31]。其質非不美也，所漸者然也。故君子居必擇鄉，遊必就士[32]，所以防邪辟而近中正也。

24 蒙鳩：鳥名，一名鷦鷯（ㄐㄧㄠ ㄌㄧㄠˊ），似黃雀而較小。

25 編之以髮，繫之葦苕：用羽毛編織窩巢，繫綁在蘆葦上。苕：音ㄊㄧㄠˊ，葦花。

26 射干：植物名。射：音ㄧㄝˋ。

27 蓬生麻中，不扶而直：柔軟的蓬草長在堅挺的麻田裏，不用扶持也能挺立。比喻環境的影響很大。

28 白沙在涅，與之俱黑：白沙混進黑土裏，就一起變黑了。涅：音ㄋㄧㄝˋ，黑土。

29 蘭槐之根是為芷：蘭槐的根是具有香味的香芷。蘭槐：香草，開白花。槐：音ㄏㄨㄞˊ。

30 其漸之滫：把它浸泡在發臭的穢水裏。漸：浸泡。滫：音ㄒㄧㄡˇ，溺也，發臭的洗米水或尿液。

31 君子不近，庶人不服：不論君子或一般人都不會去親近或佩戴。

32 遊必就士：交遊的對象，必須選擇有德之人。就：親近。

物類之起[33]，必有所始。榮辱之來，必象[34]其德。肉腐出蟲，魚枯生蠹[35]。怠慢忘身[36]，禍災乃作。強自取柱，柔自取束[37]。邪穢在身，怨之所構[38]。施薪若一，火就燥也[39]，平地若一，水就濕也[40]。草木疇生[41]，禽獸群焉，物各從其類也。是故質的張，而弓矢至焉[42]；林木茂，而斧斤至焉[43]；樹成蔭，而眾鳥息焉。醯酸，而蚋聚焉[44]。故言有招禍也，行有招辱也，君子慎其所立乎！

33 起：興，興盛。

34 象：相應、象徵。

35 肉腐出蟲，魚枯生蠹：肉腐爛了就會生蛆，魚枯死了才會生蟲。蠹：音ㄉㄨˋ，蛀蟲。

36 怠慢忘身：傲慢懈怠，不知修身。

37 強自取柱，柔自取束：太堅硬的物體容易斷裂，太柔弱又容易被束縛。柱：斷折。

38 構：聚。

39 施薪若一，火就燥也：堆放的柴木看起來一樣，火會從乾燥的燒起。薪：木柴。

40 平地若一，水就濕也：在一樣平坦的地面上注水，水會往溼的地方流去。

41 疇生：同類聚集而生。疇：類。

42 質的張，而弓矢至焉：箭靶設好了，就會射來弓箭。質的：目標。質：音ㄓˋ，箭靶。的：音ㄉㄧˋ，箭靶上的目標。

43 林木茂，而斧斤至焉：樹林茂盛，就會引來斧頭砍伐。

44 醯酸，而蚋聚焉：醋變酸了，就會招惹蚊蟲。醯：音ㄒㄧ，醋。蚋：音ㄖㄨㄟˋ，蚊蟲。

積土成山，風雨興焉[45]；積水成淵，蛟龍生焉；積善成德，而神明[46]自得，聖心備焉。故不積蹞步[47]，無以致千里；不積小流，無以成江海。騏驥一躍，不能十步[48]；駑馬十駕，功在不舍[49]。鍥而舍之，朽木不折[50]；鍥而不舍，金石可鏤[51]。螾[52]無爪牙之利，筋骨之強，上食埃土，下飲黃泉，用心一也。蟹八跪而二螯[53]，非蛇蟺之穴，無可寄託者[54]，用心躁也。是故無

45 積土成山，風雨興焉：當有了大山，就會產生風雨。這是因為古人認為大山主風雨，風從谷生、雲自岫出。興：起。

46 神明：明達的睿智。

47 蹞步：半步。蹞：音ㄎㄨㄟˇ，亦作「跬」，古代的半步，跨出一腳為「跬」，跨兩腳為「步」。

48 騏驥一躍，不能十步：就算是千里馬，一次跳躍也不能十步之遠。

49 駑馬十駕，功在不舍：劣馬能夠完成十日行程而到達千里之遠，是由於牠不停地前進。駑馬：劣馬。駑：音ㄋㄨˊ。十駕：十日的行程，比喻千里之遠。駕：將車軛套在馬頸上。車軛於清晨套上、晚上卸除，謂之一駕。舍：停止。

50 鍥而舍之，朽木不折：還沒有雕刻完成就放棄了，即使是腐朽的木頭也無法刻斷。鍥：音ㄑㄧㄝ，刻。

51 鍥而不舍，金石可鏤：持續雕刻不放棄，那怕是金石也可以被雕刻。金：金屬。石：石頭。鏤：音ㄌㄡˋ，原指金屬雕刻，這裏泛指雕刻。

52 螾：同「蚓」，即蚯蚓，音ㄧㄣˇ。

53 蟹八跪而二螯：蟹足五對，共有八隻腳，兩隻螯。跪：足。螯：音ㄠˊ，蟹的第一對足，末端開叉，開合如鉗。有的版本作「六跪」，疑誤，但亦有謂「六」為虛指。

冥冥之志者[55]，無昭昭之明；無惛惛之事者[56]，無赫赫之功。行衢道者不至[57]，事兩君者不容。目不能兩視而明，耳不能兩聽而聰。螣蛇[58]無足而飛，鼫鼠五技而窮[59]。《詩》曰：「尸鳩在桑[60]，其子七兮。淑人[61]君子，其儀一兮[62]。其儀一兮，心如結[63]兮。」故君子結於一也。

54 非蚍蟺之穴，無可寄託者：蟹性浮躁不能自成穴，如果不利用蛇鱔挖好的洞穴，就無處託身。蚍：音ㄕㄜˊ，同蛇。蟺：音ㄕㄢˋ，「鱓」的或體字，亦作鱔。

55 冥冥之志：心志專注沉靜。

56 惛惛之事：全神貫注做事情。惛：音ㄏㄨㄣ。

57 行衢道者不至：走歧路無法到達目的地。因無目標，所以不能到達。衢：音ㄑㄩˊ，本義是四通八達的道路，這裏作歧路。

58 螣蛇：傳說中的飛蛇，能興雲，游於其中。螣：音ㄊㄥˊ。

59 鼫鼠五技而窮：比喻技多不專，不能成事。鼫鼠能飛，不能上屋；能爬，不能上樹；能游，不能渡谷；能挖穴，不能掩身；能行走，不能快速。鼫：音ㄨˊ，亦作「梧」。

60 尸鳩在桑：布穀鳥在桑樹上專心育雛。尸鳩：布穀鳥。

61 淑人：善人。

62 其儀一兮：其態度也應該同樣專一。

63 如結：堅定專一。

昔者瓠巴[64]鼓瑟，而流魚[65]出聽；伯牙鼓琴，而六馬仰秣[66]。故聲無小而不聞，行無隱而不形。玉在山而草木潤，淵生珠而崖不枯[67]。為善不積邪，安有不聞者乎[68]？

學惡[69]乎始？惡乎終？曰：其數[70]則始乎誦經，終乎讀《禮》；其義則始乎為士，終乎為聖人。真積力久則入[71]。學至乎沒而後止也。故學數有終，若其義則不可須臾舍也。為之人也，舍之禽獸也。故《書》者，政事之紀也；《詩》者，中聲之所止[72]也；《禮》者，法之大分[73]、類[74]之綱紀也。故學至乎《禮》而止矣。夫是之謂道德之極。《禮》之敬文[75]也，《樂》之中和也，《詩》、《書》之博也，《春秋》之微[76]也，在天地之間者畢矣。

64 瓠巴：人名，善於彈瑟。

65 流魚：游魚。

66 六馬仰秣：正在吃草的馬，都抬起頭來傾聽琴音。六馬：本義天子的馬車以六匹馬為駕，這裏泛指馬。秣：本為糧草，這裏指吃草，名詞作動詞用。

67 淵生珠而崖不枯：古人以為深淵有珍珠便能潤澤斯岸，所以崖岸不會乾枯。

68 為善不積邪，安有不聞者乎：為善只怕不能累積而已，哪有人家聽聞不見的？

69 惡：何，哪裏？音ㄨ，通「烏」。

70 數：方法。

71 真積力久則入：真誠力行，久了便能深入自得。真：誠。力：力行。入：深入有得。

72 中聲之所止：中和之聲所會聚。止：薈萃、會聚。

73 分：根本。

74 類：沒有明文規定而觸類引申的規範，譬如習俗、慣例等。

75 禮之敬文：禮教所包含的內心恭敬和外在文采。如周旋揖讓，屬於禮的內在恭敬意；車服等級，屬於禮的外在儀文。

君子之學也，入乎耳，箸乎心[77]，布乎四體，形乎動靜。端而言，蝡[78]而動，一可以為法則。小人之學也，入乎耳，出乎口[79]；口耳之間，則四寸耳，曷足以美七尺之軀哉！古之學者為己，今之學者為人[80]。君子之學也，以美其身；小人之學也，以為禽犢[81]。故不問而告謂之傲[82]，問一而告二謂之囋[83]。傲、非也，囋、非也，君子如嚮[84]矣。

76 《春秋》之微：《春秋》用來褒貶勸懲的微言大義。微：以幽微精妙的言說來褒貶。

77 箸乎心：存置於心中。箸：同「著」，存置。

78 蝡：本義是蟲爬行的樣子，這裏引申為和緩。音ㄖㄨㄢˇ。

79 入乎耳，出乎口：以口耳間的極短距離，形容短暫停留，並沒有銘記在心。

80 古之學者為己，今之學者為人：古人為學，是為了自己能有所獲得；今人為學，則是為了讓他人知道自己。

81 小人之學也，以為禽犢：小人為學，是為了仕進利祿。禽犢：餽贈之物，借代為晉身的憑藉。禽：如雁、鵝等。犢：小牛。

82 傲：「躁」的假借字。

83 囋：話多而無節制。音ㄗㄢˋ。

84 嚮：同「響」，回聲，如響之應聲。

參・可以這樣讀

〈勸學〉是《荀子》開宗明義的首篇。是在漫長的歲月洗鍊中，經得起時間考驗的傳統名篇之一。

「學」是荀子認為的成德之鑰，所以全文先論學習的重要，再論個人的學習態度與用心、內容與方法等相關問題。至於不間斷的學習——「學不可以已」，則是作為貫穿全篇的中心思想。

荀子是向大自然學習的「善說理」者

荀子的文章素來負有盛名，向以層次分明、條理清晰、論理透徹、用語精確優美，而為後世所盛稱。荀子善於說理，同時是一位善譬者。和孔、孟相比，他的文章，對問題的陳述更完整，對論題的推衍更充分。在他緣題而發、層層遞進的妙筆下，舉凡大自然觸目可見的事物，都可以作為取譬對象或書寫的題材。譬如〈勸學〉中，他信手拈來了藺草與染料、冰與水、繩墨和磨刀石；他也述說了搭車乘船、彈琴鼓瑟、口耳四體、耳聰目明之理；又隨口舉出許多大自然界的事物，像是蛇鱔挖洞、鳥兒築巢、蓬草麻田、白沙黑土，以及禽獸物類、蟲與蠹、騏驥與駑馬、弓矢、箭靶、蚯蚓、螃蟹……，以作為人情、事理的依據和精美妙喻。

在荀子以前，儒家鮮少能像他這樣多方取譬、廣引大自然現象以說理的。再說到荀子的名章佳句，如「青出於藍，而勝於藍」、「蓬生麻中，不扶而直」、

靛青這種染料是從藍草裏提取的，然而卻比藍草的顏色更青。

「不積蹞步，無以致千里」、「騏驥一躍，不能十步」、「鍥而不舍，金石可鏤」、「鼯鼠五技而窮」……種種妙喻，也都成為後人琅琅上口的勵志和警世格言。透過這些觀察和取譬，《荀子》縱深博引、生動犀利地闡明學習的重要性和如何學習。全文不但論述精湛、說理透闢，文字也很優美，引人入勝。

此外，荀子更因對大自然深入觀察，成為上古時期少數不迷信、反對天人聯繫關係的人。他以天地運行自有常軌的「天行有常」，說明天道「不為堯存，不為桀亡。」強調治亂在於「應之以治則吉，應之以亂則凶」，何須怨天？個人也同樣是「彊(強)本而節用，則天不能貧」、「修道而不貳，則天不能禍」的。因此對於大自然災異、水旱、寒暑等現象，他都視為自然法則，認為無須驚怪。荀子主張所有的吉凶禍福與成敗，都由人的「努力與否？」所決定。

學習有終點站嗎？

關於人、禽之「別」，荀子認為人和禽獸最關鍵的差別，在於人具有高度的「心知之明」，可以通過認知心去學習。所以如何學？如何累積「學」的成果？就成為人生很重要的課題。

荀子說，聖人是「生而知之」的，聖人再經過「積而致」的「積思慮」，累積思考和學習，可以為我們留下很多文化成果和禮義教化。身為芸芸眾生的一般人，通過這些學習，便可以獲得師法之教，身體力行，便可以共創純美的理性社會。對於走在進德、修業路上的我們，「學」就是荀子最重要的提點。

本來直挺的木材，可以加工
使它彎曲到作為車輪，即使曬乾了，
也不會再回到原來的直挺。

不論蒙鳩築巢的過程如何
辛苦，巢穴多麼嚴密完美，
只要所寄託的地方不對，
譬如蘆葦，那麼當大風吹過，
葦折巢破，就不能免於
「卵破子死」的結果。

學習之於人，正如雕琢，「玉不琢、不成器，人不學、不知義。」一般人都不是「生而知之」的；但是只要懂得學習，就是「善假於物」，就好像站在高山上，那開闊的視野、超越凡俗的眼界，絕非谷底所能揣想。以閱讀為例，就像乘著作者的翅膀飛翔，能夠登高望遠地借助作者之眼，獲取進入寶山、開啟知識之門的鎖鑰。所以荀子說「木受繩則直，金就礪則利。」他用繩墨之道和磨刀石可以銳利鋒刃為喻，說明通過「不可須臾舍」的學習，人便能夠如同登高以「博見」、順風而使「聞者彰」、乘坐輿馬以「致千里」……般，可以突破有限性以進求無限性，可以達到無垠無涯的人生發揮。是故，荀子說「學不可以已」、「學至乎沒而後止」，不停的學習，是人生擺脫無知，「積善成德」、「以美其身」的最重要門徑。

除了「善假於物」，還要「慎其所立」

求道之路漫長又艱辛，實踐理想，絕不可能一蹴而就，但是「人心惟危，道心惟微」，聖賢之道如此地幽深奧妙，人心卻又如此地危疑不安、脆弱而難以堅持，所以即使明知學習的重要，有多少人能夠切實做到？荀子早在二千多年前就看清楚「與生俱來」的人性，是好逸惡勞、想要富貴福澤的。這也成為他不迴避、不閃躲的人性論特點。他認為如果不能適度節制人心欲望，並善加引導的話，將會流於惡，遑論得道與成德！以此，他極力凸顯心知之明，要使人人都能在明智的道德判斷下，一方面做到「善假於物」，借助環境以使事半

荀子以「金就礪則利」為喻，說明通過「不可須臾舍」的學習，可以突破有限性以進求無限性，可以達到無垠無涯的人生發揮。

功倍；另方面也謹小慎微地「慎其所立」，毋為錯誤選擇，致使人生修為前功盡棄。

荀子非常突出「心」在學習歷程的主導地位——「人何以知『道』？曰：心。」想要成德就要充分發揮理智判斷，從開始的慎始、慎立、慎選環境，到學什麼？如何學習？都要涵蓋其中。故荀子繼闡明學習的重要性之後，〈勸學〉又接著舉了很多例子，說明「心知之明」對選擇環境至為關鍵，希望每個人的學習之路，都能正確出發。

荀子先透過辛苦編織卻將鳥巢繫在蘆花上的蒙鳩鳥，和莖長只有四寸卻能使人人得見的「射干」木為例，以闡明環境的重要，再進至「師法之教」就是最有效的助成說明。他說不論蒙鳩築巢的過程如何辛苦，巢穴多麼嚴密完美，只要所寄託的地方不對譬如蘆葦，那麼當大風吹過，葦折巢破，就不能免於「卵破子死」的結果。反之，矮小的「射干」面對百仞深淵時，因為立在萬丈高山上，便可使眾人看得見它。又如柔弱而無法自立的蓬草，如果把它種在麻田裏，則大風吹過，它也不會倒伏；白沙儘管本來潔白，一旦被混入黑土，便將與之同黑。這些例證都說明環境對成敗的攸關重大，我們又怎能不慎其所立呢！

正因一切的選擇都出於自己，所以人生的榮辱都是自己種下的因。學或不學？向誰學？學什麼？自己的定位要放在哪裏？就像蘭槐香芷即使與生俱有香氣美質，也可能由於「漸於滫」而招致惡臭。所以立身過度剛強容易斷折，過

「射干」經常只有四寸，卻能使人人得見，因為它立在萬丈高山上。

於柔弱會受束縛，而選擇怠慢忘身或是「居必擇鄉，遊必就士」？一切結果都是自我選擇的啊！君子務必慎其所立。

鍥而不捨，鐵杵磨成繡花針

有了願意學習的心和正確的方向選擇，是否就能保證成功呢？成功僅僅依賴善始仍是不足的，人性的好逸惡勞，才是自己的最大敵人，所以要能有成，還要持續不斷地累積成果。因此荀子又說明誠懇為學的必要性，因為只有出自內心熾烈的動力，殆如屈原「雖九死其猶未悔」般的熱情與堅持，才能永不停歇地持續向前。故荀子又論「學」是「為己」，不是「為人」（他人）。不是要把自己當作求售的禮物，如「禽犢」般加以包裝、推銷，或是夤緣求進地以為利祿階梯，那都不是「誠於己」的學習。

〈勸學〉告訴我們：「為善不積邪，安有不聞者乎?」不論進德與修業的各個面向學習，我們只要捫心自問是否累積了學問之功，而不要去計較聲名如何?聲譽遠播了嗎?關於「學」的累積和持續向前，清儒中頗具盛名的段玉裁，教諭後來也學有所成的外孫龔自珍的一段話，很能說出箇中滋味，那實在不是一般外人能夠體會的。他說：

遠而望之，皆一丘一壑耳；身入其中，乃皆成泰山滄海，涉歷甘苦皆無盡也。

學問的門徑各異，當我們置身其外、遠遠遙望時，絕看不見門牆內的百官之富，只覺「一丘一壑」都是和我們「無涉」的。唯有出自內心的真誠動力、無怨無悔地縱身其中了，才會發現原來每個小山丘小山谷，都是無限寬廣的「泰山滄海」。

所以如何才能鐵杵磨成繡花針？對於門類各異的「學」，要怎樣做到荀子說的「鍥而不捨，金石可鏤」？清儒焦循也曾具體形容學的過程，最重要的就是非常誠懇地對自己負責，而不是包裝求售的心態。他說：

譬如探星宿海河原，已走萬里，覺其不是，又回家。更走萬里，又不是，又回，又走。每次萬里，不憚往返。此非悉屏一切功名富貴以及慶弔酬應，不能耐心為此。

為學，哪怕是已經走了萬里之途，只要發現錯了，就只有回頭一路。再走萬里，如果還是錯，仍然別無選擇地只有回頭一路。在整頓好心情後，還要不改初衷地再度踏上行程，不斷向前。如此，若不能摒棄功名富貴、應酬酬酢，恐怕是做不到的。這些都可以作為荀子說「君子之學也，以美其身；小人之學也，以為禽犢」的註腳。我們只要關心能否積蹞步、鍥而不捨地積善成德？只要能做到如駑馬十駕的專心致志，縱然千里之遠，都是指日可待的，鐵杵終有成為繡花針的一天。

「合則雙美」的孟、荀人性論

孟子、荀子都是孔子思想的重要繼承者。在漢代，荀子被尊為儒者典範，司馬遷在《史記》中以孟、荀合傳，不分高下。但是到了唐代，韓愈的儒家「道統」系譜只有孟子而沒有荀子，他說荀子「大醇而小疵」。其後，宋明理學更加「尊孟」，尤其在理學取得了學界主流地位後，荀學更是一落千丈。宋神宗以孟子「配享」孔廟殿中，荀子、揚雄等人僅得「從祀」孔廟兩廡；孟子受封「鄒國公」，荀子僅封為「蘭陵伯」。此後，直至復興經學的清代，荀學始以傳經之功獲得地位的提升。在我國學術思想史上，荀子可謂見黜兩千年。

孟、荀理論固然不同，但不能依字面直解而從「性善／性惡」的表面反差，說以二人理論相反。實則孟子係從「人之所以為人」的角度，指出人、禽之「別」在於仁義禮智等內在善德。荀子則從嚴格的邏輯定義出發，指出「性」就是天生自然，是沒有經過人為文飾的質樸本性，如耳目口鼻嗜欲等人禽所「同」者，因此「所學而能，所事而成」的後天人為（「偽」）如禮義，不能稱之為「性」。以「孔融讓梨」為例，順著一般人情，都會想要選取大的甜梨，那麼，為什麼會拿小梨？就是因為禮教陶冶的緣故，因此禮讓精神是禮教下的產物，不是出自天性。用來規範人際的禮義，正是因為「人生而有欲，欲而不得，則不能無求；求而無度量分界，則不能不爭；爭則亂，亂則窮。」在充滿了種種情欲的人生路上，如果不用「禮」來適度節制，便有可能出現過當、無節、殘賊的爭亂，社會也會亡失本來應有的忠信、辭讓、禮義文理等善良秩序，「犯分亂理，而歸於暴。」因此「禮」是聖人經過不斷思慮後，為我們制定的最佳生活理則，「聖人積思慮、習偽故，以生禮義而起法度」，這是後天的人為努力。

「禮」既是一種外在規範、聖人所制定，那麼，當然是要經過外向學習的，它和孟子說的內在善德「非由外鑠」，具有「先天／後天」、「內／外」的不同進路與差別。

荀子繼承的是儒家強調用「師法之化、禮義之道」以導正人性的觀點，是強調「其善者『偽』也」的後天學習工夫，是說「善」的理性社會實踐，必須依賴禮教學習。於此，本屬會意字的「偽」是正面立意，是指「人為」的後天努力。但因古今用語的差異性，今人對於「偽」字往往採取負面立意，謂以欺詐不實；加上乍見「性惡」說，每每望文生義地誤解荀子持論人性為惡、為壞，這種說法充斥著輿論。這是我們今日認識荀學首先要釐清的地方。其實「偽」的人為學習，是荀學中非常重要的努力。孟、荀的道德進路，一重德性、一重理智，是儒學「合則雙美，離則兩傷」的雙軌並進。

肆．再做點補充：設立稷下學宮的齊國很有戲

齊國是春秋第一個霸主，在軍事稱霸以外，也想領導文化發展。「稷下學宮」最早設立於齊桓公時代，桓公後歷經威王、宣王、湣王、襄王等，也都繼續不懈地推動此一文化事業。在春秋戰國的紛亂戰局中，「稷下學宮」交出了高度

文化成就的成績單，齊國也以強國之姿，頗有一些值得後人學習借鏡的地方。

◎「不鳴則已，一鳴驚人」的齊威王

齊威王是齊桓公之子，早年曾經沉迷聲色犬馬、流連美酒女色之中。在位初期，他喜為長夜之飲，沈湎酒色不能治事，國勢漸衰。各國看見齊國漸弱遂出兵攻打，奪去不少土地城池，後來威王納諫，在鄒忌、田忌的輔助下，烹殺佞臣，走上富強之路。

鄒忌和稷下學宮善陰陽的鄒衍、鄒奭，是齊國的「三鄒子」，可能也是稷下學者。當齊國國勢衰弱時，威王喜怒無常、動輒懲罰臣下。鄒忌於是「鼓琴見威王」，借撫琴之理，曉之以理、動之以情地對威王談治國方略。威王深受感動，決定重用佐政，這就是「鄒忌子見，三月而受相印」故事。鄒忌為勸威王廣納諫言，曾以自身為例，說了一個「徐公之美」的故事：

鄒忌形貌美麗，城北徐公也是齊國中容貌非常美好的人。鄒忌曾先後問他的妻、妾與來客，我和徐公相比，誰美？結果他們都一致回答鄒忌美。第二天恰巧徐公來訪，鄒忌仔細端詳後，心裏明白自己不如徐公美；窺鏡自視後，更確信自己遠遠不如。於是他得出結論：妻子因為偏私於我，妾是怕我，客則有求於我——人往往被各自抱持不同理由的人蒙蔽。因此他勸威王要廣聽納諫，因為「宮婦左右莫不私王，朝廷之臣莫不畏王，四境之內莫不有求於王」，可想而知，「王之蔽甚矣！」威王亦從善如流地改掉紈絝子弟氣息，廣開言路。

於是一時間宮門熙攘，大臣爭相建言，這就是「門庭若市」的典故。齊國同時興起了「禮賢下士」的風氣，一年後齊國大治。

另外，在威王尚未振作以前，齊國也有一位善謎解的淳於髡，他拜見好謎的威王，說有一隻大鳥棲息在宮廷中數年，不飛也不叫，不知何故？威王知其喻意，便答以「此鳥不飛則已，一飛沖天。不鳴則已，一鳴驚人！」淳於髡便順勢說，方今眾臣就是等著大鳥的飛翔和鳴叫啊！此為「一鳴驚人」的典故。

再者，《三十六計》中「李代桃僵（枯死）」代表作的「田忌賽馬」，用小損失換取大利益，也是威王時的故事。田忌經常和齊威公賽馬，但總是落敗。門下孫臏遂建議田忌先以「下駟對上駟」，用下等馬對威王的上等馬，在解決了威王的上馬後，再以上馬對威王中馬，中馬對其下馬。田忌果然以二勝一負贏得威王的千金。後來田忌把孫臏推薦給當時正和魏國爭勝、廣招賢才的齊威王，用為軍師。於是齊國在鄒忌為相、田忌為將、孫臏為軍師下（另詳：《理想的讀本·國文3》，第一課孫子兵法節選），招賢納士、廣收人才，果然一躍成為當時的強國，大敗魏軍，擄魏太子申。

不飛則已，一飛沖天。不鳴則已，一鳴驚人！
比喻平時沒有特殊表現，
一旦施展才華，便有非凡的成果。

◎以醜女鍾無豔為后，重「婦德」不重「婦容」的齊宣王

繼齊威王打破戰國初期魏國獨霸的局面後，宣王也是齊國進入戰國時代的有為之君。在齊、魏爭霸的時代背景下，燕王噲讓位給宰相子之，齊人詐勸燕太子起兵奪回君權，太子反而在戰亂中被殺。於是齊宣王趁燕國王室動亂時攻燕，燕王噲被殺，子之敗逃，為齊所殺。此時，宣王曾向孟子請益，孟子也因勢利導地勸行仁政，呼籲行王道、去霸道，但是宣王沒有聽從。不久，趙、魏、韓、楚、秦五國合力攻齊，齊人在多國壓力下從燕退兵，燕另立昭王。故齊宣王嘆：「吾甚慚於孟子！」至此，列國已不敢再輕忽齊國，不過卻也埋下了後來湣王被燕將樂毅打敗、走莒而亡，以及齊國風雨飄搖、幾近覆亡的導火線。

齊宣王是一位有心作為的國君。據劉向《列女傳》載，齊國無鹽（今山東省東平縣無鹽村）有一位名為鍾離春（又稱鍾無鹽、鍾無豔）的女性人物，極有才識，但樣貌極醜，年過四十而未嫁。書中形容她「昂鼻結喉，肥項（脖）少髮」、「皮膚若漆（黑）」，至言「極醜無雙！」她前往覲見齊宣王。起初宣王以其貌醜，未予重視。接著她陳述了齊國西有秦患、南有楚讎，卻內聚姦臣，眾人不附；又高臺五重，聚以黃金白玉、翡翠珠璣，萬民疲極；再加上賢者匿於山林，諂諛邪偽立於朝，忠諫者不得其門；且君王好飲酒沈湎，女樂俳優夜以繼日，外不脩諸侯之禮，內不秉國家之治，所以她扣膝大喊「殆哉！殆哉！（危險了）」齊宣王聞君一席話後，喟然而嘆：「痛乎無鹽君之言！乃今一聞。」不但立刻

「拆漸台，罷女樂，退諂諛，進直言，選兵馬，實府庫」，還立她為后，協助自己重振朝綱。《列女傳》說：「齊國大安者，醜女之力也。」

鍾離春進諫齊宣王的故事深受民間喜愛，後人並以「無鹽女」做為醜女的代稱。此一題材也成為後世許多戲劇作品的取材原型，譬如影劇〈有事鍾無艷〉、〈92鍾無艷〉、〈鍾無艷〉、〈我愛鍾無艷〉，以及相聲〈醜娘娘〉等皆是。

◎「濫竽充數」的南郭先生

齊國是東方大國，位處河北、山東一帶，因富於漁、鹽之利，在先秦時期已經造就了高度發達的商業社會和繁榮景象。設立了「稷下學宮」的都城臨淄，城內百姓無不吹竽鼓瑟、彈琴擊筑、鬥雞走狗、下棋蹋球，各種娛樂一應俱全。《史記》記載當時「家殷人足」的富庶情況，是「車轂擊，人肩摩」、「舉袂成幕、揮汗成雨。」另外，《韓非子》也記載齊宣王喜歡聽合奏吹竽（一種管簧樂器）的嗜好。宣王總是讓三百名樂工聲勢壯大地一齊演奏，但其中有一位南郭先生根本不擅吹竽，他為貪厚祿，吹噓自己，並且混入大合奏隊伍。直到宣王去世，他都未被拆穿。等到湣王即位以後，因湣王愛好獨奏，喜歡個別聽取吹竽，這一來遂嚇得南郭先生趕緊逃跑了。這就是「濫竽充數」的典故由來。

◎「毋忘在莒」和田單復國

秦國最後統一了各國，秦朝並由此開啟我國集權中央的帝制時代。那麼，從春秋到戰國都堪稱東方強國的齊國，是怎麼一蹶不振的？這就要說到齊湣王了。

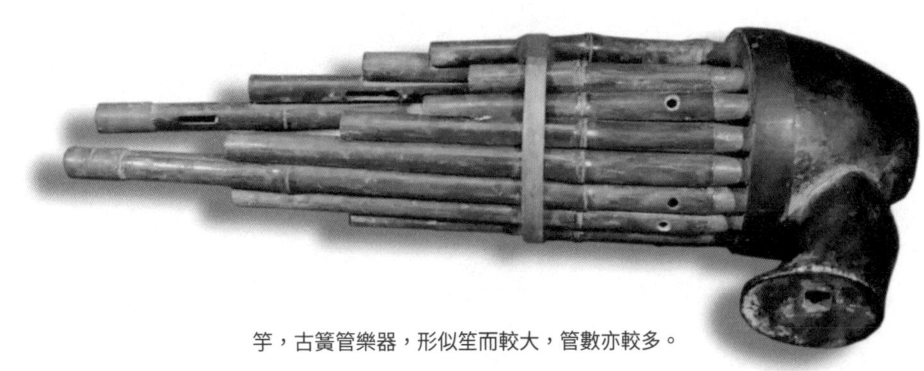

竽，古簧管樂器，形似笙而較大，管數亦較多。

具有雄心卻志大才疏的齊湣王，在位期間中了燕國奸細蘇秦的計謀，併吞宋國，並導致周圍各國對齊國的恐懼。於是在燕昭王的離間下，秦、魏、趙、韓、燕五國聯軍伐齊。齊國都城臨淄被攻破，燕國占領齊國七十二城池，僅剩下「即墨」和「莒」二城，是齊國最後的固守之地。在戰亂中，湣王走莒而被楚將淖齒挾持，迫以割地，他寧死不從，被虐殺而死。之後莒地的齊人殺了淖齒，擁立太子為齊王，即齊襄王。

接著，田單以即墨作為反攻基地，歷經五年艱苦歲月，終於逆襲成功，一舉收復了齊國失地。田單復國是我國歷史上極其著名的傳奇故事。足智多謀、攻心為上的田單，在攻燕的過程中用了很多連環計：他先用反間計，誘使燕國「陣前換將」，撤換強將樂毅，離心離德，無戰鬥之志。又佯裝有神師前來助齊，裝神弄鬼。再用激將法，使燕軍對齊虜施以劓（ㄧˋ，割鼻）刑，復在城外掘墳焚屍，藉此激迸齊兵怒氣和鬥志。又令士兵躲藏，改派婦孺守城，並送降表出城，懇求破城時不要擄掠，以此棄城之姿增加敵軍驕氣。最後更用了一個非常具有創意的火牛陣：齊軍聚牛千餘隻，畫上五彩花紋，披上土黃綢緞，在牛角上綁尖刀，牛尾上繫以浸油葦草，後面跟隨五千勇士，當衝鋒陷陣時，火牛因葦草被點燃而狂奔亂竄，士兵則衝鋒殺敵，婦孺並齊聲敲打銅器戰鼓。在震天巨響中，燕軍將士以為天降神兵，嚇得潰不成軍。田單乘勝追擊，一舉收復了齊國七十餘城。

田單復國後，迎接齊襄王回都城臨淄，襄王再度復興「稷下學宮」，荀子就是此時在學宮三為祭酒，主持學宮的。

三峽祖師廟裡飾有田單以火牛陣奇襲，成功復國的傳奇故事場景浮雕。

不過由於湣王走莒，田單復國的故事極具傳奇性，因此後世往往將齊國另一個「毋忘在莒」的典故，訛傳成為田單的故事。其實「毋忘在莒」典出鮑叔牙提醒齊桓公毋忘初衷，不要忘記當年苦難之意。

春秋時代，齊國曾在齊襄公末期發生內亂，大夫鮑叔牙攜公子小白流亡到南部的小國莒國。歷經爭亂後，小白返回臨淄即位，成為春秋「五霸」之首的齊桓公。據《管子》記載，有一次桓公、管仲、鮑叔牙、甯戚四人一齊宴飲，當酒酣耳熱時，桓公對鮑叔牙說：怎麼不起來為我敬酒？鮑叔牙於是捧杯而起，說了一段祝酒詞。他說：希望桓公毋忘在莒時、管仲毋忘在魯束縛（幽囚）時、甯戚毋忘飯（餵）牛車下時。桓公頓醒，離席再拜，說：寡人和二位大夫無忘夫子之言，相信我們的國家社稷就都不會有危險了。

台灣的金門也有一個莒光島，軍中有莒光日，政教節目有「莒光園地」，連江縣有莒光鄉，原來的東犬、西犬二島也更名為東莒、西莒，台鐵火車有莒光號……，凡此，並皆取意於「毋忘在莒」。

（張麗珠）◆

▶太武山為金門最著名的地標，地處金門島嶼的正中央，山頂上有一個「毋忘在莒」勒石，高數十丈。

2 唐詩三首

之一．楓橋夜泊

詩的感染力不僅是來自敘述或抒情，還有意象的營建。
一張畫、一幅風景、一種心境觸動了我們，
便成為難以言喻的美感經驗，而讓人低迴不已。
張繼的〈楓橋夜泊〉就是非常典型的例子。
透過想像，唐朝一個客宿江邊、聞鐘難寐的夜晚，
就這樣跨越了時代、跨越了國界，讓每個讀到這首詩的人，
都油然升起屬於自己的那份畫境，那份憂思與感慨。

壹．作者與出處

張繼，唐代詩人，字懿孫，襄州人（今湖北襄陽人）。他的確切生卒年不可考。據文獻記錄，僅知他是天寶十二載（西元七五三年）的進士。初到長安時，有〈感懷〉一詩，自言：「調與時人背，心將靜者論。終年帝城裡，不識五侯門。」可見他不逢迎權貴，生性淡泊。張繼曾經在輔佐戎幕期間，擔任鹽鐵判官；唐代宗大曆年間，以檢校祠部員外郎（唐代尚書省設有吏、戶、禮、兵、刑、工六部，禮部下面有祠

部等四司，「員外郎」是各司的副職主官；「檢校」一詞，在唐代的用法，約莫等同今日所說的「安排、處理某事」）分掌財政於洪州（今江西南昌市），卒於任內。他的好友劉長卿有〈哭張員外繼〉一詩，說張繼「世難愁歸路，家貧緩葬期」，可見其生前清貧，死後多折騰。此外，劉長卿又自注云：「公及夫人相次歿於洪州」，依此推估，可知張繼卒年大約在大曆末年。

張繼的千年絕唱〈楓橋夜泊〉最早被選入唐代高仲武所編《中興間氣集》中，詩題則是〈夜泊松江〉，大約是張繼於唐肅宗至德年間漫遊吳、越時所作，創作時間約在天寶安史之亂左右，是詩人因避戰禍而遷移南方。當時作者泊船在蘇州城外吳江口的渡口歇宿，吳江下游舊稱松江。楓橋，在唐代隸屬於紹興郡，在今天江蘇蘇州西南，時稱紹興楓橋驛，與寒山寺鄰近。寒山寺旁因河流經過而有多座橋梁，楓橋為其中之一。至於寒山寺，始建於六朝時的梁朝，原名妙利普明塔院，又稱普明禪院、普明寺，據傳唐太宗貞觀年間詩僧寒山、拾得曾住持於此，之後便以「寒山」題寺而聞名於世。

〈楓橋夜泊〉自《中興間氣集》選編之後，歷代詩選皆收錄此詩。根據該集總評張繼的詩，指出他的詩「爽朗激越，不事雕琢，比興幽深，事理雙切」，對後世頗有影響，惟流傳下來的作品不到五十首。張繼的詩作，相較唐代其他大家雖然稱不上是名家，但是明代《唐詩品匯・凡例》卻把他的七言絕句列入「接武」（該書大抵以初唐為正始，盛唐則分為正宗、大家、名家、羽翼，中唐為接武，晚唐則是正變、餘響）等級。直到清代蘅塘退士將〈楓橋夜泊〉編入《唐詩三百首》後，本首詩便在雲蒸霞蔚、名家輩出的唐詩中，得以廣泛流傳於普羅大眾，從此膾炙人口而讓不少人都能琅琅上口。

蘇州寒山寺〈楓橋夜泊〉詩碑，為清儒俞樾所書。

貳・選文與注釋

月落[1]烏啼霜滿天[2]，
江楓[3]漁火[4]對[5]愁眠。
姑蘇城[6]外寒山寺，
夜半[7]鐘聲到客船。

1 月落：明月西斜，表夜深。

2 霜滿天：秋霜縱使再多，亦不可能覆蓋天，故公允之說，宜指滿月前後清亮的月光。亦即明月如霜，可備為一說。霜：指嚴寒之氣或霜寒之感，並非指凝結的白霜。

3 江楓：寒山寺旁之江橋與楓橋的合稱。江南臨水，秋葉保濕，鮮紅可愛，使人誤以為是楓樹。其次，楓樹生於山中，性怕土濕，不能種植於江畔。此外，根據歷代地方誌並考證姑蘇城附近之地景，此處從未植栽過楓樹。另有一說，此地多種植烏柏樹，當入秋葉子紅了烏柏樹遠望像楓樹，或可聊備一論。綜前所言，可知江楓並非指江邊的楓樹，而是指寒山寺旁的江橋與楓橋。

4 漁火：漁舟中的燈火。

5 對：相伴之意，兼有面對落月烏啼、滿天霜氣、江楓漁火之情。

6 姑蘇城：蘇州或吳縣之代稱。

7 夜半：深夜，一說夜「伴」。

參・可以這樣讀

作者之用心未必然，而讀者之心何必不然

〈楓橋夜泊〉這首傳世的經典詩篇，包括時間、地點、詩題、異文、詩意等，都存在不少相異的看法。由於絕句字約義豐，加上作者所賦予的情感及生命閱歷，或許我們可以在不以文害辭，不以辭害意的前題下，省去令人望而生畏的考據，直接探索詩中引人入勝之處。

〈楓橋夜泊〉書寫地點在秋景幽美的江蘇蘇州，一「泊」字則點出詩人停泊於船隻之上，飽含懷鄉之情則是其寫作心境。首句「月落」、「霜滿天」是訴諸視覺，是靜中有動的畫面；「烏啼」是聽覺，兩者相合頗有「蟬噪林逾靜，鳥鳴山更幽」的意境，也就是以啼聲襯托夜晚的寂靜，除了點出詩人夜深不寐、聽覺格外敏銳之外，也進一步烘托出作者當下的淒清與愁情。於是「霜滿天」便是詩人在月光如霜的視覺中，寒冷砭骨的觸感也隨之被召喚而來，這時候與四周煙波浩渺、空曠蒼茫的江邊相綰，詩人孤孑淒涼的惆悵心理已被凸顯出來。

簡言之，本首詩第一句七字，飽含豐富的感官摹寫，有層次、又有音效，渲染出一幅扣人心弦的畫面。一般而言，孤舟漂泊的遊子，愁緒盈滿胸懷乃理所當然，一旦身處在江南水鄉深秋的清幽景致中，更顯得容易觸目生悲。加上「自古逢秋悲寂寥」，尤其是在萬籟俱寂的夜裡，這時棲息的烏鴉，驀然地聒噪劃破夜深的寧靜，對敏銳的詩人來說，此時真實的感覺與心靈的感受，加上

月落和烏啼
襯托夜晚的寂靜，
點出詩人
夜深不寐的淒清。

節氣秋霜的深寒，自然營造出一幅愁懷不寐的畫境。

至於「江楓漁火對愁眠」，是「愁對江楓漁火眠」的語意倒裝，指出愁緒面對江橋、楓橋、伴隨漁舟點點燈火而無法安眠，心緒的波動與夜中漁火的閃爍，互相擾動，安眠談何容易?緊接著以疏朗的筆調書寫臥聞遠方的鐘聲。寒山寺是古剎，也蓄積著吳、越豐富的歷史內涵，難免喚起作者興衰成敗的滄桑之感。一「到」字，則說明鐘聲來自寒山寺，然而偏偏抵達之處、傳達之終點，正是船中作者之耳，以及無數羈旅、避禍……作客他鄉遊子之耳中。末句主要聚焦在以動態之鐘聲打破寂靜的畫面，也是全首詩情感的高潮所在。詩人走筆至此，藉自然景觀與建築，由遠至近的空間，以遞進式的情感抒發，集中焦點表現情感的轉折並深化自己的孤寂之情。

此時難以名狀的深沉哀傷，再加上光影在水波上明滅如漁火，風行水宿、漂泊不定的無涯愁緒，正如漁火若隱若現，瀰漫在遼闊的江面上與江橋、楓橋。「江楓漁火」四字動中有靜、色彩冷暖相襯，視覺是清輝轉淡；空間是遠近晃漾的幢幢交疊；情境是迷離而幽邈的；氣氛是晦黯而神秘的。旅人在此時空間，倍感四方襲來的淒寒與黯然神傷。

本詩融情入景，無論虛實色相或動靜聲音之鋪陳，有如「羚羊掛角，無跡可求」（傳說羚羊夜間睡覺，一躍將彎曲大角掛在枝上，兩腳懸空，讓兇猛的野獸或獵人無跡可尋。之後用來比喻詩境空靈蘊藉，不著痕跡），也就是說，本首詩意象圓融而玲瓏透徹，詩境如畫且和諧幽邈，有如空中之音、水中之月、鏡中之花，充滿言有盡而意無窮之美，所以千餘年來不僅在我國膾炙人口，也流行至外國。正如清代詩評所言：「作者不過夜行記事之詩，隨手寫來，得自然趣味。詩非不佳，然唐人七絕佳作如林，獨此詩流傳日本，幾婦稚皆習誦之。詩之傳與不傳，亦有幸有不幸耶！」為〈楓橋夜泊〉的受歡迎，添增了有力的註腳。

詩人因愁不寐，夜聽鐘聲

〈楓橋夜泊〉所寫楓橋泊舟一夜之景，詩中除所見所聞外，只一「愁」字透露心情。半夜鐘聲，並非只有旅愁者才能聽到，後人紛紛爭論夜半有無鐘聲，殊覺可笑。〈楓橋夜泊〉敘寫從無眠到夜半曉鐘，詩人真的怨鐘聲太早，而擾人清夢嗎？夜半鐘聲有人質疑或謂其誤，明說此地怎會有半夜鐘聲？實在有所誤解。其實，張繼語脈自有深意，自「愁眠」而起，愁緒何在？科舉落第之愁、羈旅異鄉之愁、家國內亂之愁……妙在失眠中的失落，孤寂深夜中的不寧靜，可說盡在不言中！

有關「夜半曉鐘」之疑，如北宋歐陽脩曾經認為「夜半」三更不是敲鐘時候，但是南宋范成大在《吳郡志》綜合當時文士等人的爭辯，並考證吳中地區各僧寺，確實有夜半敲鐘的習俗，稱之為「定夜鐘」。倘若回歸張繼所處時代，證之詩文，如中唐白居易寫道：「新秋松影下，半夜鐘聲後」，中唐詩僧于鵠則說：「應聽緱山半夜鐘」，南唐溫庭筠也說：「悠然逆旅頻回首，無復松窗半夜鐘。」則可知前人詩文早已有「夜半鐘」的書寫記錄，不獨張繼一人而已。

因此，大抵可知，夜半鐘聲，美在意境，實在無須爭一時半刻！至於詩歌的主旨，在深秋氛圍，離鄉遊子充滿夜不能寐的惆悵，也不必推敲詳細時辰。要言之，詩人興象所至，模糊之美其實不必執著。

肆・再做點補充

夜半為何撞鐘？鐘聲為何一〇八響？

古云：「有寺必有鐘，無鐘即無寺。」數千年來，鐘聲與寺廟之間關係密切，古樸厚實之鐘搭配悠揚莊嚴的鐘聲，向來是寺廟宮觀給前來拜謁者的重要標誌。因為鐘聲洪亮、安穩、平靜又端正安詳，一般認為鐘聲可以除卻煩惱，迎來好運與吉祥，因而深植人心。至於寺廟鐘聲為何是一〇八響？

一說指每年有十二個月、廿四節氣、七十二候（五天為一候），相加正好是一〇八，敲鐘一〇八下，象徵一年結束，有除舊佈新之意。二是承襲佛教傳說，意謂凡人在一年中有一百零八種煩惱，藉由鐘響一〇八次的迴向，便可驅除人的所有煩惱。如果〈楓橋夜泊〉中的詩人，正因為入世受創之心，在夜闌人靜時通過世俗之鐘的響遏行雲而超越，其韻味不正好和以名僧「寒山」命寺名的雅趣相綰，可說別具深意。

「夜泊」興象高亮，實青蓮嗣響

自古詩人「夜泊」，可以是羈旅、或客居、或赴任、或遊賞……不一而足，

寒山寺，始建於六朝時的梁朝，據傳詩僧寒山、拾得曾住持於此。

從旅夜書懷到夜半懷古、或無眠至曉，客夜愁懷之作，不乏名家。如李白〈夜泊牛渚懷古〉：

牛渚西江夜，青天無片雲。登舟望秋月，空憶謝將軍。
余亦能高詠，斯人不可聞。明朝掛帆席（一作：去），楓葉落紛紛。

李白這首律詩早於張繼，是對〈楓橋夜泊〉的啟迪，或者兩者有異曲同工之處呢？首先，李白為律詩，張繼為絕句，體裁章法不同。但李白這首詩開門見山，點明「牛渚夜泊」，與張繼詩題「楓橋夜泊」，可謂相類。李白首聯寫牛渚夜景，大處落墨，展現萬里無雲、碧海青天的夜景。此時，空明的蒼夜與浩渺的西江（從南京以西到江西境內的這段長江，古稱西江。牛渚位在西江此段中）在夜色中融爲一體。詩人置身於此，寫景與〈楓橋夜泊〉煙波浩渺、空曠蒼茫的江邊，同為空闊渺遠之境。然而，李白頷聯三、四句由牛渚「望月」過渡到「懷古」，所流露的是悠然神遠的感懷，和張繼在秋霜身寒之際，愁懷不寐的悲愴心靈，則迥然不同。

李白〈夜泊牛渚懷古〉詩題下有注：「此地即謝尚聞袁宏詠史處」。詩人以鎮西將軍謝尚鎮守牛渚時，乘月泛江，遇見袁宏在運租船上朗吟自己的詠史詩，十分讚賞，於是邀他過船細品、談論詩作，直到天明。這一典故正是李白的會心之處，從人文歷史發掘一段令人嚮往羨慕的友好關係——人世地位的貴賤懸殊，絲毫不妨礙藝術心靈的相通。李白通過這椿歷史美談，將自己對文學的愛好和期

待受賞識者的器重，希望藉此打破身份地位的藩籬，來作為他在現實中求之而不可得的理想依歸。詩人李白的思緒，由眼前的牛渚秋夜景色聯想到以往，又由往古回歸現實，於是頸聯五、六句情不自禁地發出「余亦能高詠，斯人不可聞」的感慨。擁有文學才華的李白，自認猶如當年的袁宏，然而像謝尚那般的惜才人物，卻早已不復可遇。詩中「不可聞」呼應「空憶」，充滿世無知音的深沉感喟。詩末，在颯颯秋風中，楓葉飄然紛落裡，以明朝即將掛帆離去的客舟，形象地交織著詩人的無聲之語，烘托出李白因不遇知音的悽清情懷。

〈夜泊牛渚懷古〉由詩人眼前所在之地（牛渚西江）、寓目之景（青天朗月）的巧合，以自然明麗爲主要特色，由「望月」而「懷古」；〈楓橋夜泊〉亦由所在之地（江橋、楓橋）、所接之景（月落、烏啼、江邊漁火），由明扣住這一「愁」字，進而虛寫整夜光景，通過「夜半鐘聲」使得詩人輾轉反側之意自現。兩首詩憑藉的都是空闊渺遠的空間氛圍，在詩人的意念想像中，自然地相互觸發和轉化。

總言之，這兩首詩，情意明朗而單純，並無深奧複雜的內容：寫景疏朗有致，兼有寫意；寫情則含蓄蘊藉，自然纏綣；用語自然，不見雕琢；善於以景結情，以聲烘托，皆具悠然神韻。李白五律，不以字句鍛鍊、情感凝重見長，通篇蕭散自然、有風流自賞之趣；至於張繼絕句，言近旨遠，於紅塵喧闐之處，只聞鐘聲，其內心悽涼寂寥可感。同一「夜泊」，興象各有情致，無論是李白流露出飄逸不羣的性格，抑或張繼在國勢亂離的曠夜愁緒，都不妨礙兩位詩人富有情韻的感染力，以及充滿自然律動的畫境。

（蘇珊玉）◆

之二・十離詩

開放、大氣的唐朝可能也是產生著名女詩人最多的時代。薛濤是當中的佼佼者，也是當時最活躍、出名的樂伎。這一切卻與她悲苦多舛的命運有關。這組〈十離詩〉道盡了許多無辜的生靈或事物，因為微不足道的過失，而見棄於主人的沉痛、無依與哀傷，更間接傾訴了作者自己屈從環境、身不由己的悲慘命運。

壹・作者與出處

薛濤（？～八三二），中唐女詩人，字洪度，長安（今陝西西安）人，幼年隨父親薛鄖做官而到蜀地，秉承詩禮之教，薛濤八、九歲時便能作詩。父親早逝，母親孀居，撫養薛濤至及笄之年，薛濤容儀頗麗，才調尤佳，巧於粧容，應對大方，經常參與文士宴會並以詩與官員們唱和。因為聰慧又能寫詩，年僅十五，詩名就已傳聞在外。父親病故後，家道中落，為了生活，只好加入樂籍，期間受到歷任鎮蜀長官的

成都望江樓公園裡的薛濤雕像。

賞識，造就她出入幕府文采風流的一生。薛濤的身世不見正史，加上傳說中段文昌為她寫的墓誌已經湮滅，現存資料摻入諸多佚聞，或者踵事增華，尤其是有關她的愛情傳聞，無論確切對象是誰，是有緣無分或是露水情緣，才子佳人的互相傾慕並以詩往來，至今都成為美談。她卒於唐文宗大和六年，《全唐詩》說她有《洪度集》一卷，但由於亡佚甚多，今存詩篇在《全唐詩》共收錄了八十九首，一九八一年張蓬舟先生出版的《薛濤詩箋》則收錄薛濤詩共九十一首。

薛濤的一生約處於中唐時期，這時候由於政治紛亂、藩鎮割據以及流賊的侵擾，整體而言，經濟衰敝，政治動盪不安。這樣的時空背景，對其生活及詩歌創作的影響有幾點值得關注：第一，因為生活無法安居，所以詩歌主題多行旅、餞別、贈答、登覽、傷懷。第二，兵燹倥傯，政治腐敗衰微，加上唐代科舉擢用人才，多以能寫詩為擅長，只是受到流風所及，這時候的進士科多屬富家子弟，宴游之風頗盛，僕馬車從流連街坊，進士與娼伎的應酬日增。薛濤出生仕宦之家，知音律、工詩詞，才貌容儀皆佳，多與人交際游宴，與一般仕族仕女不同，從贈酬詩中可窺見她曾和詩人元稹、白居易、牛僧孺、令狐楚、劉禹錫、張祜……諸多名士有往來唱和。這種風氣隨著身世飄零兼有文思之才女落難，和進士氣焰日益囂張，便流露如陳寅恪在《元白詩箋證稿》所批評的進士風習：「多浮薄放蕩之徒所歸聚」，從薛濤大量酬唱詩的內容，也可一窺端倪，同時也印證唐代娼伎文學與進士互動的密切。

至於薛濤的官伎身分，在今現存資料中大致認同，主要原因之一，是薛濤詩集中酬唱和詩之作居多；另外，從數首被蜀川長官罰赴邊疆的詩作來看，薛濤居成都時，與當地前後任的劍南西川節度使，多有侍酒賦詩往來。因此，她隸屬於官伎的身分獲得證實。又據文獻指出，韋皋任節度使時，擬奏請唐德宗授予薛濤「祕書省校書郎」的官銜，但因革舊例，最終沒有實現，不過人們卻以此美稱薛濤爲「女校書」。由於薛濤官伎的身分，相較一般伎女，多一份典雅莊重，加上她的才情容儀早已名動蜀中，歷任蜀中節度使對她愛慕、敬重者不乏其人。最先賞識薛濤的是名臣韋皋，韋皋聽說薛濤詩才出眾，是官宦之女，便召薛濤前來請她即席賦詩，寫下著名〈謁巫山廟〉一首傳世。詩中有云：「亂猿啼處訪高唐，路入煙霞草木香。山色未能忘宋玉，水聲猶是哭襄王。朝朝夜夜陽臺下，爲雨爲雲楚國亡。惆悵廟前多少柳，春來空鬥畫眉長。」這首援筆立就的律詩，將「雲雨巫山」原本香艷的代稱，轉成薛濤親自去拜謁巫山廟的場景描述，既化用襄王追求神女之夢的典故，又能流露家國情懷，憐憫「畫眉長」也為楚國亡而惆悵。通篇諷刺、婉約並陳，薛濤另闢蹊徑的才氣令韋皋大加讚賞，也名滿詩壇。

有關〈十離詩〉的作者爭議，有以下說法：其一，少數人將它附會為唐代政治權力傾軋背景下，仕途失意之作。《唐摭言》首開先河，認為是當時在浙東任職的元稹，他的賓府有薛書記，飲酒大醉，因爭酒令，不料以酒器擊傷元稹，因此薛書記便獲罪離開幕府，作〈十離詩〉為獻。之後《唐詩紀事》據此將〈十離詩〉繫於「薛書記」目下，和「女校書薛濤」分條陳列，並言之鑿鑿認為〈十離詩〉不是薛濤的作品。其二，認為〈十離詩〉係薛濤所作。至於導致薛濤獲罪之人，是元稹或韋皋，文獻資料考證不一。在《全唐詩》與明人所輯的《薛濤詩》中，認為薛濤因事而遭元稹疏遠，〈十離詩〉是獻給元稹。其中最有力證據，是曾經入蜀又與薛濤同時代，並居住在浣花溪的詩人韋莊，他的《又玄集》收錄薛濤〈十離詩〉中的〈犬離主〉。而今人《唐女詩人集三種》一書中，也詳細論證了〈十離詩〉的作者，確實是唐代著名的官伎——女詩人薛濤。本文所選詩文乃依此立說。

貳・選文與注釋

犬離主：

馴擾朱門[1]四五年，為知人意得人憐。
近緣咬著親知客[2]，不得紅絲毯[3]上眠。

馬離廄：

雪耳紅毛淺碧蹄，追風曾到日東西。
為驚玉貌郎君墜，不得華軒[4]更一嘶。

鸚鵡離籠：

隴西獨自一孤身，飛去飛來上錦茵[5]。
都緣出語無方便，不得籠中再喚人。

1 馴擾朱門：馴擾，馴服柔順。朱門，古代王公貴族的住宅大門，皆漆成紅色以示尊貴。此後便以「朱門」借代豪富人家。

2 親知客：指與主人感情好，如同親人般的客人。詩中用來借指韋皐（元稹）身邊之人。

3 紅絲毯：紅色絲綢般的毯子，這裡指毯子的尊貴。

4 華軒：指富貴者所乘的華美車子。

5 錦茵：織有花紋的墊褥。

燕離巢：

出入朱門未忍抛，主人常愛語交交[6]。

銜泥穢污珊瑚枕，不得梁間更壘巢。

珠離掌：

皎潔圓明內外通，清光似照水晶宮。

只緣一點玷[7]相穢，不得終宵在掌中。

魚離池：

跳躍深池四五秋，常搖朱尾弄綸鉤[8]。

無端擺斷芙蓉朵，不得清波更一游。

鷹離鞲[9]：

爪利如鋒眼似鈴，平原捉兔稱高情[10]。

無端竄向青雲外，不得君王臂上擎。

6 交交：謂鳥聲也，語出於《詩．秦風．黃鳥》：「交交黃鳥，止於棘。」

7 玷：玷汙弄髒，ㄉㄧㄢˋ。

8 弄綸鉤：戲弄釣竿與繩線。

9 鞲：皮製獵具，狩獵時繫在臂上用以護臂架鷹，音ㄍㄡ。

10 高情：高雅的情致。

竹離亭：

蓊鬱新栽四五行，常將勁節負秋霜。
為緣春筍鑽牆破，不得垂陰覆玉堂[11]。

筆離手：

越管宣毫[12]始稱情[13]，紅箋紙上撒花瓊[14]。
都緣用久鋒頭盡[15]，不得羲之手裡擎[16]。

鏡離台：

鑄瀉黃金[17]鏡始開，初生三五月徘徊[18]。
為遭無限塵蒙蔽，不得華堂上玉台[19]。

11 玉堂：富貴之家或宮殿的美稱。

12 越管宣毫：越中之竹作筆桿，宣城之毫作筆頭，指好筆。

13 稱情：稱人心意，意指關係融洽。

14 花瓊：指寫在紙上的字，意謂書信往返。

15 鋒頭盡：筆鋒磨盡，此處指情感日久生變。

16 不得羲之手裡擎：比喻兩人音訊中斷。羲之，指書法家王羲之。

17 鑄瀉黃金：以金屬精鑄成鏡台。

18 初生三五月徘徊：初生，指新月。三五月，指望日之月。這裡形容在月的圓缺中，光陰流逝。

19 玉台：以玉裝飾的鏡台，後作為鏡台的美稱，如王昌齡〈朝來曲〉：「盤龍玉台鏡，唯待畫眉人」。

參．可以這樣讀

出身名門，因家道中落，入籍為樂伎的薛濤，擅長詩文，為歷任幕府賞識，且往來多詩人文士，成為名滿天下的才女。何以薛濤要寫〈十離詩〉呢？大約有二種說法，其一是根據《全唐詩．十離詩》詩下注說，元稹出使四川時，嚴武遣薛濤前往侍候，後因故獲罪，乃作〈十離詩〉自我表白。其二是《唐摭言》、《唐詩紀事》等記載，曾因為酒醉與人爭擲骰子，不小心誤傷相公猶子（姪子），因此獲罪被遣赴邊地。以上二種，皆說明曾獲罪赴邊的事實。

薛濤另有〈罰赴邊有懷上韋令公二首〉（一作〈陳情上韋令公〉）敘寫在邊地生活與感觸。第一首詩：「聞道邊城苦，今來到始知」，寫邊地生活之辛苦。第二首詩則說：「黠虜猶違命，烽煙直北愁。卻教嚴譴妾，不敢向松州。」既寫狡猾敵人輕啟邊戰，又寫相較下微罪的她，卻獲罪不得回松州（四川松藩）的淒涼心境。

託物言志的婉轉情思

以詩證詩，可知薛濤因事故獲罪遣赴邊地是事實，遂有此二詩敘寫，證成〈十離詩〉應是赴邊之後所寫。既被離棄遠赴邊地，在烽煙遍地的邊地裡過著艱苦的生活，是不堪也不願長居邊地，忖度應如何才能回返蜀地呢？故而，細細琢磨，於是寫了〈十離詩〉，希望因此獲得遣返的機會。

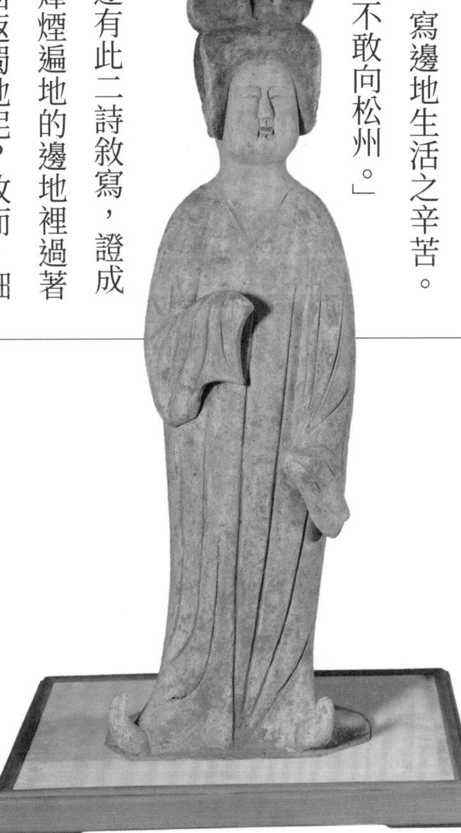

唐代灰陶加彩仕女俑，國立故宮博物院藏。

薛濤巧用心思，採用「託物言志」方式託喻，「十離」就是資藉十種物象因故遭離以自況處境。「離」原意是分別、離開之意，引申有遭遇的「罹」之意，寫出了遭逢遠離主人悵惘不捨之意緒。此十首詩歌雖是組詩，可各自獨賞，亦可合觀，其託喻方式如下所示：

懲罪赴邊 ——（託喻）→ 十種物象之遭逢

薛濤巧借十物之遭逢來譬況自身境遇，以自己因罪赴邊，擬譬成十種物象遭棄的過程與情境，「我」與「物象」之間有相同處境，形成「以物喻人」的書寫，表現出「即物即我」的「物我雙寫」內容，〈十離詩〉即是幽幽道出十種物象因故被棄的經過與遭遇。若是寫一首、二首或五首已足以令人感受其離棄之悲了，迭用十首，層層比況推衍，既見其高才妙喻，亦見其殷切求歸之心境。

既是採用「託物言志」，那麼託喻的對象如何選取，較能興發感受呢？

薛濤巧取託喻對象，包括了天上飛禽的燕與鷹；人類豢養的犬與馬；水中的魚類；用品有竹、筆、明珠、明鏡等，這些物象皆是日常與人類相親相近或常見常用之物，易懂易明白，巧為譬喻，較能興發聯類感受。

選定了十種物象之後，如何開展敘寫？如何鋪陳？才能達到抒發幽情的效果呢？十首詩歌採用固定的書寫程式與結構：

美好才能或特質 ⟶ 小愆小過 ⟶ 遭遇譴責遠離

藉犬、馬、鸚鵡、燕、珠、魚、鷹、竹、筆、鏡等十種物象，具有美好的才能或質性，因故偶犯小過，遭受譴責離棄，三者之間形成固定的因果關係，而且十首詩歌完全依此結構敘寫，形成體式統一的組詩，書寫十物皆因一愆而遭遇遠離不得親近的懲罰。

十首絕句的章法結構按照「起承轉合」鋪敘，前二句是「起」與「承」，用來鋪陳物象之美德、美材、美質或得主人寵愛之因由；第三句是「轉」，將偶一犯錯之事件寫出來，用來與前面美材美質對照，豁顯小錯不足與美質美德相提並論。但是，第四句是「合」，以「不得」寫出怨深離棄之遭逢。「不得」頗有萬般無奈感受，而這些小錯小過真的不足以掩蓋原有的佳質美德之本色，然而主人卻因此而讓它不得親近，怨情與無奈皆表露無遺。

十首詩深刻描寫了十種物象的處境，試想，原本被富貴人家馴養了四五年的狗兒，非常懂得主人心意而被愛寵，一旦不小心咬了親客，主人從此離棄牠，不得和主人親暱再到絲毯上，這種被主人懲罰的處境，真有今昔對照之不堪。馬廄是千里馬休息之處所，一旦離廄，彷彿離根的落葉，僅能隨處悲鳴哀嘶；鸚鵡被豢養在籠中，一旦離籠，天涯海角無有止息的飄泊也令人感傷；燕子是依巢而生，離了可避風避雨的窠巢，又當如何重回樑間築巢壘，如何重過那種溫暖可避風雨的歲月呢？明珠被主人愛賞而時時把玩在手掌中，一旦有了小污點，便失去了主人的寵愛；魚兒是生活在水中，離水的魚兒焉能活下去呢？老鷹是被獵人豢養在主人的肩鞲上，一旦遠離庇護之處，將能奈何？竹子虛心有節，若未能垂陰覆玉堂，凌霜負雪之姿何人可見？毛筆是用來書寫的，一旦筆

〈昭陵六駿〉之一的「拳毛騧」。於 1918 年被骨董商盧芹齋盜賣到美國，後為實業家 Eldridge R. Johnson 購得，並捐獻給賓夕法尼亞大學博物館。

禿毛頹，如何再被見用呢？至於黃金明鏡，一旦遭蒙塵埃，便從此不能登上華堂玉台，殊為可惜。詩中分藉十物表現出既有自譴愆誤之情，亦有哀憐被棄之意，依戀不捨充斥詩中，深刻透顯十種物象哀弱孤吟、不忍遠離的感傷。才華洋溢的薛濤，以前無古人的託物方式寄意如下：

〈犬離主〉的犬：善知人意，卻誤咬親知客，而不得再眠紅絲毯。
〈馬離廄〉的馬：追風疾速，卻驚墜玉郎君，而不得再嘶於華軒。
〈鸚鵡離籠〉的鸚鵡：雖懂人語，卻出語無方，而不得籠中再喚人。
〈燕離巢〉的燕：巧囀鳥聲，卻銜泥穢污珊瑚枕，而不得築巢在梁間。
〈珠離掌〉的珠：皎潔圓明，卻因一點汙穢玷，而不得把玩於掌中。
〈魚離池〉的魚：朱尾斑斕，卻不慎擺斷芙蓉花，而不得復游於清波。
〈鷹離鞲〉的鷹：爪利眼鋒，卻無端竄向青雲外，而不得君王擎臂上。
〈竹離亭〉的竹：勁節負霜，卻春筍鑽牆破，而不得垂蔭覆玉堂。
〈筆離手〉的筆：書寫稱情，卻用久筆鋒盡，而不得名家握手中。
〈鏡離台〉的鏡：黃金明鏡，卻蒙塵久遭蔽，而不得華堂上玉台。

人非聖賢，孰能無過？薛濤希望藉由這十種美好物象來譬況自己有美德美材，偶因小過小錯，便要遭遇嚴重懲罰的無可奈何情境，希望博得同情，恢復原來被愛、被憐或回復原有生活方式的想望，她巧妙運用十物遭逢來譬況自己幽微處境，既貼切又能暗喻依人而生、隨人而活、沒有主動性的境況，將中唐身為樂伎的薛濤身世之悲、境遇之感表露無遺。

鸚鵡在唐代被稱為神鳥，
其毛色多彩而豔麗，能學人言，
受到了唐人的格外喜愛。
鸚鵡被豢養在籠中，一旦離籠，
天涯海角無有止息的飄泊也令人感傷。
（鎏金鸚鵡紋提梁銀罐，唐代，國寶級文物。
收藏於陝西歷史博物館。）

沒有人願意遭遺棄，偶一犯錯也不能原諒嗎？〈十離詩〉寫十種物象的遭遇，其實是薛濤刻意張羅十種物象處境想獲得嚴武（或元稹或韋皋）同情而赦免，不必因此而久居邊邑。雖然犯過者必須接受和承擔過失的懲罰，但是，薛濤自有不甘，小疵焉能掩大醇？遂自比有才、有德、有美質的追風千里馬、凌霜負節的勁竹、爪利鋒眼的老鷹等動物或毛筆、明珠、明鏡等物象，用以烘托才美、德美的質性，讓人憐惜莫因為小愆小過而施以重懲。

是以，薛濤適切的巧用「託物言志」手法來比擬自身處境，以十物遭逢作為自譬，果真感動幕主，得以重返蜀地。

不幸的生平不掩才情

一樣的組詩，薛濤的〈春望詞〉四首，將「花開花落」的陳調，以平實之語、簡樸之句，傳達蘊藉的深情，可與〈十離詩〉比肩。薛濤因為官伎的特殊身分，對愛情的追求較之凡人格外跌宕，加上身處邊境擔心韶華漸失，看到自然界花開花落的物理變化，通過春花、春草、春鳥與春風，貫穿愛情的相思、同心、輾轉反覆的心理歷程，傳達感情無法悲喜相共的遺憾，她寫道：

花開不同賞，花落不同悲。欲問相思處，花開花落時。
攬草結同心，將以遺知音。春愁正斷絕，春鳥復哀吟。
風花日將老，佳期猶渺渺。不結同心人，空結同心草。
那堪花滿枝，翻作兩相思。玉箸垂朝鏡，春風知不知？

這組詩作，可以整體通觀或個別欣賞，以迴環往復的古風形式，在「花」、「不同」、「春」、「同心」等重字與類疊句式的穿插下，展開聯吟迭和的聲情，以哀婉傷春之情對比匆匆即逝的情緣，傳達小兒女渴望愛情的無奈心聲，流露樂府民歌語近情遙的意趣。若說青春一如綻放的容顏，那麼遇到花開只能獨賞、花落只能獨悲，這種情感無所依歸的花語，加上相思無以復加的濃淡深淺，在看似平淡的字句和季節的流轉中自在流淌，怎麼不令人動容？此詩充滿著春情的纏綿與不願割捨，是薛濤對感情的無法釋懷，也是她對愛情理想破滅的真實寫照，一句「玉箸垂朝鏡，春風知不知」的設問，以「玉箸」形象比擬傷心欲絕而順頰縱流的悲憤之淚，進而反問春風不解風情的心緒。薛濤從相思到垂淚，從追求到失落，只能藉綺旎春光將永恆的眷念化作「欲問相思處，花開花落時」的弦外之音，與歐陽脩〈蝶戀花〉：「淚眼問花花不語，亂紅飛過鞦韆去」各有情致。

整組詩，不論是薛濤官伎身分的包袱，或者是女性主體的徒勞費神，抑或自主追求感情的落空，其深婉與〈十離詩〉的憾恨互相參讀，更能一探薛濤縱有兩心相連的同心草圖案，仍尋覓不著值得託付的情感依歸，其悲切幽怨已躍然紙上。

肆・再作點補充

四川文風與女詩人

四川向來是中國南方文教的重鎮。從西漢開始興辦學校、提倡文化教育以來，人民好學的風尚便可與齊魯之地媲美。薛濤的成長背景，是在唐代從安史之亂後，中原京畿飽受戰亂洗禮，餓莩塞途，但當時四川則相對穩定，根據史料記載，當時天府之國是軍國所資、商旅集散……等重要地方，所以唐玄宗和唐僖宗才有兩次因避亂而出往成都。由於富民避難南遷，隨著富民往川蜀移動，形成農工商業比中原繁榮的現象，連杜甫都說「喧然名都會，吹蕭間笙簧」，可見四川成都之繁榮。加上嚴武、高適、岑參、元稹、劉禹錫、白居易都先後到過四川，薛濤便是成長於「天下詩人皆入蜀」的時代環境，而〈成都記序〉也說：「江山之秀，羅錦之麗，管弦歌舞之多，伎巧百工之富。」這樣的生活背景，對薛濤詩歌藝術的影響具有文化歷史的意義。除薛濤之外，加上卓文君、花蕊夫人、黃娥並稱蜀中四大才女。而擢登翰林的元稹，有詩〈贈薛濤〉其中以「錦江滑膩峨眉秀，幻出文君與薛濤」，對她讚譽備至，可作為薛濤得巴山蜀水之靈秀薰陶而成就詩名的最佳詮釋。

浣花溪畔的「薛濤箋」

能歌善舞的薛濤，被赦免回蜀之後，便脫離樂籍，隱居浣花溪畔，展開優閒的雅致生活，發揮藝術天分結合詩才，創製了「薛濤箋」。她採用木芙蓉皮作原料，加入芙蓉花汁，製成沾滿香氣的桃紅色小箋，用來寫詩。後人多仿製，用於寫情詩、情書，風靡一時。薛濤箋的尺幅及花樣，依據史料，大抵短而狹，以紅色小八行箋紙風行。薛濤以小箋寫詩，精美雅致，索求者趨之若鶩，之後「薛濤箋」更成為後世風流雅韻的象徵。晚年薛濤好作女道士裝束，由絢爛走向平淡，建吟詩樓於碧雞坊，在清幽的生活中度過晚年。王建〈寄蜀中薛濤校書〉詩稱道：「萬里橋邊女校書，枇杷花里閉門居。掃眉才子知多少，管領春風總不如。」此處「掃眉才子」，結合不同性別的兩種身分，這種頗具「文人化」的稱謂，標誌著當代文人對於不幸遭遇的女詩人的稱許，也歸結了薛濤精彩不平凡的際遇，至今仍為後人津津樂道。

（蘇珊玉、編輯部）◆

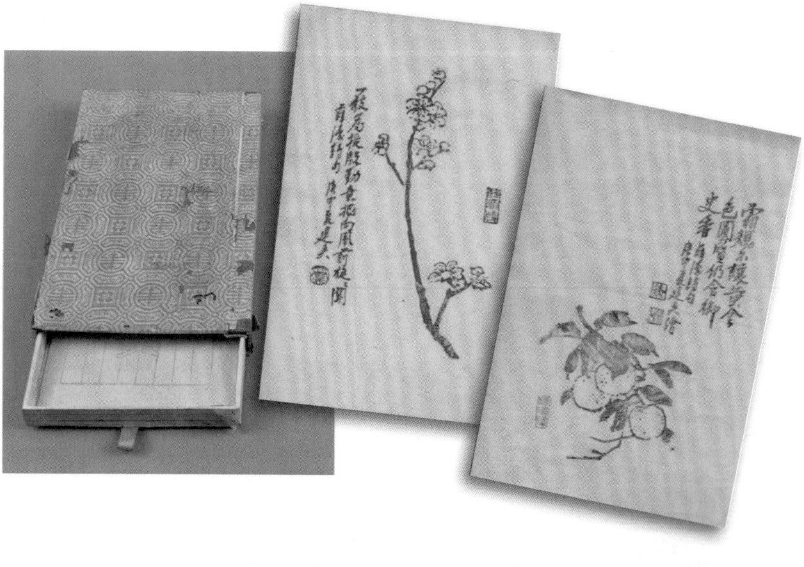

薛濤以桃紅色小箋寫詩，精美雅致，索求者趨之若鶩，之後「薛濤箋」成為後世風流雅韻的象徵。

之三・錦瑟

沒有一首詩像李商隱的〈錦瑟〉一樣，
如此神秘難解，卻又如此扣人心弦，漫出無窮想像。
作為晚唐詩壇最璀璨的一顆星星，
李商隱坎坷的仕途、蕭索的心境與晚唐衰頹的國運，
甚至時代精神是如此相似，猶如無限好的夕陽前一抹蒼涼的身影。
但是他深入心靈的書寫、曲折晦澀的象徵，
更和疏離、浪漫的現代心靈如此貼近。

壹・作者與出處

李商隱（八一三～八五八），字義山，號玉谿生，又號樊南生，原籍懷州河內（今河南沁陽縣），生於唐憲宗元和八年，死於唐宣宗大中十二年，是晚唐最傑出的詩人。李商隱人生孤孑，家世帶有悲劇色彩，十歲喪父，更無依恃，艱難度日，時時感到一身孤零，正如〈祭裴氏姊文〉所言：「四海無可歸之地，九族無可倚之親。」李商隱在艱困的處境中掙扎奮鬥，勤奮苦讀，十六歲時就以詩文著名於當世了，得到當時河陽節度使令狐楚的賞識，聘他在自己的幕府中做巡官，使他與兒子令狐綯交遊。唐文宗開成二年，他在令狐綯的薦舉下，在二十四歲時擢為進士第，在這一年年底，提拔他的令狐楚卒。

當李商隱一腳踏入仕途的時候，就身不由己地受到官場傾軋的牽連。他最初受知於牛黨的令狐楚，和一般士子一樣，只是希望受到薦引，尋求進身之階。令狐楚離世後，他頓失倚靠。後來得到李黨涇原節度使王茂元的青睞，為了生計，在次年他應王茂元之邀參加了他的幕府，並成為王茂元的女婿。詩人萬萬沒有想到，這竟成為他一生坎坷的關鍵，從此以後，就陷入了牛李之爭的漩渦之中。令狐楚之子令狐綯以李商隱背恩忘義攻擊之，雖然李商隱屢次向嫌惡他的令狐綯陳情，但令狐綯不接受，李商隱終究被冠上了「詭薄無行」的惡名。他參加博學宏辭科考卻被牛黨阻隔而落選。後在開成四年再試得中，雖入選秘書省校書郎，然尚未站穩腳跟，旋即被調補弘農縣尉。一生十寄戎幕，羈旅飄零，沉淪下僚。二十六歲到三十四歲之間，充任秘書省正字、弘農尉等末品小官，三十五歲至四十六歲，羈泊天涯輾轉於桂州、徐州、梓州等地，充任幕府掾屬（掾，音ㄩㄢˋ，輔助），鴻圖大志，終未得伸。加以黨爭的牽累，令狐綯的疑忌，使他一生絕大部分時間都籠罩在悲劇的氛圍中。

仕途失意也許並不是最痛苦的事情，不被人理解和信任，他也沒被壓倒。如果說，他的政治挫傷中，能有幸福的愛情作為安慰的話，他的詩歌乃至整個人生也許將會是另一種面貌。然而，他的愛情並沒有帶來精神的補償，反而於失落中把靈魂引向更深處的磨難。

他一生有過幾次刻骨銘心的愛情，皆以悲劇而終，帶給他深刻的痛苦。據說，他二十二歲時，與洛中里娘柳枝相遇，這應是年輕心靈中最純潔青澀的戀慕，卻成了永生的暌隔。之後，他在玉陽山學道期間又與女冠宋華陽相戀，他們曾經共度了一段浪漫歡愉的歲月，未料宋氏移情別戀，留給他的只是刻骨的憂傷。再來，是與他妻子王氏諸多磨難的婚姻。因為娶王茂元之女，使他的婚姻與牛李黨爭的恩怨無端糾纏在一起，雖然這些現實因素並沒有動搖他對愛情的追求，卻畢竟使這分愛蒙上了陰影。不幸地，在詩人赴梓州作幕前王氏又溘然病逝。妻子的早逝，讓李商隱痛苦萬分。

本來李商隱以一介孤寒書生，並未參與政治傾軋。卻因先為牛黨令狐楚門生，後與李黨王茂元女兒結縭，一切都是因緣際會，未料政治鬥爭的風雨會重重的打擊到他身上。唐宣宗時牛黨執政，令狐綯為相十年，勢大權重，以李與令狐兩世的交誼，本可受到恩澤，但就因為王茂元女婿的身分，使他仕途阻滯，坎坷終身，一生依附他人做些位卑幕僚的差事。〈詠蟬〉詩說：「本以高難飽，徒勞恨費聲。五更疏欲斷，一樹碧無情」，就是這種情況的真實寫照。窮途抑塞、志不得伸、理想的破滅，使詩人晚年漸趨消極，沉迷於佛學。《樊南乙集》序云：「三年以來，喪失家道。平居忽忽不樂，始克意事佛。方願打鐘掃地，為清涼山行者。」然而，他畢竟缺乏隨遇而安的曠達胸懷，又沒有忘卻世情的超然修養，現實世界沒有給他其他的出路與選擇，他也只能把一切的身世之情都寄託於隱晦難懂的詩作，在憂愁中走完自己悲涼的一生。他在被罷免後回到故鄉不久，在唐宣宗大中十二年四十七歲時淒涼的去世。

早年的孤苦，家世的衰敗，情愛的失意，仕途的挫折，加上長期遠離親人獨居，造就了詩人細膩內斂、憂鬱多思、易於感傷的性格與心態。加以晚唐動亂的時勢，這些內外交相逼迫的壓力，讓他對人生產生豐富深刻的感受，成為晚唐抒寫人生悲鬱的代表。

本詩選自清人馮浩箋注《玉谿生詩集箋注》。據董乃斌《李商隱傳》考證，此詩作於大中十二年，詩人生命中的最後一年。錦瑟之五十弦與年近半百的詩人年齡相當。年近半百，易使人感慨。作為懷有「淩雲萬丈才」，「欲回天地入扁舟」實際上卻「一生襟抱未曾開」的詩人來說，流逝的華年最易觸動他那沉痛哀怨又敏感的心靈。我們可以把這首詩視為詩人在人生最終階段時對「我是誰」的終極追問，是一篇詩化的回憶錄，一篇心靈挽歌，透過這首詩對自己一生進行回望與總結。

貳・選文與注釋

錦瑟無端五十弦[1]，一弦一柱思華年[2]。
莊生曉夢迷蝴蝶[3]，望帝春心託杜鵑[4]。
滄海月明珠有淚[5]，藍田日暖玉生煙[6]。
此情可待成追憶，只是當時已惘然[7]。

1 錦瑟無端五十弦：錦瑟是一種華麗珍美的彈撥弦樂器，古有五十弦，後改為二十五弦。五十弦並非詩人所彈瑟之弦的實數，而是虛言弦之多，如內心的深沈悲哀。錦：形容瑟的華美。

2 華年：指美好的年歲，通常特指年輕時代的歲月。

3 莊生曉夢迷蝴蝶：借用《莊子．齊物論》夢中化蝶的典故，這裡強調人生如夢幻般的難以掌握。

4 望帝春心託杜鵑：傳說是周朝末年蜀地的君主杜宇，他在禪位退隱後，不幸國亡身死，魂魄化成杜鵑鳥，每至晚春，啼聲哀淒悲怨，故有所謂「杜鵑啼血」之說。春心：芳春時節一種感情的甦醒，對春天美好事物的追求和嚮往的感情。

5 滄海月明珠有淚：借「滄海遺珠」的典故，抒發自己的懷才不遇。珠有淚：傳說古代南海鮫人在月圓之夜歌唱哭泣，其淚水會化為珍珠。

6 藍田日暖玉生煙：傳說藍田美玉深埋地下，不為人所見，但在暖日晴光的照拂下，它那溫潤的氛圍還是會像煙霧一樣的昇騰到空中。

7 「此情」二句：如今追憶往事倍感惘然，但這種惘然的感覺並不是如今才有的，早在那段感情發生的當時就已經感到失落了。可待：何必等到之意，即「無須」。只是：就在、就是。

參・可以這樣讀

〈錦瑟〉可以說是中國詩歌史上爭論最大、解人最多的詩，由於意象空靈精深而撲朔迷離，佐證資料的不足，對其中深刻含義無法完全覈實，而顯得旨意難明。從宋元以來許多詩評家都試圖揭開它神秘的面紗，使之捲入了無休止的爭議，可說是詩史上的奇觀。金人元好問〈論詩絕句〉說：「望帝春心託杜鵑，佳人錦瑟怨華年。詩家總愛西崑好，獨恨無人作鄭箋。」清代王漁洋也嘆：「一篇〈錦瑟〉解人難。」該詩確實給人難題，但它的魅力也正因為其難，難解，才能引起解索者樂此不疲的尋索。

「入於現實又超乎現實」的獨特創作路徑

李商隱在詩史上是很獨特的存在，他的創作手法十分特殊，不全然運用傳統方法在進行創作，雖然他的詩歌深受杜甫影響，但與杜詩富現實主義反映時代和個人生活行跡的創作模式不同。如果說杜甫是以實錄客觀之筆反映現實，那麼李商隱就是一個向內探索多於向外追尋的「內感型」詩人，轉向更純粹的內心世界探求，開拓了以抒寫心靈為主的性靈詩和感傷詩歌的境界。縱使這種心靈境界是從客觀的人生經歷中提昇而出，但當這些事件通過詩人主觀感情融鑄之後，再發為詩，所表現的那一層虛涵抽象，也已不是原先的客觀具體事件了。所以我們必須拋開長期以來想要在詩中追求明確性的習慣，不能強求「以詩證史」，硬要把詩比附成為作者現實世界的映射。李商隱重視的，是人物情

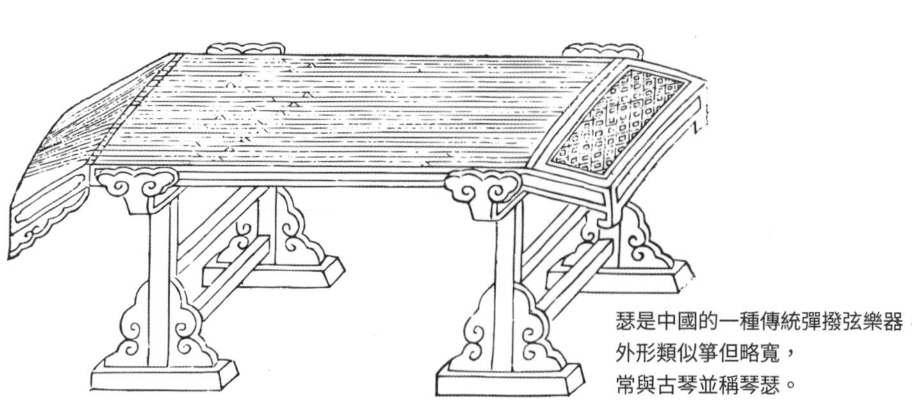

瑟是中國的一種傳統彈撥弦樂器，
外形類似箏但略寬，
常與古琴並稱琴瑟。

緒與心境的渲染烘托。他是一個入於現實又超於現實，以性情心靈為詩的詩人。

似有若無的主題，難以涵蓋的題目

詩意的走向，題目是幫助我們解讀作品重要的依據。然而本詩並非詠物詩卻題為「錦瑟」，是取首句前二字託物起興，藉瑟隱題。似乎詩人也無法用具體的題目來概括詩中的情感或物象。也或許政治的黑暗令他不可能直抒胸臆，於是詩人便為自己的詩歌營造了一個窮渺幽深的心靈世界。這使我們想起李商隱寫了很多無題詩，不是在敘事，他是在寫自己的生命與內心狀態。無題之「無」，就是要讀者不必拘泥於定向題目，放下對題目的執著，要超越那些略顯晦澀的迷霧，直見性情，才能走入詩人的靈魂深處。

關於此詩的主題，歷來眾說紛紜，有詠瑟說、愛情說、政治寄託說、悼念亡妻說、自傷身世說、詩集自序說等。李商隱既以「錦瑟」定題，而詩中意涵又遠超出錦瑟所指，就是要打掉所指與能指間的關聯性。它無法被狹窄化或單一化地拘限在愛情或政治或詠物一端，從中，我們可以窺視到詩人對生命、人生和時代的悲劇性感悟。我們不如放棄追求明確性的答案，而用情感去體驗，用心靈去擁抱它，或許才更能接近詩作的內世界。

「錦瑟無端五十弦，一弦一柱思華年」，開宗明義點明此詩是以「錦瑟」起興而「思華年」的回憶身世之作。這不是一般的詠物之作，是藉「錦瑟」為意象，為自己的人生做一個「遺貌取神」的總結。那紛繁的瑟弦、瑟柱，觸發了壓抑、困頓、悵惘的華年之思。錦瑟五十弦，每一根弦與柱似乎都凝結著華年曾經的榮耀與沉淪，凝結著詩人生命中的纏綿與悲傷。錦瑟似乎可被視為作者生命的體現。錦瑟是珍奇美好的，而五十弦是音繁節促卻淒切而悲哀的。如此美麗的錦瑟竟無端地承擔了五十弦這樣繁重的悲苦，正如同詩人有幽微深美的心靈，卻要承受那麼不幸的遭遇和那麼沉痛的哀傷。

知其不可而為之，至死不休的執著

李商隱「思華年」的所思是什麼？答案在中間兩聯。

頷聯的「莊生曉夢迷蝴蝶，望帝春心托杜鵑」，借用莊周與古蜀國帝王杜宇的典故，但重點不在「物化」，也不在夢、醒之間，而是「迷」字的耽溺和迷醉的意思，點出詩人對於生命與繁華的留戀和執著，也點出人生的虛幻、飄忽。破曉之前的夢是短暫易碎的，而蝴蝶的翩翩起舞明麗動人，令人神迷。將情感投注在美好卻短暫的對象上，期望與感情勢必落空，李商隱注定只能在孤獨中無望的追尋。這份執念已不只是「春蠶到死絲方盡」的「至死方休」，而是即使化為異類仍然悲鳴不息的「至死不休」，這正是李商隱的悲劇心理。明知是一場虛幻，但詩人仍然執著於人間美好的事物。詩人的一生雖是悲涼、虛幻，但他不甘心就此成空，不甘輕易拋卻。

「春心」託於「杜鵑」，本就夠哀怨淒苦了，然而，詩人接著又全神貫注地進入悲劇意識之中：「滄海月明珠有淚，藍田日暖玉生煙」。前一句給我們一種呈現出滄海至大的浩瀚，還有遼闊邈遠且極為淒清冷寂的感受，後一句似乎是美好、溫暖的情境，卻是籠罩於一片迷濛蒼涼之中。滄海浩瀚、淒清冷寂，在空闊微明的情境中，顆顆明珠都有淚光在閃爍。珠與淚已然形成了一個難以分辨的整體。在珠與淚結合中，使人真正感到了詩人那顆血淚交織的心靈，是何等的珍美與淒涼。自負「珠玉」之良才美質，執著的詩人從來不輕言放棄，他總在冷寂中擁抱陽光的溫暖。「藍田日暖玉生煙」一句正是他不甘淒然欲絕，總是懷抱希望的心理形象的寫照。儘管藍田山的美玉深藏土中，不被人知，但在暖日晴輝的照映下，它還是會昇騰為煙霧，進而發出光彩來的。

希望和失望的情緒，在詩人心中互相滲透、牽連，使得詩作中的情感呈現出反差性。詩人正是借這兩種不同的意象來表現人生中種種難以挽回的缺憾、變幻無常的境遇和複雜的感受。

末聯「此情可待成追憶？只是當時已惘然。」此情到底是何情？答案就是中間兩聯四種意象分別代表著他在生命中整個從追求到失意的過程，他有過對曉夢的耽溺，有過懷抱春心的執著，經歷過滄海月明下如遺珠般的悲哀，經歷過藍田日暖的如煙似霧的迷惘，一「迷」、一「托」足以言盡詩人對理想之癡情，一「淚」、一「煙」足以看出詩人心頭的悲涼與落寞，四種意象無不與作者的追求之心相聯繫，最終是一種從希望到失望的惘然如幻影般的不真實之感。

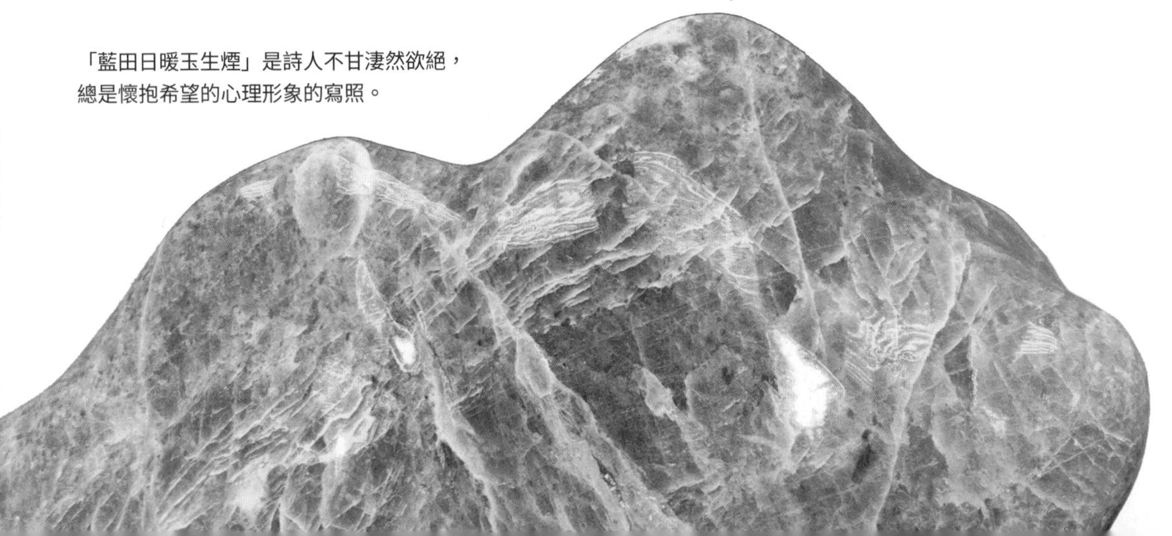
「藍田日暖玉生煙」是詩人不甘淒然欲絕，總是懷抱希望的心理形象的寫照。

這種生命感悟何須等到現在追憶時才覺得惘然，就在當時也已經感到悵惘失落了，這正是詩人強烈的悲劇意識，他已預知生命的本質，知道一切的幸福都無法長久的擁有，得到了也必將失落。這份日後的追憶與當時迷惘的情感經歷相互交織，最終凝結成一生永遠的記憶。悲劇對李商隱而言已不是遭受外來的打擊和橫逆，而是悲劇就是人生生存的本質，是必然的人生的發展規律。一切的美好終必消逝，他早已把外在的種種打擊內化為一種觀照人生和事理的基本姿態。這是一種用心甚苦的「預後感知」。或許詩人曾經擁有生命的美好，但在當時唐王朝已經日暮西山、搖搖欲墜的大背景下，自身的價值只能不斷被埋沒，直至最終幻化為煙霧。一切的美好，只不過是鏡中月、水中花罷了。這就是作者通過對華年往事的追憶，表現人生悲劇性的思考。

潛意識化的心象與虛景

〈錦瑟〉可說是詩人從彈瑟引發的一次心靈體驗。表達了詩人彈瑟前由瑟弦觸動的年華感慨，彈瑟時由幽微的樂聲和情境喚起潛意識中的心象，以及彈罷瑟曲後悃然的心情。可見詩人自覺或不自覺地運用一種當時乃至後人都難以理解的藝術方法創作了它，它與慣見的、大抵總有本事可尋的自傷詩完全不同，不是「即景生情」的「實境」，而是「緣情布景」的「虛靈之境」，它創造的不是當下可見的實景，而是潛意識化了的心象。「虛境」是偏於主觀的、想像的、虛構的、理想性的、緣情布景的；「實境」則偏於客觀的、寫實的、即景生情的。

◀望帝春心託杜鵑。

李商隱詩歌偏於「虛境」，他的情感並不是對眼前的景物自然感發而來，往往是緣於心中一份情意，再虛設假想一個物象來表達，其使用的意象往往都是脫離現實的虛構幽深之象，是通過組合、移置、並列等手段將無意識的隱意化為可感知的顯意的過程。

〈錦瑟〉中間兩聯的審美意象為詩人潛意識化了的心象。忽隱忽現的彩蝶、啼血鳴春的杜鵑、清月下的滄海、人間美玉，這不都是「可望而不可置於眉睫之前」的至純至潔之象嗎？由〈錦瑟〉一詩可以看出，李商隱用的是「緣情造物」的寫法。他用來表達情意的形象，都是非現實的事物。這與傳統的即景生情、以心托物、以情注物有很大不同。正是其高潔的人格心性才決定了詩人心象之純美、潔麗、空靈，隱化了的審美意象已深入到其無意識中了。加之多情的氣質與縝密的才思，就極易於以情注象、以情納象、心象合一，久之，詩人特有的心象就會在潛意識中沉潛蓄積，只待機緣觸發。

這首詩的意象，從表面上看確實錯綜參差而撲朔迷離，因為每一句幾乎都是一種象徵、一種比喻，而且各自獨立，彼此之間不相關聯。但是，如果從整體上把握、仔細品味，卻可以找到分明的脈絡：這就是作者一生的情感體驗與感受。正是這一點，才把表面上彼此不相關的諸多意象聯繫在一起。這樣的抒情，聯綿往復，細微精深，成功地再現了心底的綿邈深情。

肆・再做點補充：晚唐詩風「以悲為美」的代表詩人

讀李白詩，總會讀到一種豪邁、一種開闊；讀杜甫詩，總可以感受到對現實的擔待、對時代的關懷，這不僅是詩人的氣度，其實也包含了盛唐的泱泱氣象。但是到了李商隱所處的晚唐時代，末世人生，只剩蒼涼——詩人也無能高飛遠舉了，所能做的，就是如何安頓自己，轉求內在的安定。多少會透出一種自憐自艾的味道。李商隱孤獨地行走著，他執著地追問著。他的文字不是淺吟低唱，也不是慷慨高歌，而是孤獨、寂寞中低沉的訴說，既帶著荒寒和冷意，也帶著生命的溫情和熱度，這就形成了一種具有悲劇意味的創作風貌。

晚唐詩承中唐而展現一大轉變，有別於盛唐詩超邁渾厚、開拓博大藝術之美，它以豐富的感性為基礎，傾向對內心的刻畫，具有一種殘缺、荒敗的特殊美感，這種美感格局較為逼仄、促迫，感情較為幽微、纖細，風格偏於柔細、冷豔。這種「以悲為美」詩風轉變的關鍵人物就是李商隱。

李商隱的無題詩對時代興衰、生命感悟的那種飄忽、迷離、曖昧、執著與淒美的情感，可能在每個不同的生命中引發出吟味、感觸，從而獲得一種「只可意會不可言傳」的審美感受。正如梁啟超在《中國韻文裡頭所表現的情感》中所說：「義山的〈錦瑟〉等詩，講的什麼事，我理會不著。拆開一句一句的叫我解釋，我連文義也解不出來。但我覺得它美，讀起來令我精神上得一種新鮮的愉快。須知美是多方面的，美是有神秘性，我們若還承認美的價值，對於此種文學，便不容輕輕抹煞。」無題詩的藝術空白往往具有餘味無窮的效果，它留給讀者廣大的想象空間，能激發欣賞者永無止境的想象力和理解力的再創造，使讀者能超越有限而達到無限。無題詩的魅力，就在這種現實與夢幻、具體與抽象之間，所謂「可言與不可言」、「可解與不可解」之間的半透明、半敞開狀態。袁枚曾說：「詩者由情生者也，有必不可解之情，而後有必不可朽之詩。」無題詩的魅力正在於「說不盡」。對於這種不確定性，我們在鑑賞時要展開自己的想像翅膀，在廣闊意境的空間中自由地飛翔，找到自己心靈的棲息地，從而盡情地享受審美創造的快感。

李商隱用文字創造出一種往內探求自己精神跋涉歷程的獨特詩體。走進李商隱精心構造的藝術世界，便可以強烈感受到他的作品中，那種強烈憂鬱氛圍和濃重的淒幻色彩。這既是作者自我生活經歷所留下的投影，也與他執著癡迷的審美目光相印證。在中國詩歌的園地上，這是一片關於生命悲劇體驗的獨特風景。

（黃雅莉）◆

3 東京夢華錄 節選

關於進步、繁榮又精緻的宋朝文化，我們有許多史料及藝術為證。例如書畫珍品、泥塑觀音或美到極致的瓷器。但說到最具臨場感的敘述，可能就是《東京夢華錄》了！生平並無可考的孟元老，年輕時曾跟隨父親宦遊到汴京，對當時首都的繁華興盛、物阜民豐留下深刻印象。隨宋室南渡之後，便以「追憶似水年華」的心境，詳細記載了當年北宋都城的坊市、風俗與節慶。也讓我們對近千年前的都會生活有了想像的依據。

壹・作者與出處

孟元老，生平事蹟無可考，僅能根據他自撰的《東京夢華錄・序》瞭解梗概。自署幽蘭居士，宋徽宗崇寧癸未（西元一一〇三年），隨父宦遊來到京師（汴京，今河南開封），居住在城西的金梁橋（在當時汴河上）西夾道之南。成長後是否曾任官職？序中並未提及。據清代藏書家常茂徠的推測，以為孟元老可能就是替宋徽宗督造艮嶽的孟揆。理由是《東京夢華錄》遍記東京的名勝古蹟，獨對艮嶽隻字不提。宋徽宗經營艮嶽，窮奢極欲，勞民傷財，直接導致方臘（又名

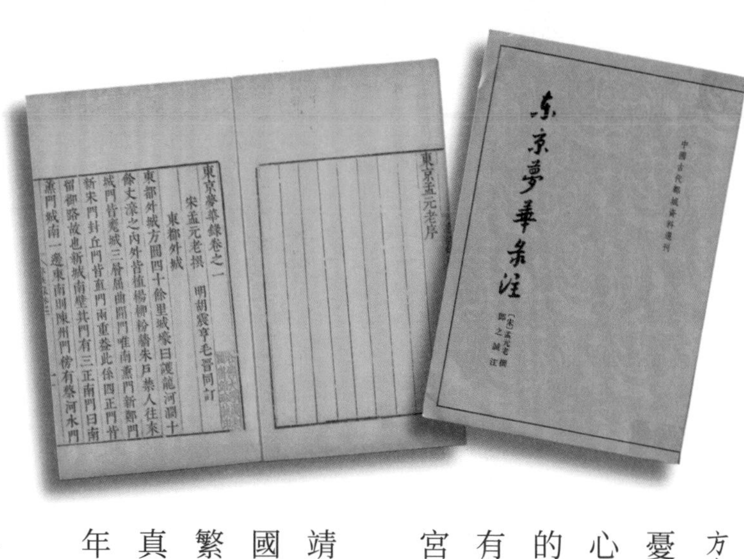

方十三，一名方朕，傭工出身，不滿徽宗生活奢華，號召農民叛亂）起事，內憂外患接踵而至，生靈塗炭。孟揆雖然只是艮嶽的督造官，但也於心不安，所以寫此書時不忍提及。艮嶽是宋徽宗宣和年間東京汴都的一大名勝，獨於該書付諸闕如，不免引人遐想。常茂徠的推測沒有證據，聊備一說罷了。從《夢華錄》的內容看來，以作者對東京宮廷生活熟悉的情況，可能曾任小京官。

宋欽宗靖康丙午（一一二六年），徽、欽二帝被金兵俘虜，史稱靖康之難。第二年，孟元老離開東京南下，避地江左數十年間，故國故園之思時刻縈繞心頭，寂寞失落，偶與年輕人談起東京當年的繁華，年輕人「往往妄生不然」。為讓後人能了解東京當日盛況的真實，所以提筆追憶東京當年種種繁華，編次成集，南宋紹興十七年完成《東京夢華錄》。

孟元老卒於南宋紹興十七年之後，終年大概六十歲左右，具體時間已不可考。

《東京夢華錄》是孟元老在宋室南渡之後，追憶汴京的繁盛景象所寫的一部書，所記大多是宋徽宗崇寧到宣和（一一〇二～一一二五）年間汴京的太平繁盛。詳細記載北宋都城、坊市、節序風俗和當時典禮等，內容豐富而廣泛，是文字版的〈清明上河圖〉，開創了以筆記描述城市風土人情、掌故名物的新體裁，為其後反映南宋都城臨安的同類作品如《都城記勝》、《夢梁錄》、《武林舊事》等所沿用。

作為八朝古都（夏、戰國時期魏國、五代後梁、後晉、後漢、後周、北宋、金）的開封，宋代稱為「東京」，又稱汴京、汴梁，係相對於「西京」洛陽而言。本選文節選數篇，包含書前的〈序〉，主要是作者緬懷昔日東京的富庶繁華、說明撰寫目的以及該書取名的緣由；卷二的〈酒樓〉，介紹東京主要的酒樓飯館，是東京市民生活的縮影；卷三的〈般貨雜賣〉，記敘東京城中使用的各式車輛。

宋欽宗仁孝皇帝肖像
國立故宮博物院藏

宋徽宗顯孝皇帝肖像
國立故宮博物院藏

貳．選文與注釋

〈序〉

僕從先人宦游南北，崇寧癸未到京師[1]，卜居[2]於州西金梁橋西夾道之南。漸次長立，正當輦轂之下[3]，太平日久，人物繁阜。垂髫之童[4]，但習鼓舞；班白之老[5]，不識干戈[6]。時節相次，各有觀賞：燈宵月夕[7]，雪際花時，乞巧登高[8]，教池遊苑[9]。舉目則青樓畫閣，

1 京師：北宋首都汴京，今河南省開封市。

2 卜居：選擇居住的地方。

3 輦轂之下：皇帝車輿之下，這裡借代京城。輦轂：皇帝的車輿。

4 垂髫之童：未冠的兒童。古時童子不束髮，頭髮下垂，所以稱童子為垂髫。髫：音ㄊㄧㄠˊ。

5 班白之老：頭髮斑白的老人。班：通「斑」。

6 不識干戈：承平日久，沒有戰爭的經驗。干戈：兵器的總稱，這裡借代戰爭。

7 燈宵月夕：農曆正月十五的上元節和八月十五的中秋節。燈宵：上元節，稱元宵，又稱燈節。中秋節又叫作「月夕」。

8 乞巧登高：農曆七月初七乞巧節拜月和九月初九重陽節出遊。乞巧：傳說七月初七是天上牛郎織女相會的日子，民間婦女在庭院中，擺設香案和手工藝品，向織女乞求智巧。

9 教池遊苑：指金明池、瓊林苑的遊賞活動。教池：北宋朝廷在東京城外開鑿的人工湖金明池。遊苑：遊瓊林苑，該苑宋太祖乾德二年建造，是北宋著名園林。

繡戶珠簾。雕車競駐於天街[10]，寶馬爭馳於御路[11]。金翠耀目，羅綺[12]飄香。新聲[13]巧笑於柳陌花衢，按管調絃[14]於茶坊酒肆。八荒爭湊[15]，萬國咸通。集四海之珍奇，皆歸市易[16]；會寰區[17]之異味[18]，悉在庖廚。花光滿路，何限春遊；簫鼓喧空[19]，幾家夜宴。伎巧則驚人耳目，侈奢則長人精神。瞻天表[20]則元夕教池，拜郊孟享[21]。頻觀公主下降[22]，皇子納妃。修造則創建明堂[23]，冶鑄則立成鼎鼐[24]。觀妓籍[25]則府曹衙罷[26]，內省[27]宴回；看變化則舉子唱名[28]，武人換授。

10 天街：京城中的街道。

11 御路：供帝皇車駕通行的道路，這裡指京城的街道。

12 羅綺：絲綢衣服。羅：一種鬆軟的絲織品。綺：一種有花紋的絲織品。

13 新聲：新奇美妙的音樂。

14 按管調絃：演奏音樂。按管：吹奏管樂器。調絃：彈奏絃樂器。

15 八荒爭湊：荒遠地區的人都爭相前來聚集。八荒：指離中原極遠的地方。湊：聚集。

16 市易：王安石變法內容之一，即漢武帝平準法的擴大。北宋在汴京設「市易司」，其他幾個大城市設「市易務」，掌管有利時機的貿易、平衡物價等事務。

17 寰區：天下，人世間。

18 異味：珍奇的食物。

19 簫鼓喧空：簫鼓之聲在空中迴盪。簫鼓：泛指樂器。

20 天表：指天子的儀容。

21 拜郊孟享：天子親臨郊祀和宗廟祭禮。拜郊：天子親臨京城郊外拜祭天地，南郊祭天，北郊祭地。孟享：每年四孟（孟春、孟夏、孟秋、孟冬），即每季的第一個月，天子都要親臨主持宗廟的祭禮。

22 公主下降：疑即公主出嫁，需設盛大儀仗。

僕數十年爛賞疊遊，莫知厭足[29]。一旦兵火[30]，靖康丙午[31]之明年，出京南來，避地江左[32]，情緒牢落[33]，漸入桑榆[34]。暗想當年，節物風流[35]，人情和美，但成悵恨。近與親戚會面，談及曩昔，後生往往妄生不然。

23 明堂：本指古代天子接受諸侯朝見的地方，這裡代稱當時的大慶殿，帝王宣明政教的地方。舉凡朝會、祭祀、慶賞、選士、養老、教學等大典，都在這裡舉行。

24 鼎鼐：古代兩種用青銅鑄造的烹飪器皿。鼐：音ㄋㄞˇ。

25 妓籍：入樂籍的歌妓。

26 衙罷：辦完公事。

27 內省：皇宮中。

28 舉子唱名：殿試後，天子唱名召見登第進士。舉子：登第的進士。

29 厭足：滿足，厭：通饜。

30 一旦兵火：一日戰爭爆發。這裡指金兵進犯，北宋滅亡。

31 靖康丙午：宋欽宗靖康元年，北宋滅亡之年。靖康：宋欽宗年號（一一二六～一一二七）。

32 江左：即江東，指安徽蕪湖以下的長江南岸地區。

33 牢落：無聊、孤獨寂寞。

34 桑榆：日落時餘光照在桑榆間，借指傍晚，比喻人生晚年。

35 節物風流：各季節的風物景色，瀟灑豪放。

僕恐浸久，論其風俗者，失於事實，誠為可惜，謹省記編次成集，庶幾開卷得睹當時之盛。古人有夢遊華胥之國[36]，其樂無涯者，僕今追念，回首悵然，豈非華胥之夢覺哉！目之曰《夢華錄》。然以京師之浩穰[37]，及有未嘗經從處，得之於人，不無遺闕[38]。倘遇鄉黨宿德[39]，補綴周備，不勝幸甚。此錄語言鄙俚，不以文飾者，蓋欲上下通曉爾，觀者幸詳焉。紹興丁卯歲除日[40]，幽蘭居士孟元老序。

〈酒樓〉

凡京師酒店，門首皆縛綵樓歡門[41]，唯任店入其門，一直主廊約百餘步，南北天井兩廊皆小閤子[42]，向晚燈燭熒煌[43]，上下相照，濃妝妓女數百，聚於主廊槏

36 華胥之國：傳說中的古國名，泛指仙境、夢境。據《列子．黃帝》記載：黃帝白天睡覺做了一個夢，夢見自己在華胥氏之國漫遊。這個國家沒有國王、君主，一切順其自然。民眾沒有嗜好慾望，隨其自然。不知好生，也不厭惡死亡，沒有愛憎，無所謂利害。皇帝夢醒後，覺得通體舒暢，非常愉快。

37 浩穰：廣大豐盛。

38 闕遺：遺漏。

39 鄉黨宿德：泛指鄉裡有見識的人。

40 紹興丁卯歲除日：南宋高宗十七年十二月最後一天。紹興：宋高宗趙構年號。歲除日：農曆十二月最後一天。

41 歡門：酒樓用五彩裝飾的門面。

42 小閤子：酒樓中的小房間，相當於現在餐廳的廂房。閤，通閣。

43 熒煌：閃耀輝煌。

面上[44]，以待酒客呼喚，望之宛若神仙。北去楊樓，以北穿馬行街，東西兩巷，謂之大小貨行，皆工作伎巧[45]所居。小貨行通雞兒巷妓館，大貨行通牋紙[46]店、白礬樓，後改為豐樂樓。宣和間，更修三層相高，五樓相向，各有飛橋[47]欄檻[48]，明暗相通，珠簾繡額[49]，燈燭晃耀[50]。初開數日，每先到者賞金旗，過一兩夜則已。元夜則每一瓦隴[51]中皆置蓮燈一盞。內西樓後來禁人登眺，以第一層[52]下視禁中。大抵諸酒肆瓦市[53]，不以風雨寒暑，白晝通夜，駢闐[54]如此。州東宋門外仁和店、姜店，州西宜城樓、藥張四店、班樓，金梁橋下劉樓，曹門蠻王家、乳酪張家，州北八仙樓，戴樓門張八家園宅正店[55]，鄭門河王家、李七家正店，景靈宮東牆長慶

44 槏面：窗前門口。槏：音ㄑㄧㄢˇ，窗邊的柱子。
45 工作伎巧：憑才藝從事各種手藝的人。
46 牋紙：文書用紙。
47 飛橋：架設在空中，連接樓與樓的棧橋。
48 欄檻：欄杆。
49 繡額：華麗的匾額。
50 晃耀：晃動耀眼。
51 瓦隴：屋頂上用瓦鋪成的凹凸相間的行列，又稱瓦壟。
52 第一層：最高的那一層，與今算法相反。
53 瓦市：宋代娛樂和貿易的場所。
54 駢闐：連屬聚集，同駢田。闐：音ㄊㄧㄢˊ。
55 正店：政府授權，可以釀酒的大型酒店。

樓。在京正店七十二戶，此外不能遍數，其餘則謂之「腳店」[56]。賣貴細下酒[57]、迎接中貴[58]飲食，則第一白廚，州西安州巷張秀，以次保康門李慶家，東雞兒巷郭廚，鄭皇后宅後宋廚，曹門塼筒李家，寺東骰子李家，黃胖家。九橋門街市酒店，綵樓相對，繡旆相招，掩翳天日[59]。政和後來[60]，景靈宮東牆下長慶樓猶盛。

〈般載雜賣〉節選

東京般載車[61]，大者曰「太平」。上有箱[62]無蓋，箱如构欄[63]而平，板壁前出兩木，長二三尺許，駕車人在中間，兩手扶捉鞭⿰金屋[64]駕之。前列騾或驢二十餘，前後作兩行；或牛五七頭拽[65]之。車兩輪與箱齊，後有兩斜木腳[66]拖夜（或作曳，同拽）；中間懸一鐵鈴，行即有聲，

56 腳店：小酒家，不能自釀酒，必須向正店買酒出售。

57 貴細下酒：名貴精巧的下酒菜。

58 中貴：宮中太監。

59 繡旆相招，掩翳天日：各種彩旗遮蔽天空。旆：音ㄆㄟˋ，旗子。

60 政和後來：宋徽宗正和年間以來。政和：宋徽宗年號。

61 般載車：裝載搬運的車輛。般：同搬，搬運。

62 箱：同廂，車廂。

63 构欄：欄杆。

64 扶捉鞭⿰金屋：抓穩趕車的鞭子和韁繩。扶捉：扶持住。⿰金屋：音ㄙㄨㄟ，韁繩。

65 拽：拉、牽引，音ㄓㄨㄞˋ。

66 斜木腳：車上的附件。

67 諕：嚇唬，音ㄏㄠˊ。

68 倒坐纏車：以反向用力，拉拽車子。

使遠來者車相避。仍於車後繫驢騾二頭，遇下峻險橋路，以鞭諕[67]之，使倒坐綞車[68]，令緩行也。可載數十石[69]。官中車惟用驢，差小[70]耳。其次有「平頭車」，亦如「太平車」而小，兩輪前出長木作轅[71]，木梢橫一木，以獨牛在轅內，項負橫木，人在一邊，以手牽牛鼻繩[72]駕之，酒正店[73]多以此載酒梢桶[74]矣。梢桶如長水桶，面安靨口[75]，每梢三斗[76]許。一貫[77]五百文。又有宅眷坐車子，與「平頭車」大抵相似，但稯[78]作蓋，及前後有构欄門，垂簾。又有獨輪車，前後二人把駕[79]，兩旁兩人扶拐[80]，前有驢拽，謂之「串車」，以不用耳子轉輪[81]也，般載竹木瓦石。但無前轅，止一人或兩人推之，此車往往賣糕及糕麋[82]之類人用，不中載物也。

69 石：有二解，一是古代計重量的量詞，宋代一百二十斤為一石，約合今七十五公斤強。一為古代計容量的量詞。宋代二斛為一石。音ㄉㄢˋ。此處是用作重量的量詞。

70 差小：略小。

71 轅：車前壓在車軸上、伸出車輛前端、左右各一的直木，用來駕牲口。

72 牛鼻繩：穿在牛鼻上的韁繩，趕車的人手握韁繩以驅牛。

73 酒正店：政府授權、可釀酒的正規酒店。

74 酒梢桶：盛酒的木桶。

75 靨口：桶蓋。靨：音ㄧㄝˋ。

76 斗：古代計容量的量詞，十斗為一石。

77 貫：古代計算錢幣的量詞，一千錢為一貫。

78 稯：本義為禾束，這裡指稯片，用作富貴人家女眷乘坐的車輛上的車頂蓋。音ㄗㄨㄥ。

79 把駕：把握方向。

80 扶拐：扶持以防拐倒。

81 耳子轉輪：車輛的部件。

82 糕麋：米糕之類。

參・可以這樣讀

東京開封，因有汴水流過，又稱汴京。是中國六大古都（長安、洛陽、開封、北京、南京、杭州）之一，地處中原中心，位於黃河、淮河之間，沃野千里，利於農耕，地勢平衍，交通方便，有「北據燕趙，南通江淮，水陸都會，形勢富饒」之稱。自戰國時魏惠王遷都於此，稱為「大梁」始，已有二千三百多年，是七朝（後來金朝亦定都開封）古都，文化名城。經歷代擴建，奠定開封城的規模。在這基礎上，再經北宋歷代帝王一百多年的經營，開封城經濟發達，繁榮興盛，成為當時全國、甚至是全世界最繁華的都市。

北宋滅亡，開封淪入敵手，富庶繁榮不再。孟元老親歷開封由盛轉衰的全部過程。避地江南後，思念故土而撰寫《東京夢華錄》一書，在卷一〈東京外城〉和〈舊京城〉兩節，敘述了開封城的規模，在平直的語言中流露了悲痛思念之情，令人久久不能忘懷。

《東京夢華錄》是北宋東京的全景圖，內容豐富，涉及的範圍非常廣泛，為研究北宋社會、經濟、文化提供了相當有價值的資料。通過孟元老的筆下，可以照見一斑。

華胥夢醒，不勝唏噓

華胥夢醒，從出京開端。靖康二年，金兵攻破汴京，擄徽、欽二帝及太妃、太子、宗室數千人北去，北宋滅亡。第二年，作者「出京南來，避地江左。」

◀清明上河園是位於河南省開封市龍亭湖西岸的宋代文化主題公園，它是以畫家張擇端的寫實畫作〈清明上河圖〉為藍本建造，以宋朝市井文化、民俗風情、皇家園林和古代娛樂為題材。

惆悵遺恨，心情牢落，無所依託。況且隨著朝廷南下避難的中原人士，到了垂暮之年，往往不忘故土，群聚閒聊總是離不開故國的追憶，談及京城的風物景色，以及民情風俗的美好，年輕人都輕忽地不以為然。作者擔心時間久遠，東京曾經繁榮富庶的盛景，已無人知曉就太可惜了。於是掇拾舊聞，將那逝去的繁華歲月，編次成集，使後人開卷就能了解當年東京的「節物風流，人情和美。」他沉痛地說：「僕今追念，回首悵然，豈非華胥之夢覺哉！」借皇帝夢遊華胥之國的傳說為書命名，看似只是追懷舊夢，實際是融注了作者對北宋王朝覆滅的沉痛哀傷。明人毛晉說：「幽蘭居士華胥一夢，直以當〈麥秀〉、〈黍離〉之歌（感嘆亡國）。」

《東京夢華錄》所記內容，計有：京都的外城、內城及河道橋樑、皇宮內外官署衙門的分佈及位置、城內的街巷坊市、店舖酒樓、朝廷朝會、郊祭大典、東京的民風習俗、時令節日、當時的飲食起居、休閒活動的歌舞百戲等等。幾乎無所不包，文末還謙虛的說：「以京師之浩穰，所記容有遺闕，恭請鄉里年高德劭者加以補綴以求周備。」其實他跟同時代的畫家張擇端的〈清明上河圖〉一樣，把北宋東京上自王公貴族、下至平民百姓的日常生活情景，描繪詳盡，是研究北宋都市社會生活、經濟文化的重要文獻。

掇拾舊聞，陶醉舊夢

追憶往昔，由入京說起。作者自幼隨父宦遊南北，崇寧癸未到達京師，在天子腳下一住二十三年。那段時期北宋建國已一百多年，承平日久，繁華富庶。尤其是汴京這個政治、經濟、文化中心，人口興旺，男女老幼都未曾遭逢戰亂，歌舞昇平。商品經濟迅速發展，給城市帶來一派繁盛。放眼望去，雕樑畫棟的建築，裝飾了豪華精緻的珠簾，金碧輝煌；街道停放的是華麗的馬車，駿馬爭先恐後地在寬敞的道路上奔馳，街衢車水馬龍。柳陌花街飄揚著新聲巧笑，茶坊酒肆迴盪著美妙的樂音。大國天威影響所及，遠至四野八荒之地；交通方便，廣及五湖四海之域。所以能聚集天下的奇貨異食，家家徹夜歡宴。花光滿路，簫鼓喧天，京城熱鬧繁華的景象，令人振奮。作者不但把目見耳聞說得有聲有色，還有味覺、嗅覺的享受，也不遑多讓，這是張擇端〈清明上河圖〉畫筆不到之處，《東京夢華錄》正好彌補他無法展現的空白。

序中描述東京繁華的種種表現，娓娓道來，呈現作者驅遣文字的真功力，頗能引人入勝。寫繁榮熱鬧，作者採用駢體鋪排，寫得色彩紛呈，音節鏗鏘，在鋪張的文勢中再現富麗豪奢的氣象，以長短不一的偶句交錯出現，避免了給人單一的印象。如寫市容：「舉目則青樓畫閣，繡戶珠簾，雕車競駐於天街，寶馬爭馳於御路。金翠耀目，羅綺飄香，新聲巧笑於柳陌花衢，接管調絃於茶坊酒肆。」還集中了許多極富色彩的詞語，如「金翠」、「羅綺」、「畫閣」等，

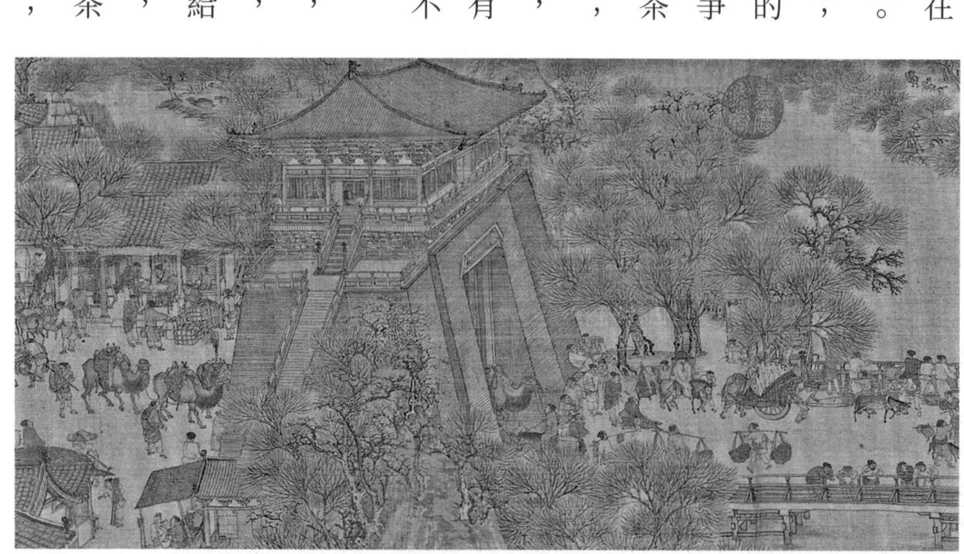

作者把汴京城內熱鬧繁華的景象說得有聲有色，還加入味覺、嗅覺的描述，這是張擇端〈清明上河圖〉畫筆不到之處，《東京夢華錄》正好彌補他無法展現的空白。

▶〈清明上河圖〉，目前已知最早的版本為北宋畫家張擇端所作，原畫長約 528.7 公分，高約 24.8 公分，現藏北京故宮博物院。

更是極盡誇飾之能事，有效渲染市中心的金碧輝煌、車水馬龍。

寫東京的商貿鼎盛，則說「八荒爭湊，萬國咸通。集四海之珍奇，皆歸市易；會寰區之異味，悉在庖廚。」幾個長短不一的偶句，活潑的說出汴京已是當時的國際都市，商品應有盡有。書中卷二〈東角樓街巷〉，其中南通一巷是金銀彩帛交易之所，「屋宇雄壯，門面廣闊」，「每一交易，動即千萬」，可見當日京師貿易之盛。書中多處記載了酒樓、夜市、食品店、肉行、魚行、糕餅店等生意興隆的情形，還專章記載了東京城內酒樓供應的一百多種菜餚、小吃、乾鮮果品，既有北方的特產，也有南方的風味，四方美味，匯聚於京城。

寫總的時代環境與社會氣氛，他說：「太平日久，人物繁阜。垂髫之童，但習鼓舞；斑白之老，不識干戈。」「垂髫」兩句跟「班白」兩句互文見義，語簡意豐，是說男女老幼慣識承平歌舞，都未曾遭逢戰亂。「垂髫」句暗承「人物繁阜」；「班白」句切合「太平日久」，在小處也不忘文意的照應。

篇首從初至京城敘起，借入筆引出敘述人，既便於記敘自己親見的事，又利於表達情感；在結構上總的作一提示，也使今昔之間，敘寫與抒發之間，都有呼應，產生對照作用。後半寫悵恨之情，從出京落筆，敘述形式在重複照應中推進一步，一位「前朝遺老」從筆下流出眷戀的情感，是幻滅的哀痛。

書中，孟元老又憑著記憶，對吃過的食物細細回味，寫下一份輝煌的菜單。餐廳裡除了自己廚房供應的菜餚外，客人隨時「呼索變換下酒」的菜餚，也得及時送上。因此還提供外帶、託賣的菜單，下酒的乾果不勝枚舉，鮮果從南方

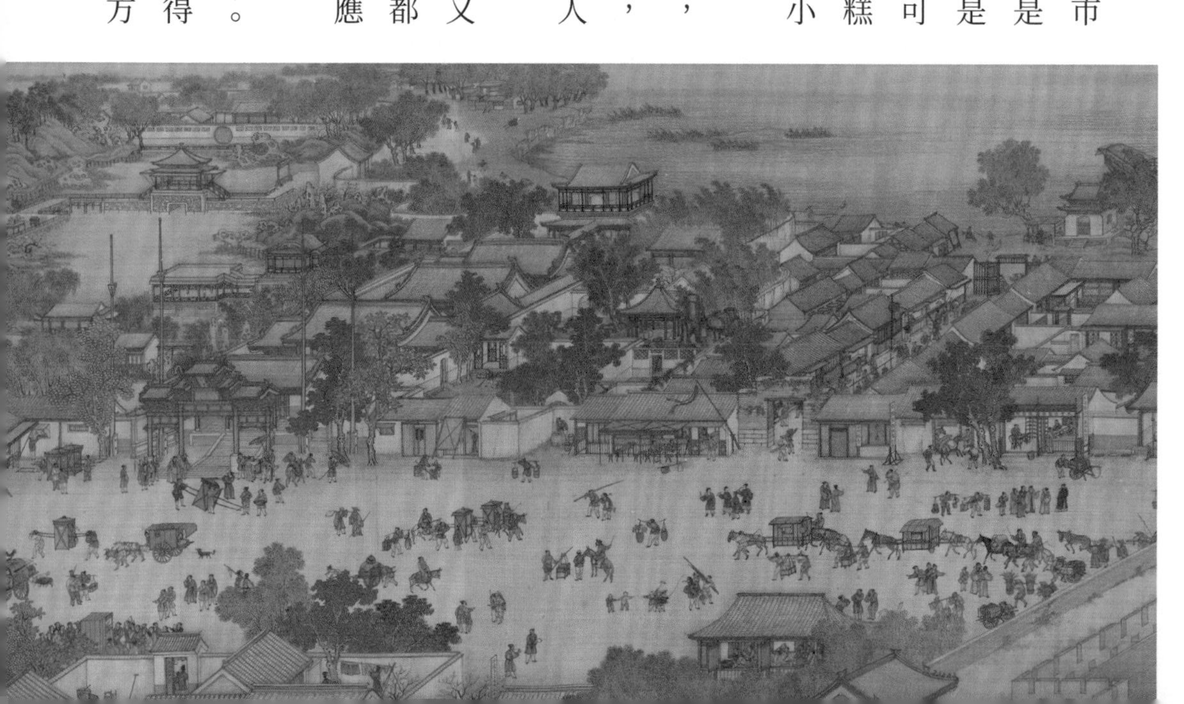

的荔枝到大西北的葡萄，一應俱全。由於當時對飲食文明的注重，酒樓餐廳裡從主廚到沏茶調酒的師傅都有身份，稱為「博士」，連托盤逐桌叫賣的店小二，也稱「大伯」。這些忘不了的汴京記憶，具體而真實，孟元老對北宋的滅亡，除了「國破家亡」的憾恨外，更重要的應是對這些再也找不回來的感官享受的失落吧。

每年元宵夜天子登樓觀燈，或親臨金明池檢閱水師操練等水上活動，或在郊外祭天地的路上、四孟的宗廟祭禮，也都可以瞻仰天子的威儀。經常可以看到公主下嫁、皇子納妃等熱鬧場面；從朝廷興建的明堂可見這裡建築的宏偉，從鼎鼐這些成品，可知冶煉和鑄造等行業的發達。參加皇宮宴會歸來和公餘之暇，可觀賞註冊有案的藝人表演；從皇帝唱名召見登第進士、或武將換授任命之際，可觀察到朝廷政治舞台的變化。

作者一一列舉昔日汴京的繁盛富庶和享樂之後，無限留戀的說：「僕數十年爛賞疊遊，莫知厭足。」以回應篇首，在重溫奢華舊夢的同時，沉痛地引起下文寫眷戀之情，失落的哀痛。

〈清明上河圖〉描繪北宋京城汴梁（今河南省開封市）及汴河兩岸的繁華熱鬧。

汴京生活面面觀

◎開封城內的酒樓

孟元老說開封城內「燕館歌樓，舉之萬數」，一點都不誇張。北宋末年，東京的正規酒樓就有七十二家，賣酒兼造酒，除自用外，還供應許多腳店販售，小酒家是不自釀酒的。光是白礬樓所釀的酒，就可供應三千多家腳店所需，其規模可以想見。林立的酒肆，無論風雨寒暑、白天長夜，營業都不會間歇；店內相當重視門面裝潢，營造氣氛，處處呈現這個都市的繁榮氣象，是東京最大的行業。

酒樓多設在小橋流水地帶，方便食客用餐時觀賞風景。門面裝飾都很講究，在店門口簷下建設彩樓，懸掛別出心裁的招牌以招攬生意；內部裝潢也不遑多讓。以白礬樓來說，由雙向五座樓組成，是庭院式設計，各座都是三層建築，樓間有飛橋欄檻明暗相通，各樓有珠簾繡額，燈火通明，是當時東京一大勝景。西樓是主建築，設有徽宗的御座，中樓有李師師的琴房、書齋，相傳當年徽宗和李師師相會，就在礬樓。帝王將相、達官貴人多在此樓宴客，連理學家劉子翬也有詩說：「梁園歌舞足風流，美酒如刀解斷愁。憶得少年多樂事，夜深燈火上樊樓。」

出入酒樓的人，形形色色，有以侍奉客人謀生的各種從業人員，如稱為「茶飯量酒博士」的廚師，稱為「大伯」的侍者，為客人換湯斟酒的「焌（ㄐㄩˋ ㄣ）

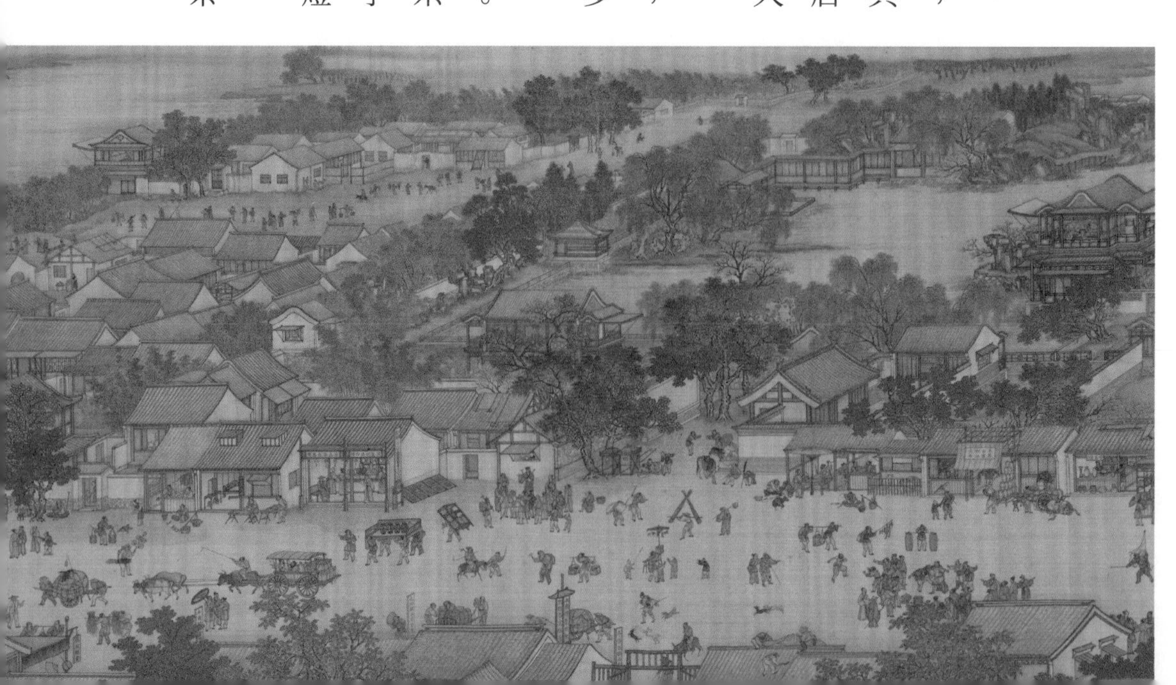

糟」，不請自來賣唱的「廝波」、「打酒坐」，賣藥的「撒暫」，幫閒的「閒漢」，還有前來飲酒的各色人等，是東京各階層居民生活的縮影。

酒樓的名稱，各有特色，有以姓取名的，如乳酪張家、李七家正店；有以喜慶取名的，如長慶樓、豐樂樓；有以所售貨物取名的，如白礬樓，當初就是販賣白礬的，後來寫作「樊」樓，就模糊了命名的由來。五花八門，各出奇招，目的是要響亮易記。

各酒樓飯館的經營、菜餚、風味小吃都各具特色，書中記載了一百多種菜餚、美味小吃及乾鮮果品，樣樣精緻，餐具也相當講究，是全國飲食文化匯聚之地。唐末五代飲食粗放簡陋，歐陽修有詩道：「五代昔中給，九州如剖瓜。東南限淮海，邈不通夷華。于時北州人，飲食陋莫加，雞豚為異味，貴賤無等差。」宋在唐末五代戰亂不絕、經濟凋敝之後，社會安定，經濟繁榮，飲食文化也相應發展到一定的高度。

吃飯的流程是先品茗，然後看盤，由「鐺頭」負責記錄客人點菜的選單，「行菜」負責傳菜，上完菜之後，客人才開始用餐。餐間還可以提供其他的服務，如喚來「擦坐」（賣唱的）、「趕趁」（玩雜耍的）助興等。飲食行業發達，說明這是一個消費城市，孟元老筆下，京城的居民，開銷大方，近於奢侈。社會繁榮，百姓富裕，手頭自然闊綽。開封的酒肆和飲食文化的顯赫，至今仍為人所樂道，一九九七年美國的《生活雜誌》回顧一千年來影響人類生活的一百件大事，我國有六件入選，開封的酒樓和小吃名列第五十六。

圖為台北國立故宮博物院所藏的清院本〈清明上河圖〉（局部）

一個「八方爭湊，萬國咸通」、酒樓林立的大都市，交通暢達至關重要。當日東京街衢的各式車輛，孟元老以專節詳細介紹，無論乘人載物，運輕載重，車上安置不同的部件，都設想周到，以省人力，致使安全無虞，我們不得不佩服古人的智慧。

◎不打烊的夜市

夜市在宋以前早已出現，但其規模、經營範圍都不能與北宋相比。「夜市千燈照碧雲，高樓紅袖客紛紛」，這是唐代詩人對夜市的描述，是在商業繁華地區供達官貴人玩樂的場所。宋代取消了唐代的宵禁制度，夜，就燦爛起來了，真正出現全民性夜市，那是市民生活的亮點。

《東京夢華錄》卷二〈州橋夜市〉專節介紹北宋東京的夜市。州橋夜市跨御河，位於城內交通要道，是人流必經之地；州橋之北，官府集中，公幹人員較多；州橋之東是汴河兩岸，商業繁榮；州橋之西，曲院妓館尤眾；州橋之南至朱雀門外，店舖林立，還有壯觀的州橋，風景如畫，遊人如織，所以成為一個以出售「雜嚼」美食、風味小吃為主的夜市中心，與今日台灣的夜市差不多。州橋夜市是東京著名景點之一，劉昌詩還有一首〈上元詞〉專門記述夜市盛況的：「五日都無一日陰，往來車馬鬧如林。葆真行到燭初上，豐樂遊歸夜已深。人未散，月將沉，更期明夜到如今，歸來尚向燈前說，猶恨追遊不稱心。」

還有的夜市屬於日常文化產品的交易，是由高度發展的商品經濟帶來的獨

清院本〈清明上河圖〉是由清宮畫院的五位畫家在乾隆元年協作畫成，是參照各朝的仿本、集各家所長之作品。畫作尺寸擴大至長 1152.8 公分、寬 35.6 公分，現藏於台北國立故宮博物院。

特現象。

〈東角樓街巷〉裡的潘樓酒店，樓下每天五更（凌晨三至五時）開市，黎明即散，京城人稱為「鬼市子」。買賣衣服、書畫、珍貴玩物和犀角玉器等。稱為鬼市的另一原因是這裡出售的商品，品質沒有保障，全憑買者的眼光和運氣，有時低價淘到寶物，有時高價買來贗品，算是交學費啦。

在馬行街北半部是醫藥、香藥鋪集中區，孟元老說這裡的夜市比州橋夜市興旺百倍，車輛馬匹充塞道路，行人幾乎無法停留。馬行街再往北去，到新封丘門大約有十里多的路程，店鋪林立，到處都有茶坊酒店和伎人俳優的賣藝場所，可以飲食消遣。夜市直到三更才結束，到五更又重新開市，熱鬧的場所更是通宵不絕。

御街東面朱雀門外，街心是百姓集中買賣處，商家店鋪相當繁華，到晚上尤其興盛熱鬧。縱然遇到大風雪或陰雨天，也不休市。

東京的夜市為商品交換提供了更多的時間，擴大了交易量，促進了經濟發展。夜市也豐富了居民的生活、娛樂，改變了城市的夜間面貌。

◎最熱鬧的市集：相國寺內萬姓交易

佛教自傳入中國，經魏、晉、南北朝、隋、唐的發展，已在中國落地生根，其後唐武宗、五代後周世宗兩次毀佛，勢力頗受影響。北宋初期，僧侶稱宋太祖為「當今佛」，佛教因此得到皇帝的支持，經過北宋前期一百多年的發展，

京城佛教寺廟林立，遍佈全城。其中相國寺、開寶寺、太平興國寺、天清寺合稱四大寺廟，而以相國寺最為著名。

相國寺位於京城市區中心，南臨汴河，西近御街，東、北面都是繁榮的商業區，寺院規模宏大，建築雄偉，向稱有十絕之美。每月開放五次讓百姓入寺進行貿易，是汴京最大的商業中心。各區域出售不同種類的商品，使相國寺熱鬧非凡。外門處買賣各種珍禽異獸，寵物應有盡有。第二進山門處是各類日常用具，庭院中設置彩色帳篷和露天小屋的售貨攤，出售起居用品和鞍轡弓劍、時鮮水果，靠近佛殿的售貨攤出售孟家道院王道士的蜜餞、趙文秀的筆和潘谷的墨。佛殿兩廊有固定的攤位，出售京城各寺院尼姑的手工藝品和珍珠翡翠之類的首飾。最值得注意的是：殿後資聖門前、四東門大街，專賣書籍碑文等，是個文化市場，不僅吸引了四方商賈，也引來眾多文人雅士駐足流連，生活在京都的官員士子、或到京城遊歷、赶考的騷人墨客，都不會放過到相國寺一遊。李清照和趙明誠婚後，經常到這裡淘寶，買了碑文果實回家，相對邊展玩邊享用果品，快樂得像葛天氏的臣民，是她一生中最難忘的記憶。

◎瓦舍勾欄的文娛活動

宋代由於商品經濟發達，城內商業用地不足，坊市制度徹底瓦解；社會安定，人民閒暇的時間增多，自然追求多元化的休閒生活，對文娛表演需求日增，作為表演場地的瓦舍勾欄應運而起。《東京夢華錄》記錄了當時宮廷與民間的

◀清院本〈清明上河圖〉畫中增加了許多明清時代的特殊風俗，如踏青、表演等等娛樂活動，亦增添了許多豐富的情節，如戲劇、猴戲、特技、擂臺等等，使畫中人物增加到超過 4,000 人。國立故宮博物院藏。

百藝，並以〈京瓦技藝〉專節詳述瓦舍勾欄的盛況，以及各藝人的專長，為中國百藝史留下了可貴的紀錄。

瓦舍是大型的商業遊樂區，瓦舍裡設置演出的的場所叫勾欄。北宋東京瓦舍勾欄數量眾多，成點狀聚集、線狀綿延分佈，集中在城中交通方便經濟發達的主要街道、橋樑和城門附近以及汴河沿岸，那是人口聚集的消費區。其中最大的是桑家瓦子，包含五十餘座勾欄。最大的可容納千人。

瓦舍勾欄是宋代市民文化娛樂生活的中心，匯聚各類專業藝人，每天表演各種節目，包括雜劇、說書、說渾話、彈唱、吟叫、雜耍、口技、魔術等等，還有相撲、商謎等以競賽為主的表演。無論風雨寒暑，從不間斷，有些勾欄甚至通宵達旦，作場不輟。

宋代東京的瓦舍勾欄深入市民的日常生活，與市民生活打成一片。不僅每個節日都有表演活動，各種表演特技、歌舞百戲的藝人，接連不斷，聲聞十里。還有神明生日、祭祀活動都會舉辦表演；經過嚴格專業訓練的藝人，遍及城市各處，普及性相當高。

瓦舍勾欄是市民休閒娛樂的場所，不僅豐富了市民的夜生活，帶動文娛生活與消費，推動了宋代娛樂市場的繁榮；也是商品的交易場所，瓦舍帶動以勾欄為中心的商業區，形成商圈市集，茶肆、酒樓、青樓、私家園林，寺院、道觀，林立其間，深入每一角落，滿足市民各樣需求，促成產業興盛，提供了許多就業的機會，構成一個完整的休閒娛樂商業區。

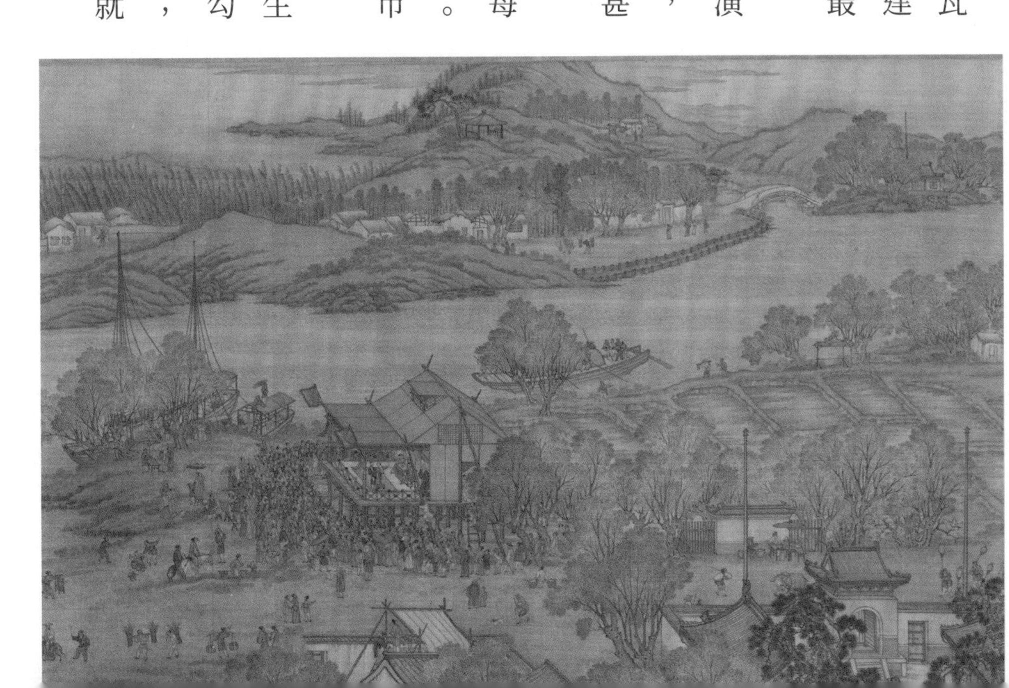

肆・再做點補充

《東京夢華錄》的內容廣泛，全面呈現了東京市民生活，處處可見全民生活的歡愉富足，以下另從淳風美俗、歲時節慶談談當年東京豐富多采的生活文化。

汴京的淳風美俗

宋人灌圃耐得翁在《都城記勝》裡說：「聖朝祖宗開國，就都於汴，而風俗典禮，四方仰之為師。」社會的風俗與一個國家的治亂息息相關，我們先談談孟元老筆下東京的民風習俗吧。

《東京夢華錄》第五卷專節談東京的「民俗」，首先提到飲食的衛生和美感的注重，孟元老說：京城裡出售飲食的小販，都會把新鮮乾淨的食物裝在新奇精巧的餐具裡，非常可愛；對食物的滋味、調製起來一點都不敢草率，非常敬業。飲食不僅僅為了果腹，而是一種享受，由此可知汴都居民的生活美學。

居民都很重視情誼，當人與人之間發生糾紛，被巡捕拘拿時，路人都會挺身而出勸解救助；街頭常出現見義勇為、古道熱腸的人，為了救助人，縱然出錢出力、還要承擔官府的壓力也在所不惜。對外鄉人絕對不欺生，對新遷進城居住的鄰居，照顧周到，指點城裡生活的各種機能，出借短缺的用具；如果偶然有城裡人欺負侮辱外地人，大家都會伸出援手，這是醇厚風俗薰陶出來的氣度。街上有提著茶壺奉茶的人，兼顧街坊鄰里的生活情形。當年的東京，如某家遭遇不測，往往賓客盈門加以慰問。大酒家都疏放大度，無論是客戶或貧窮人家來打酒，店家都會用貴重的銀器載酒，隔天回收，不怕對方據為己有。人與人之間互相信任，連乞丐都很自重，遵守他們自己的規矩。士、農、工、商，各行各業都按照規定穿著不同的服飾，街上行人，很容易辨別出身分來。

孟元老對東京社會風俗觀察入微，雖然只記述飲食、情誼、信用等幾樁小事，就可體會出淳厚的人情味、互信互重的風氣；也可窺見當年的東京，是個安和樂利、上軌道的社會，難怪成為舉國的表率。

騰歡的節慶

歲時源於古代曆法，節日源自古代季節氣候的觀測，結合兩者排定了歲時節令。隨著經濟文化的發展與民族融洽的過程，形成了一套漢民族民俗節日。到宋代由於經濟文化的提高，不斷的豐富其內容。節日文化發達，節日市場興盛，尤其是元宵、七夕、中秋、重陽等節日，以及慶典、商貿、娛樂，京都人都各有豐富多采的活動，往往延至深夜。

從年前冬至以後，汴京就在皇宮前搭建山棚，遊人已開始聚集到御街來。御街兩邊的廊簷下，有表演特技、歌舞百戲的藝人巡迴活動，包羅萬象，各逞所能，讓人天天耳目一新，熱鬧非凡。

每年正月初一，京城開放關撲（以實物、綢緞、飾物、玩具等物品為誘餌賭擲財物的博戲）三天。從早上開始，民眾就互相慶賀，全城搭起彩棚，陳列著各種物品，間隔著有舞場歌館，車輛駿馬往來奔馳。傍晚時分，富貴人家的婦女也出門盡

靖康之變前的北宋東京城（模型）。

情觀賞熱鬧。

初七開始，宮前的燈山已張燈結彩，「金碧相射，錦繡交輝」，為元宵節作好準備。《宋史．禮志》：「自唐以後，常於正月望夜開坊市門燃燈，宋因之。上元前後各一日，城中張燈，大內正門結綵為山樓影燈，起霧臺，教坊陳百戲。……其夕，開舊城達旦，縱市民觀。後增至十七、十八兩夜。」北宋除了發生重大天災、皇室重要人物喪葬、對外戰爭等情況外，每年元宵節朝廷都會舉辦大型的燈會，演出百戲，與民同樂。宋劉昌詩〈上元詞〉說：「宮漏永，御街長，華燈偏共月爭光。樂聲都在人聲裡，午夜車塵馬足香。」元宵節入夜後就是五彩斑斕、錦繡交輝的上元燈節，更是萬人空巷，大家都上街觀花燈，徹夜狂歡。孟元老以數節篇幅記載元宵節的熱鬧繁榮景象，讓我們一睹北宋末年東京燈會的新奇熱鬧。

七夕，相傳牛郎織女在此夜相會，民間婦女當夜在庭院裡搭建彩樓，陳列磨喝樂（亦作磨合羅，原為佛教八部眾神之一的磨睺羅神。唐、宋時期製作的一種土木偶人，供養於七夕，以祈禱生育男孩，後成為兒童玩具）、花果、酒菜、筆硯、針線、或兒童作的詩、女孩精巧的手工，焚香膜拜，向織女星乞求智巧。晚上數條街都賣精緻的乞巧應節玩物，市民蜂湧而至，水泄不通。

中秋夜更是騰鬧得不亦樂乎，「貴家結飾臺榭，民間爭佔酒樓翫月，絲簧鼎沸。」近內庭（皇宮大內）居民，夜深遙聞笙竽之聲，宛若雲外。閭里兒童連宵嬉戲，夜市熱鬧興旺達旦。

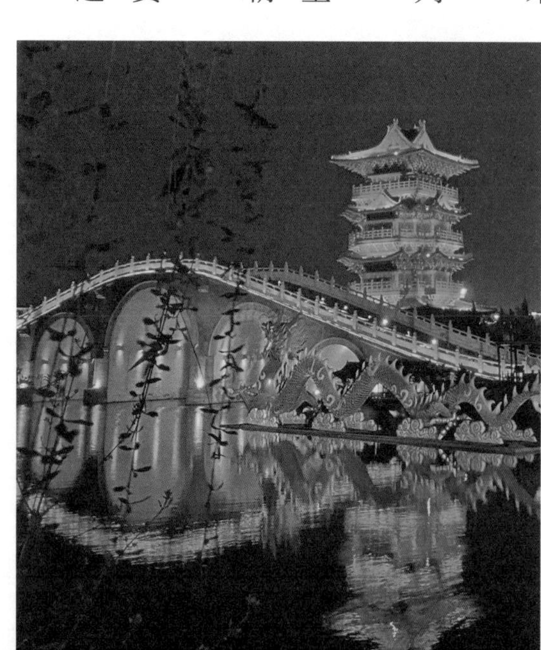

清明上河園內夜景可讓遊客體驗北宋末年東京燈會的新奇熱鬧。

九月重陽，都下賞菊，「洛陽牡丹甲天下，開封菊花世無雙」，騷人墨客在深秋時節，除了登高外，還要賞菊，飲菊花酒、繪菊花畫、對菊花作詩填詞更是不可或缺的藝文活動，留下不少詠菊佳作。

這些節日性的民間娛樂活動，帶來全民狂歡，擴展了宋代的節日習俗和市井文化。歡騰至通宵達旦，節日性活動之處，就有商品交易的需求，於是形成全民性的夜市。

（何淑貞）◆

宋徽宗的〈文會圖〉描繪的是北宋時期文人雅士品茗雅集的一個場景，國立故宮博物院藏。

4 聊齋誌異・聶小倩

懷才不遇、屢試不第、以塾師終老的蒲松齡，
大概是人類史上收集各種妖魔鬼怪、
超自然想像與傳說最豐富的作家了！
他的《聊齋誌異》內容包羅萬象、許多故事精彩無比，
因而常被後世各領域創作者重製、增添、改寫。
當人類因文明進步而更加自信，
對自然界裡的野獸以及千奇百怪的靈異傳說也由恐懼、
逃避轉為好奇與親近，蒲松齡留下的這四百九十一篇故事，
勢將發揮更大、更深刻的影響。

壹・作者與出處

蒲松齡，字留仙，一字劍臣，別號柳泉，世稱「聊齋先生」。山東淄川人。生於明崇禎十三年（西元一六四〇年），卒於清康熙五十四年（一七一五年），年七十六。據說，蒲松齡生來羸弱多病，家人擔心他無法長壽，所以取名「松齡」；他的長相與出生當晚父親夢見的和尚相仿，所以取「留仙」為字。

相傳蒲氏是淄川世家望族，到了蒲松齡父親蒲槃時已家道中落；但蒲松齡天資聰穎，勤奮好學，所以父親對他的寄望甚深。十九歲參加縣、府、道三級考試連獲第一、考取秀才，且受到山東學政施閏章的讚譽而名聞一時。但其後屢次參加鄉試，竟然都落第了；直到七十一歲才援例補為貢生。因此，蒲松齡主要靠著在縉紳之家擔任幕僚或塾師，以養家餬口，後來回到家鄉開館授徒，直至終老。

蒲松齡有才學，但一生落拓不得志，對寫作卻始終不遺餘力，精通各種文類創作：有《聊齋詩集》、《聊齋詞集》、《聊齋文集》、《聊齋俚曲》、雜文傳世（內容涉及天文、農業、醫藥、教育等），其中最膾炙人口的是短篇小說集《聊齋誌異》。「聊齋」是蒲松齡書房的名稱，據說他特別喜歡神怪故事，經常四處蒐集民間怪異故事，甚至在路旁擺設茶煙、綠豆小米粥，作為路人說出神怪故事的報酬。然後再將採集來的故事增添補飾，完成十二卷、四百九十餘篇的短篇文言小說集《聊齋誌異》。

《聊齋誌異》簡稱《聊齋》，又稱《鬼狐傳》。《聊齋》的內容、題材十分廣泛，但以神仙鬼怪、花妖精魅為主。據說蒲松齡每每書寫成篇後，便請同鄉好友王士禛指正；王士禛十分喜愛，曾為《聊齋》題詩：「姑妄言之姑聽之，豆棚瓜架雨如絲。料應厭作人間語，愛聽秋墳鬼唱詩。」但因為蒲松齡家貧，無力刊刻印書，全書僅在

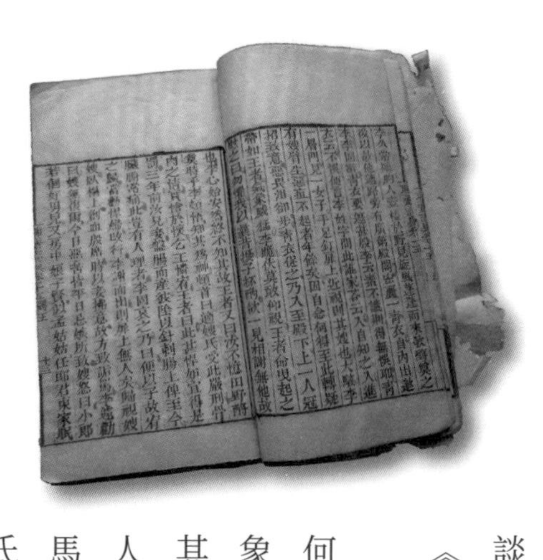

同儕間抄寫流傳；王士禎曾想以五百兩黃金購買其手稿，卻不可得，直至蒲松齡死後、乾隆三十一年（西元一七六六年）才得以首次刊行。其後傳至日本，甚受日本漢學、藝文界喜愛，還刺激了江戶時代怪談文學的發展；至今《聊齋》已有近二十個國家的譯本，都說明了《聊齋誌異》的文學魅力。

然而，《聊齋》作為志怪小說，所傳之奇、在文化中並非首創，何以具有如此高的知名度與閱讀魅力？除了小說成功塑造出不少形象鮮明、具代表性的狐仙和女鬼，如：聶小倩、青鳳、嬰寧……，其形貌、故事都深植人心。更因為表面寫神怪誌異，實際卻也寫盡人間百態，頗能反映社會現實，更飽含諷刺意味。蒲松齡還模仿司馬遷的《史記》，藉由「太史公曰」對傳主的評論，創造了「異史氏曰」，在部分篇章中藉著評議故事、人物，實為諷諭世風，寄寓他對人性、社會更深刻的觀察與思考。

本文出自《聊齋誌異》卷二。寫趕赴科考的書生甯采臣，途中寄宿時，不僅不受女色、錢財的魅誘，還勇敢地幫助女鬼聶小倩脫離妖怪的掌控、重獲新生。在收服妖怪的過程，蒲松齡以道士燕赤霞的劍囊增添奇詭性；聶小倩對恩人甯采臣的情感，也由感激轉為愛戀，使小說從鬼怪故事變化為超現實的浪漫愛情故事。雖篇幅不長，卻刻畫細膩、高潮迭起，是《聊齋誌異》中最膾炙人口的名篇。

貳・選文與注釋

甯采臣，浙人。性慷爽，廉隅[1]自重。每對人言：「生平無二色[2]。」適赴金華，至北郭[3]，解裝[4]蘭若[5]。寺中殿塔壯麗，然蓬蒿[6]沒[7]人，似絕行蹤。東西僧舍，雙扉[8]虛掩；惟南一小舍，扃鍵[9]如新。又顧殿東隅，修[10]竹拱把[11]，階下有巨池，野藕已花。意甚樂其幽杳[12]。會學使案臨[13]，城舍價昂，思便留止，遂散步以待僧歸。

1 廉隅：稜角，比喻有為有守，品行端正。隅：音ㄩˊ，角、角落。

2 無二色：不納妾，也無外遇。

3 郭：外城。

4 解裝：卸下行李、休息。

5 蘭若：梵語「阿蘭若」的簡稱，指寺院。若，音ㄖㄜˇ。

6 蓬蒿：野草。音ㄆㄥˊ ㄏㄠ。

7 沒：掩埋、覆蓋。音ㄇㄛˋ。

8 扉：門。音ㄈㄟ。

9 扃鍵：門鎖。扃：音ㄐㄩㄥ，安裝在門上的門閂或環鈕。

10 修：長、高。

11 拱把：表示物體不粗。拱，兩手合圍（以左右手的大拇指、中指相觸形成的圓形範圍）。把，一手所能盈握（五個手指向內掌心收所形成的圓形範圍）。

12 幽杳：清幽寂靜。杳，音ㄇㄧㄠˇ，幽暗、深遠。

13 學使案臨：學使即督學使者、提督學政，古代由中央派往地方、督察學政的官員。各省學使在任期內，會依次考核轄內生員，即稱為「臨案」。

日暮有士人來啟南扉，甯趨為禮，且告以意。士人曰：「此間無房主，僕[14]亦僑居[15]。能甘荒落，旦暮惠教[16]，幸甚！」甯喜，藉藁[17]代床，支板作几，為久客[18]計。是夜月明高潔，清光似水，二人促膝殿廊，各展姓字。士人自言燕姓，字赤霞。甯疑為赴試諸生[19]，而聽其音聲，殊不類浙。詰[20]之，自言秦[21]人，語甚樸誠。既而[22]相對詞竭[23]，遂拱別[24]歸寢。

甯以新居，久不成寐。聞舍北喁喁[25]，如有家口[26]。起，伏北壁石窗下微窺之，見短牆外一小院落，有婦可四十餘；又一媼[27]衣緋[28]，插蓬沓[29]，鮐背龍鍾[30]，偶

14 僕：自謙之詞。

15 僑居：寄居異地。

16 旦暮惠教：天天賜教。旦暮：朝夕。

17 藁：多年生草本植物，莖直中空，根可入藥。音ㄍㄠˇ。

18 久客：長久離鄉、客居在外。

19 諸生：生員、秀才。

20 詰：詢問。音ㄐㄧㄝˊ。

21 秦：秦地，指今陝西省一帶。

22 既而：不久。

23 竭：窮盡。

24 拱別：拱手告別。

25 喁喁：低語聲。喁，音ㄩˊ。

26 家口：家屬。

27 媼：婦女的通稱。音ㄩˋ。

28 衣緋：穿著紅衣。衣：音ㄧˋ，此作動詞，穿著。緋：音ㄈㄟ，紅色。

29 蓬沓：古代婦女頭上戴的髮飾，約一尺的長銀梳。音ㄆㄥˊㄊㄚˋ。

語[31]月下。婦曰：「小倩何久不來？」媼曰：「殆好[32]至矣。」婦曰：「將無[33]向姥姥有怨言否？」曰：「不聞，但意似蹙蹙[34]。」婦曰：「婢子不宜好相識[35]。」言未已，有十七八女子來，仿佛艷絕[36]。媼笑曰：「背地不言人，我兩個正談道，小妖婢悄來無跡響，幸不訾[37]著短處。」又曰：「小娘子端[38]好是畫中人，遮莫[39]老身是男子，也被攝[40]去。」女曰：「姥姥不相[41]譽，更阿[42]誰道好？」婦人女子又不知何言。甯意其鄰人眷口，寢不復聽；又許時[43]始寂無聲。

方將睡去，覺有人至寢所，急起審顧，則北院女子也。驚問之，女笑曰：「月夜不寐，願修燕好[44]。」甯正容曰：「卿防物議[45]，我畏人言。略一失足[46]，廉

30 鮐背龍鍾：喻年老。鮐背：年老的人氣色衰退，皮膚消瘦，背像鮐魚、有斑紋。鮐，音ㄊㄞˊ。龍鍾：年老體衰、行動不便的樣子。

31 偶語：相對私語。

32 殆好：將近、差不多。

33 將無：莫非，表示懷疑、揣測的語氣。

34 蹙蹙：氣惱、不開心的樣子。蹙，音ㄘㄨˋ。

35 好相識：客氣對待。

36 絕：卓越、獨一無二。

37 訾：批評、詆毀。音ㄗˇ。

38 端：果真。

39 遮莫：假如。

40 攝：吸取、勾引。

41 相：放在動詞前，具稱代性功能，表示所涉及的對象，此處依上下文意，稱讚的對象是「我」。

42 阿：偏袒、迎合。音ㄜ。

43 許時：一會兒。許：約略估計。

44 燕好：此指男女情事如夫妻般的閨房之樂。

45 物議：輿論批評。

46 失足：犯錯、墮落。

恥道喪。」女云：「夜無知者。」甯又咄[47]之。女逡巡[48]若復有詞。甯叱[49]：「速去！不然，當呼南舍生知。」女懼，乃退；至戶外忽返，以黃金一錠置褥上。甯掇擲[50]庭墀[51]，曰：「非義之物，污我囊橐[52]！」女慚出，拾金自言曰：「此漢當是鐵石。」

詰旦[53]，有蘭溪[54]生攜一僕來候試，寓於東廂，至夜暴亡。足心有小孔，如錐刺者，細細有血出，俱莫知故。經宿[55]一僕死，症亦如之。向晚，燕生歸，甯質[56]之，燕以為魅。甯素抗直[57]，頗不在意。宵分[58]，女子復至，謂甯曰：「妾閱人多矣，未有剛腸如君者。君誠聖賢，妾不敢欺。小倩，姓聶氏，十八夭殂[59]，葬於寺側，被妖物威脅，歷役[60]賤務。腆[61]顏向人，實非

47 咄：斥責、怒罵。音ㄉㄨㄛˋ。
48 逡巡：徘徊不前。逡，音ㄑㄩㄣ。
49 叱：大聲責罵。音ㄔˋ。
50 掇擲：將金子撿起來丟出去。掇，音ㄉㄨㄛˊ，拾取。擲：拋投、丟扔。
51 庭墀：庭階。墀，音ㄔˊ。
52 囊橐：盛物的袋子；大的稱囊，小稱橐。音ㄋㄤˊ ㄊㄨㄛˊ。
53 詰旦：第二天清晨。詰，音ㄐㄧㄝˊ，明日的、次日的。
54 蘭溪：地名。
55 宿：夜晚。音ㄒㄧㄡˇ。
56 質：問。
57 抗直：剛強正直。
58 宵分：夜半。分，音ㄈㄣˋ。
59 夭殂：短命、早死。音ㄧㄠˇ ㄘㄨˊ。
60 役：動詞，使喚、差遣。
61 腆：ㄊㄧㄢˇ，不知羞恥。

所樂。今寺中無可殺者，恐當以夜叉[62]來。」甯駭，求計。女曰：「與燕生同室可免。」問：「何不惑燕生？」曰：「彼奇人也，固不敢近。」又問：「迷人若何[63]？」曰：「狎昵[64]我者，隱以錐刺其足，彼即茫若迷，因攝血以供妖飲。又惑以金，非金也，乃羅剎[65]鬼骨，留之能截取人心肝。二者，凡以投時好[66]耳。」甯感謝，問戒備之期，答以明宵。臨別泣曰：「妾墮玄海[67]，求岸不得。郎君義氣干雲，必能拔生救苦。倘肯囊妾朽骨[68]，歸葬安宅[69]，不啻[70]再造。」甯毅然諾之。因問葬處，曰：「但記白楊之上，有烏巢者是也。」言已出門，紛然而滅[71]。

62 夜叉：梵語，佛教中一種會吃人的惡鬼。
63 迷人若何：你用來迷惑人的方法是什麼？
64 狎昵：親密。音ㄒㄧㄚˊ ㄋㄧˋ。
65 羅剎：梵語，佛教中一種會飛行、吃人的惡鬼。剎，音ㄔㄚˋ。
66 時好：世俗的喜好。好，音ㄏㄠˋ。
67 玄海：佛教語，陰間苦海。
68 囊：動詞，用袋子盛裝物品。音ㄋㄤˊ。
69 安宅：安定的處所，此指墓穴。
70 不啻：如同。啻，音ㄔˋ。
71 紛然而滅：逐漸消失。

明日恐燕他出，早詣[72]邀致。辰[73]後具酒饌，留意察燕。既約同宿，辭以性癖耽寂[74]。甯不聽，強攜臥具來，燕不得已，移榻從之，囑曰：「僕知足下[75]丈夫，傾風[76]良切。要[77]有微衷[78]，難以遽[79]白。幸[80]勿翻窺篋襆[81]，違之兩俱不利。」甯謹受教。既各寢，燕以箱篋置窗上，就枕移時[82]，齁[83]如雷吼。甯不能寐。近一更許，窗外隱隱有人影。俄而[84]近窗來窺，目光睒閃[85]。甯懼，方欲呼燕，忽有物裂篋而出，耀若匹練[86]，觸折[87]窗上石欞[88]，飆然[89]一射，即遽[90]斂入[91]，宛如電滅。燕覺[92]而

72 詣：拜訪。音ㄧˋ。
73 辰：辰時，早上七點到九點。
74 耽寂：喜歡寂靜、獨處。耽：沈迷、喜好。
75 足下：下對上或同輩相稱的敬詞。
76 傾風：傾心仰慕風采。
77 要：略微、稍微。
78 衷：心事。
79 遽：倉促、匆忙。音ㄐㄩˋ。
80 幸：希望。
81 篋襆：裝行李的箱子。篋：音ㄑㄧㄝˋ，箱子。襆：音ㄆㄨˊ，行李。
82 移時：片刻、頃刻。
83 齁：打鼾聲。音ㄏㄡ。
84 俄而：不久。
85 睒閃：快速偷看。睒，音ㄕㄢˇ，眼睛快速一瞥的樣子。閃：探頭窺視。
86 匹練：一匹白布。匹，音ㄆㄧˇ。
87 折：斷。
88 欞：同「櫺」，窗檻上雕花的方格子。音ㄌㄧㄥˊ。

起，甯偽睡以覘[93]之。燕捧篋檢徵[94]，取一物，對月嗅視，白光晶瑩，長可二寸，徑[95]韭葉許。已而數重包固，仍置破篋中。自語曰：「何物老魅[96]，直爾[97]大膽，致壞篋子。」遂復臥。甯大奇之，因起問之，且告以所見。燕曰：「既相知愛，何敢深隱。我劍客也。若非石櫺，妖當立斃；雖然，亦傷。」問：「所緘[98]何物？」曰：「劍也。適[99]嗅之有妖氣。」甯欲觀之。慨出相示，熒熒然[100]一小劍也。於是益厚重燕。

明日，視窗外有血跡。遂出寺北，見荒墳累累，果有白楊，烏巢其顛[101]。迨[102]營謀既就，趣裝[103]欲歸。燕生設祖帳[104]，情義殷渥[105]，以破革囊贈甯，曰：「此劍袋也。寶藏可遠魑魅[106]。」甯欲從受其術。曰：「如君

89 飆然：像暴風一樣快速。
90 遽：忽然、突然。
91 斂入：收起來。斂：聚集、收集。
92 覺：醒來。音ㄐㄩㄝˊ。
93 覘：窺視、觀察。音ㄓㄢ。
94 徵：跡象、預兆。
95 徑：此指寬度。
96 魅：作祟害人的鬼怪。音ㄇㄟˋ。
97 直爾：竟然如此。直：竟然、居然。
98 緘：捆綁、捆紮。音ㄐㄧㄢ。
99 適：剛才。
100 熒熒然：明亮的樣子。熒，音ㄧㄥˊ。
101 顛：最高的地方，此指白楊樹梢。
102 迨：等到。
103 趣裝：整理好行裝。趣，通「趨」，行動歸向。
104 祖帳：送人遠行，為餞別而設的帳幕，引申為餞別送行。祖：古代出行前祭祀路神，以求平安。
105 殷渥：親切深厚。
106 魑魅：山林間害人的妖精鬼怪。音ㄔ ㄇㄟˋ。

信義剛直，可以為此；然君猶富貴中人，非此道中人也。」甯托[107]有妹葬此，發掘女骨，斂以衣衾[108]，賃[109]舟而歸。

甯齋臨野，因營墳葬諸齋外，祭而祝曰：「憐卿孤魂，葬近蝸居[110]，歌哭相聞，庶不見凌[111]於雄鬼[112]。一甌[113]漿水飲，殊不清旨[114]，幸不為嫌！」祝畢而返，後有人呼曰：「緩待同行！」回顧，則小倩也。歡喜謝曰：「君信義，十死不足以報。請從歸，拜識姑嫜[115]，媵御[116]無悔。」審諦[117]之，肌映流霞，足翹細筍，白晝端相，嬌麗尤絕。遂與俱至齋中。

囑坐少待，先入白[118]母。母愕然。時甯妻久病，母戒勿言，恐所駭驚。言次[119]，女已翩然入，拜伏地下。

107 托：托詞、藉口。

108 斂以衣衾：此指用衣被將聶小倩的骨骸包裹好。斂：通「殮」，為死者更衣入棺。衣衾：死者入棺用的衣服與被子。衾：音ㄑㄧㄣ。

109 賃：租借。音，ㄌㄧㄣˋ。

110 蝸居：謙稱自己的居處窄小。

111 見凌：被欺凌。

112 雄鬼：威猛兇暴的鬼怪。

113 甌：盆、盂等瓦器。音ㄡ。

114 旨：美味的食品。

115 姑嫜：丈夫的母親與父親，即公婆。

116 媵御：侍妾。音ㄧㄥˋ ㄩˋ。

117 審諦：詳審、細察。

118 白：稟告。

119 言次：說話間。次：中、間。

甯曰：「此小倩也。」母驚顧不遑[120]。女謂母曰：「兒飄然一身，遠父母兄弟。蒙公子露覆[121]，澤被髮膚，願執箕帚[122]，以報高義。」母見其綽約[123]可愛，始敢與言，曰：「小娘子惠顧吾兒，老身喜不可已。但生平止此[124]兒，用承祧緒[125]，不敢令有鬼偶[126]。」女曰：「兒實無二心。泉下人既不見信於老母，請以兄事，依高堂，奉晨昏[127]，如何？」母憐其誠，允之。即欲拜嫂，母辭以疾，乃止。女即入廚下，代母尸饔[128]。入房穿榻，似熟居者。

日暮母畏懼之，辭使歸寢，不為設床褥。女窺知母意，即竟[129]去。過齋欲入，卻退，徘徊戶外，似有所懼。生呼之。女曰：「室有劍氣畏人。向[130]道途中不奉

120 驚顧不遑：驚慌、不知所措的樣子。

121 露覆：施恩於人。

122 執箕帚：手持畚箕、掃帚，從事賤役。此指願為侍妾，操勞家務。箕帚，音ㄐㄧ ㄓㄡˇ。

123 綽約：柔媚婉約。綽，音ㄔㄨㄛˋ。

124 止：通「只」。

125 承祧緒：傳宗接代。祧緒：奉祀祖先。祧，音ㄊㄧㄠ，祖廟。

126 偶：配偶。

127 奉晨昏：侍奉生活起居。

128 尸饔：料理飲食。尸：主持。饔：音ㄩㄥ，熟食。

129 竟：直接。

130 向：之前、從前。

見[131]者，良[132]以此故。」甯悟[133]為革囊，取懸他室。女乃入，就燭下坐；移時，殊不一語。久之，問：「夜讀否？妾少誦《楞嚴經》[134]，今強半[135]遺忘。浼[136]求一卷，夜暇就兄正之。」甯諾。又坐，默然，二更向盡[137]，不言去。甯促之。愀然[138]曰：「異域孤魂，殊怯荒墓。」甯曰：「齋中別無床寢，且兄妹亦宜遠嫌。」女起，顰蹙[139]欲啼，足劻勷[140]而懶步[141]，從容出門，涉階而沒。甯竊憐之，欲留宿別榻，又懼母嗔。女朝旦朝母[142]，捧匜沃盥[143]，下堂操作，無不曲承[144]母志。黃昏告退，輒過齋頭，就燭誦經。覺甯將寢，始慘然[145]出。

先是，甯妻病廢，母劬[146]不堪；自得女，逸甚，心德之。日漸稔，親愛如己出，竟忘其為鬼，不忍晚令

131 奉見：見你。奉：自己的言行與他人有關時的敬詞。
132 良：確實，表示肯定。
133 悟：醒悟、明白。
134 楞嚴經：佛教著名的重要經典，共十卷。
135 強半：過半、大半。強：音ㄑㄧㄤˊ，有餘、略多。
136 浼：請託、請求。音ㄇㄟˇ。
137 向盡：將盡。向：鄰近、接近。
138 愀然：憂懼的樣子。愀，音ㄑㄧㄠˇ。
139 顰蹙：皺眉蹙額，形容神情憂愁。音ㄆㄧㄣˊ ㄘㄨˋ。
140 劻勷：慌亂不安的樣子。音ㄎㄨㄤ ㄖㄤˊ。
141 懶步：不想走。懶：不想、不願意。
142 朝旦朝母：早晨拜見甯母。第一個「朝」，音ㄓㄠ，名詞，早晨。第二個「朝」，音ㄔㄠˊ，動詞，拜見、問候，多用於卑對尊、下對上。
143 捧匜沃盥：侍奉盥洗。匜：ㄧˊ，盛水或酒的器皿。沃盥：澆水洗滌。盥，音ㄍㄨㄢˋ。
144 曲承：曲意奉承。
145 慘然：憂戚哀傷的樣子。
146 劬：劬勞、勞苦。音ㄑㄩˊ。

去，留與同臥起。女初來未嘗飲食，半年漸啜稀酏[147]。母子皆溺愛之，諱言其鬼，人亦不知辨也。無何[148]，甯妻亡，母隱有納[149]女意，然恐於子不利。女微知之，乘間[150]告曰：「居年餘，當知肝膈[151]。為不欲禍行人，故從郎君來。區區[152]無他意，止以公子光明磊落，為天人所欽矚，實欲依贊[153]三數年，借博[154]封誥[155]，以光泉壤[156]。」母亦知無惡意，但懼不能延宗嗣[157]。女曰：「子女惟天所授。郎君注福籍[158]，有亢宗子[159]三，不以鬼妻而遂奪也。」母信之，與子議。甯喜，因列筵告戚黨[160]。或請覿[161]新婦，女慨然[162]華妝出，一堂盡眙[163]，反不疑其鬼，

147 啜稀酏：喝點薄粥。啜：ㄔㄨㄛˋ，吃、喝。酏：ㄧˊ，薄粥。

148 無何：沒有多久。

149 納：娶。

150 乘間：趁著機會。

151 肝膈：喻性情。

152 區區：自稱的謙詞，意指微不足道的我。

153 依贊：依靠幫忙。

154 博：取得。

155 封誥：封誥：皇帝頒賜爵位封號。

156 泉壤：黃泉、陰間。

157 宗嗣：家族子孫。嗣：ㄙˋ，後代子孫。

158 注福籍：命中注定有福。福籍：陰司地府中記載人福祿的簿冊。

159 亢宗子：可以庇護宗族、光大門楣的兒子。亢，音ㄎㄤˋ。

160 戚黨：親友、族人。

161 覿：以禮相見。音ㄉㄧˊ。

162 慨然：爽快不吝惜、落落大方的樣子。

163 眙：盯著看、目不轉睛。音ㄔˋ。

疑為仙。由是五黨[164]諸內眷，咸執贄[165]以賀，爭拜識之。女善畫蘭、梅，輒以尺幅[166]酬答，得者藏之什襲[167]以為榮。

一日俯頸窗前，怊悵若失。忽問：「革囊何在？」曰：「以卿畏之，故緘[168]致他所。」曰：「妾受生氣[169]已久，當不復畏，宜取掛床頭。」甯詰其意。曰：「三日來，心怔忡[170]無停息，意金華妖物，恨妾遠遁，恐旦晚尋及也。」甯果攜革囊來。女反覆審視，曰：「此劍仙將盛人頭者也。敝敗至此，不知殺人幾何許！妾今日視之，肌猶粟慄[171]。」乃懸之。次日又命移懸戶上。夜對燭坐，欻[172]有一物，如飛鳥至。女驚匿夾幕間。甯視之，物如夜叉狀，電目血舌，睒閃攫拿而前，至門卻步[173]，逡巡久之，漸近革囊，以爪摘取，似將抓裂。囊忽格然

164 五黨：指近親。五黨即五服，含高祖父、曾祖父、祖父、父親、自己，共五代。
165 贄：初次見面所送的禮物。音ㄓˋ。
166 尺幅：小幅的字畫。
167 什襲：層層包裝、珍藏。
168 緘：捆綁、捆紮。音ㄐㄧㄢ。
169 生氣：此指陽間的精氣、靈氣。
170 怔忡：心跳快速、驚悸不安。音ㄓㄥ ㄔㄨㄥ。
171 粟慄：形容因為恐懼，皮膚泛起雞皮疙瘩。粟：ㄙㄨˋ，皮膚遇寒時在表面所起的小顆粒。慄：ㄌㄧˋ，因恐懼而發抖。
172 欻：突然。音ㄏㄨ。
173 卻步：因畏懼而退縮不前。

一響，大可合簣[174]，恍惚有鬼物突出半身，揪[175]夜叉入，聲遂寂然，囊亦頓索[176]如故。甯駭詫，女亦出，大喜曰：「無恙[177]矣！」共視囊中，清水數斗而已。

後數年，甯果登進士。舉一男。納妾後，又各生一男，皆仕進有聲[178]。

174 大可合簣：變大到約像兩個竹筐合起來那樣大。可：大約。簣：ㄎㄨㄟˋ，盛土的竹器，如畚箕之類。

175 揪：扭扯、抓住。音ㄐㄧㄡ。

176 頓索：突然絞緊。

177 無恙：平安無事、無憂。

178 仕進有聲：做官有好名聲。

參・可以這樣讀

人類處於地球上或探索所接觸的宇宙間，除了人類肉眼能見的動物、植物、各種生命、物質存在以外，是否還有人類未知的存在形式？亙古以來，一直是人類極度好奇、也甚欲探索的課題，特別是肉身死亡後，是否有另一個「生存」世界或形式？是否有靈魂寄存在肉體上？是否有高於人類的存在形式？……。三千年前的孔子重視祭祀，曾言「祭神如神在」，雖未直接點出神明存在的真確性，只著重在祭祀者的態度要「如在」，平日是「不語怪力亂神」；但所謂「敬鬼神而遠之」，孔子用了「敬」、「遠」，態度是尊重，是存而不論，畢竟「天道遠，人事邇（近）」，三千年前孔子已標舉了面對渺不可測的鬼神之說時，應具備的理性精神。

古今中外的鬼怪故事一直是人類茶餘飯後、喜歡傳誦的，它不僅滿足了人類至今尚無法解答的好奇，鬼怪的奇特、恐怖長相，超乎人類的能力，又同時引動更深沈的恐懼，鬼怪故事就一直在這種好奇與恐懼的交錯中閃動魅惑力。上古時期的原始信仰或本土宗教道教，都有人死後別有居所的觀念，如黃泉、地府、幽都、冥界……。佛教傳入中土後，六道之說（天道、修羅道、人道、畜生道、餓鬼道、地獄道）更普遍為一般大眾所熟知；在民間信仰與宗教勸善罰惡的推波助瀾下，鬼怪傳說更是深植人心。

魯迅認為蒲松齡「用傳奇法，而以志怪」，不僅上承六朝志怪小說的題材，並揉合了唐傳奇短篇小說的結構，細膩曲折的情節、人物鮮明的書寫特色。蒲松齡自稱《聊齋誌異》是「孤憤之書」，因此他所傳之奇，不僅是志怪，也被視為清代重要的諷喻小說，寄寓作者深刻的生命體悟。因此，小說裡經常呈現為禍的惡人比鬼還可怕，人心險惡更甚於妖魔鬼怪；相反的，小說裡許多鬼卻溫柔善良，樂於助人，甚至比人還有情有義，更具高貴的情操與品質。

〈聶小倩〉故事融合了唐傳奇的三個類型：志怪、愛情、俠義。透過此單一文本，即可掌握《聊齋誌異》的文學特質，閱讀蒲松齡的娓娓道來，體會字裡行間建構的情境，在二十一世紀、科學昌明的年代，依舊可以躍入迷離詭譎的超科學情境。

荒煙古寺，夜半情挑

故事的開頭其實尋常，準備科考的書生甯采臣，為了節省盤纏、發憤苦讀，寄宿在人煙幽杳的古寺；「修竹拱把」、「野藕已花」，蒲松齡用陸上的竹子、水中的藕花，鋪陳出寺廟的清雅，如此遠離塵囂的環境正適合應考。然而，在看似尋常的環境裡，作者已安排弔詭的伏筆：寺廟是「殿塔壯麗」，且四面環繞著僧舍，可以想見原來應該香火鼎盛，信徒眾多；而今卻是「蓬蒿沒人」，東西邊的僧房是「雙扉虛掩」，顯無僧人居住了。寺廟何以敗落、杳無人跡？一般人可能起疑，但對想省錢、專意科舉仕進的書生而言，卻彷彿撿到便宜，不僅甚喜，還準備「久客」。

僧舍中，只有南邊是「扃鍵如新」，暗示了有人居住；所以傍晚時分，甯采臣就認識了這唯一的鄰居「燕赤霞」，也確認了寺廟、僧舍已無房主，可以安心居住。安頓就緒後，甯采臣與燕赤霞這兩位他鄉相遇的知己，在「月明高潔，清光似水」下相談甚歡。故事開端，作者刻意用雅致的淡筆，勾勒一幅歷代文人應考前的苦讀圖、一杯濁酒喜相逢的樂友圖；甯采臣也彷彿是幸運的，天時、地利、人和，似乎都讓他朝中舉邁進。

暫時的落戶安居雖讓甯采臣心滿意足，卻又因新環境而失眠，因此在夜闌人靜中，可以清晰聽到陌生女子的對話。主角聶小倩以「彷彿豔絕」的姿態出現，但何以「彷彿」？正因甯采臣是暗夜中窺視，讀者也只能跟著婦人的「畫中人」讚嘆，甚至能被「攝魂」，想像女子的絕豔容顏。聶小倩的美是足以勾人攝魄的，表面上是美的極致，所謂的勾魂攝魄卻已隱藏了牡丹花下死的伏筆。

非禮勿視，非禮勿聽！讀聖賢書，自詡「無二色」的甯采臣更應「慎獨」，既然只是女眷間的調侃，自然應當避開，所以就「不復聽」了。

一個新居難眠的插曲才剛結束，正當入眠時，那位「彷彿豔絕」的美女竟然自動登門了，還主動投懷送抱，示意「願修燕好」。面對暗夜的豔遇、露骨的挑逗，甯采臣卻以「廉恥道喪」直接拒絕，印證了小說開頭對甯采臣「廉隅自重」的評價。目的未達的聶小倩再度以深夜無人知曉，繼續色誘甯采臣；這個二度出招實是蒲松齡對人性深刻的觀察，也是小說非常細膩的筆法。夜闌人靜，若與美女悄悄苟合，可以滿足慾望，也完全無損書生的形象，偽君子只需在人前演出「正人君子」即可，而此刻是暗夜。

但甯采臣不是偽君子！所以聶小倩的提議竟遭到甯采臣的斥責，也是她色誘以來未曾有的挫敗。遭拒的聶小倩竟還「逡巡若復有詞」，直至甯采臣搬出唯一鄰居燕赤霞時，才顯恐懼而離去。離開前又拋了一枚金錠在甯采臣的床褥上。聶小倩色誘不成，繼之利誘。但故事至此，可以讓讀者疑惑了：如果她是淫蕩的女子，目標是情慾的滿足，則不需要給金元寶；有捨、有得，她既捨了身體，又捨了金錢，究竟希望得到什麼？雖然美女的目的模糊不明，但甯采臣的立場卻很鮮明；他依舊不為所動直接將金子丟到門外，還稱說、不義之財髒污了自己，又再度印證他果然是真君子！

暗夜情挑，沒讓讀者臉紅心跳；隔日，卻接連兩晚出現讓人心驚肉跳的劇情：新來投宿的考生與陪同童僕，都莫明暴斃了！且死狀一樣：腳心被刺了小洞。是誰殺了他們？原因是什麼？足心小洞雖然「細細有血出」，但應不致立即死亡，何以兩人卻是「暴亡」失卻求救的本能反應？更可怕的是，一樣投宿在寺廟裡甯采臣會不會是下一個受害者？小說開頭的清雅寧靜，反而變成有利謀殺的條件，清幽氛圍至此已蕩然無存。

在懸疑恐怖的氣氛中，聶小倩竟又出現了，並向甯采臣坦承自己其實是鬼。兩名死者都是她殺害的：足心的小孔是為了取血方便，以供老妖飲用；金元寶實是羅剎鬼骨，為了擷取心肝便利。真相至此大白！但更可怕的是，她還提出示警：將有更厲害的夜叉要取甯采臣的性命。這終於讓甯采臣慌張驚駭了，從不在意鬼神之說轉為緊張、只想保命，也只能按捺內心的驚恐向女鬼求救；聶小倩也以指點他投靠燕赤霞、可以保命，來換取甯采臣搭救自己、脫離被妖怪掌控的苦海。

人、鬼、妖、俠紛紛上場了，劇情也逐步推向高潮。

夜叉來襲，利劍收妖

隔日一大早，甯采臣就趕緊投奔唯一的救主燕赤霞。有趣的是，燕赤霞卻以個性孤僻、不喜歡與人同寢而婉拒了甯采臣；甯采臣為了活命，哪還顧得上君子形象？硬是取來自己的枕頭被褥，定要與燕赤霞同寢。這兩個男人為了同寢的一拒、一迎，讓小說在緊張中多了點詼諧性，也益見蒲松齡編寫故事的轉折細膩。

獨居慣了的燕赤霞，一下子被迫多了位室友，只好鄭重囑咐甯采臣不可以偷看他的行李箱，否則會對兩人都不利，隨後將箱子放到窗臺上。這個交代與舉措又埋下引人好奇的伏筆。一個連鬼都怕的燕赤霞，箱子裡究竟藏著什麼秘密？當夜幕又低垂時，深恐夜叉取命的甯采臣，自然是驚嚇得睡不著；室友燕赤霞卻是鼾聲如雷鳴，更顯坦蕩自在，在這份淡定不驚中，又彷彿知悉一切的胸有成竹，更引讀者好奇。

將近一更時，窗外果然出現逼近室內的身影，偷窺的目光快如閃電，甯采臣當然知道是要抓他的夜叉來了，嚇得想趕緊叫醒燕赤霞。但瞬間，窗戶上的箱子射出明亮的物品，力道之強、還撞斷了窗上的石櫺；再一個電光流影，物品又迅速收回箱子。原來熟睡的燕赤霞也立即起身、檢視箱中物品；原來睡不著的甯采臣卻假裝沈睡以偷窺燕赤霞的處理。一動、一靜，一真、一假，兩相對比的書寫，讓小說更顯活潑有興味。

燕赤霞從箱中取出晶瑩光亮，長約兩寸、寬約韭菜葉的物品，對著月光嗅聞，並自言自語數落老妖怪竟敢破壞他的箱子。至此，甯采臣完全相信燕赤霞確實是能人異士了，得到信任的燕赤霞也坦承自己其實是劍客，箱子裡藏的正是一柄可以收妖的寶劍。月光下的嗅聞，只是確認妖怪雖然未死卻也必定受傷。甯采臣因為燕赤霞、幸而保命，但妖怪逃走了，又為故事後續發展埋下另一伏筆。

信守承諾的甯采臣，依照小倩的指示，果然在有烏鴉築巢的白楊樹底挖到白骨，祭祀過後，聶小倩也現身感激致謝。甯采臣就帶著俠士燕赤霞餽贈他可以降魔的劍囊、女鬼聶小倩的白骨，一同返家。

恐怖緊張的鬼故事，隨著甯采臣背著劍囊與聶小倩的骨骸返家，又將展開另一段人鬼相戀的愛情故事，也是《聊齋》的超現實浪漫。

情之所鍾，超越陰陽

寺廟裡，聶小倩都是夜晚出現，姿容豔絕卻成為誘殺男子的手段；跟著甯采臣返家後的白日裡，映入眼簾的小倩是「肌映流霞，足翹細筍」，更顯嬌豔可愛。但即使美艷，畢竟是鬼；雖然甯采臣接納她，並仗義、將她帶回家；但家中尚有母親與久病的妻子，所以小說接著著墨甯家人的反應。

甯母得知兒子帶了女鬼返家後，先是「愕然」；見面之後，更是「驚顧不遑」，其實是一般人的正常反應，人鬼畢竟殊途。不准聶小倩拜見媳婦，更不讓病重的媳婦知道兒子帶回個女鬼。所以即使聶小倩應對有禮、「綽約可愛」，又能操勞家務，甯母只能言明「用承祧緒，不敢令有鬼偶」；小倩也言明只是感恩、將以兄妹相稱。日暮時分，不敢讓她留宿，並以「不為設床褥」、暗示小倩離開。

無奈的小倩只好到書齋陪甯采臣讀書。有趣的是，作者安排聶小倩讀的是《楞嚴經》，但為什麼讀此經？《楞嚴經》是佛教的重要經典，開頭寫釋迦牟尼佛的重要弟子阿難，在乞食途中，受到摩登伽女使用咒術色誘，差點破戒。釋迦牟尼藉此因緣，宣說了見地、修道與成道的要義，並詳細說明修行次第中可能遭逢的五十種陰魔幻境。甯采臣在寺廟中的遭遇與所見，與《楞嚴經》的阿難有相似性。佛教理論中，六道眾生皆能成佛；所以，聶小倩雖在鬼道，只要願意修持，一樣有成佛的可能。因此，作者安排聶小倩誦讀《楞嚴經》，有幽默（聶小倩即為陰魔），更有深意。

陪讀總有夜深、就寢時刻，聶小倩也必須暫時離開甯家，回到自己的居所，當名「異域孤魂」。所以當甯采臣催促她時，聶小倩先是「愀然」，繼之是「顰蹙欲啼」，然後是「足劻勷而懶步」；作者寫她心緒、情感的細膩轉折，聶小倩的孤苦無助中流露著「女子」娉娉嫋嫋的柔美，讓人興起愛憐之情，與之前誘惑男子的豔絕，是不同的魅力。但作者用「涉階而沒」，又非常形象化地點出鬼魅的飄忽，提醒讀者她是「非人」，益見《聊齋》書寫的精彩細膩。

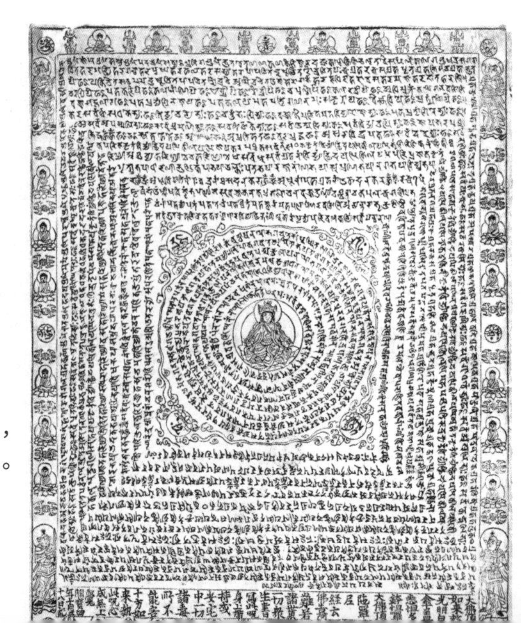

大佛頂陀羅尼（敦煌藏經洞），出自佛教重要經典《楞嚴經》。

作為要報恩的鬼，聶小倩謹守分寸，日日在甯家協助家務，實際替代了久病的原女主人甯妻，減輕甯母操持的辛勞；夜晚，則以讀經方式陪伴甯采臣，直至深夜再返回她的荒墓墳頭。如此體貼、不打擾甯家的深情，終於感動甯母，願意讓她留宿。聶小倩也從初來時的「未嘗飲食」，轉為「漸啜稀酏」，越來越接近人的飲食起居；更有趣的是甯家因為熟悉她的存在，也逐漸忘了她不是人。

直至甯妻病歿後，甯母竟希望兒子納娶聶小倩；在確認傳宗接代、子嗣問題不致受鬼妻的影響後，甯家舉辦喜宴、周告親朋鄰里，甯采臣正式娶小倩為妻。新嫁娘的小倩華容高貴、脫俗出塵，竟讓賓客疑為天仙下凡；至此，作者寫她鬼氣盡消，又因為善畫蘭梅，讓獲得餽贈的親朋不僅歡喜，甚至引以為榮，聶小倩全然地從誘殺男子的鬼魅，轉變為甯家頗具人緣的新婦，更足見她「做人」成功。

終離鬼窟，修得正果

小說從懸疑、恐怖，緊張，逐漸轉變為喜樂與圓滿，有情「人」終成眷屬，讓讀者彷彿可以微笑掩卷了。故事結束前，作者又陡然一轉；聶小倩憂心忡忡，叮囑甯采臣將可以收妖的劍囊掛在門上。故事又迅即陷入懸疑，又有鬼怪出現嗎？原來是當初掌控小倩的金華老妖，不甘心她就此遠遁，讓自己失去可以輕鬆吸取人血精氣的工具，所以不斷找尋她、想抓她回去。

燕赤霞已不在身邊，夫妻倆僅能靠著劍囊傍身，希望能發揮作用以保平安，故事又重新進入恐怖氣氛中。夜半時分，兩人燃燭對坐、不敢就寢。接著果然看到「電目血舌」的夜叉在門外徘徊，想進門、又疑慮門上掛著的劍囊。夜叉終於按捺不住，伸爪抓取，而且是「似將抓裂」，皆足想見金華老妖確實是凶猛的厲鬼。但就在老妖抓取的瞬間，劍囊也冒出半身的「鬼物」，將老妖揪入劍囊，迅及劍囊又悄無聲息了。看到整個過程，甯采臣還是「駭詫」，聶小倩卻是大喜說「無恙」了。夫妻檢視劍囊，只見清水數斗，老妖終於被降服了。

數年後，甯采臣果如小倩的預言，榮登進士，所育的三子，也都仕進有成。《聶小倩》故事有鬼怪害人的恐怖，有甯采臣的磊落坦蕩，有燕赤霞的俠義豪爽，也有聶小倩的淒美向善，有甯母的寬容慈愛，劇情在荒誕恐怖中又夾雜著詼諧溫婉，轉折細膩，不愧是膾炙人口的名篇。

肆・再做點補充

鬼影幢幢下的真情

《聊齋誌異》以仙狐鬼怪虛擬的故事，所要「傳」的「奇」卻是現實的社會、真實的人生、幽微的人性，雖為短篇小說、篇幅不長，卻因寓託深刻、深中人心，不僅因受到普羅大眾的喜愛，翻拍成各類電影、電視、電玩遊戲。《聊齋》展現的文學高度更獲得許多文人學者的高度肯定，如：馮鎮巒評「當代小說家言，定以此書第一」；也寫鬼故事《閱微草堂筆記》的大才子紀曉嵐認為「留仙之才，余誠莫逮其萬一。」民初的魯迅認為《聊齋》雖為志怪小說，卻能使「讀者耳目，為之一新」，郭沫若說《聊齋》「寫鬼寫妖高人一等，刺貪刺虐入骨三分。」

以選文〈聶小倩〉為例，聶小倩出場時的美艷嬌嗔，連知道真相的老媼（實為同夥妖怪）都稱賞她的美可以「攝魂去」，使得作者用來對比與甯采臣一樣要應試的蘭溪考生，飽讀聖賢詩書依舊抵不住暗夜的情慾挑逗，或許蒲松齡也在反問：讀聖賢書，究竟所學何事？大丈夫應有的浩然正氣，與妖嬈鬼氣相遇時，所存竟然幾何？君子慎獨、不欺暗室，但獨處暗室時，也是最易瞥見人性底層、慾望流淌的真實樣貌。「魔」不在外，就在己心；心魔已存才會召感外魔。甯采臣就因時時持守著正身、正意、正言，確實是內外合一的正人君子，不會法術、武功的他，才能陸續逃過聶小倩、夜叉、老妖的索命，得到助緣、收服老妖，成就人道裡的事功、福澤綿長。所以儒家要人「如臨深淵，如履薄冰」（原出自《詩經小雅》），道家要人「豫（謹慎戒懼）兮若冬涉川，猶兮（同前句的「豫兮」）若畏四鄰」（出自《老子》第十五章），佛家也要人「善護念」，都強調偉大源自平凡，也是世俗所謂、魔鬼藏在細節裡，「莫以惡小而為之」。

然而，人與鬼的分別究竟在哪裡？是外在的形貌？還是內在的心性？人怕鬼，因為一般認為：鬼怪長得青面獠牙、血盆大口、長舌外露……，光是外相就令人恐懼。但聶小倩的外型就是人模人樣，還生得比一般女子更嬌媚、婀娜多姿，讓人根本難以想像她實際是鬼；如〈畫皮〉，寫王生收留了妙齡美女，後來親見、原以為的美女竟是臉色翠綠、齒如刀鋸的厲鬼，正提筆在人皮上彩繪，穿上人皮後、就是他見到的「美女」。蒲松齡對一般人僅依憑皮相做判斷，隱藏了更深層的嘲諷，正是「知人知面不知心，畫虎畫皮難畫骨」。

人為了己身的慾望、利益，可以不擇手段、任意傷害其他生命，甚至忘恩負義，又如〈武孝廉〉，故事裡由狐精幻成的女子，不僅醫治了重病的石姓武孝廉（明清時期雅稱舉人為孝廉），還拿錢讓石某到京城求得一官半職。有了官職的石某卻嫌棄女子年紀大，娶了更年輕的王氏，而且在女子酒醉、露出狐狸的原形時，動了殺機，完全不顧念自己的性命與榮華富貴都是女子所予。石某是位武舉人，但言行舉措皆以自身利益為先務，毫無人的品格、操守，這個故事呈現出人不如精怪。對照忘恩負義的武孝廉，《聊齋》裡有許多報恩的狐精鬼怪，如〈嬰寧〉、〈小翠〉都寫狐狸報恩，〈趙城虎〉寫老虎贖罪，本文的聶小倩亦為報恩謹守分寸。蒲松齡筆下的鬼怪雖然不具人形，但內在的性情、品德都比徒具人形的人面獸心善良，也更像人，這是《聊齋》的刺謔譏諷。

蒲松齡更以各種光怪陸離、不可思議的現象，將人類、精怪、仙魔世界混同，讓人讀來感慨更深。聶小倩才十八歲就不幸夭折，家人必定未料到她死後不得安寧，反而被老妖脅迫，成為供牠飽啖人血精氣、以供修煉的工具，弱肉強食的現象竟如陽間一般。〈席方平〉一文寫席方平父親席廉個性憨直，卻因得罪羊姓商人，羊姓商人先父親而死，竟買通地府官差，使席廉死後就在地獄受苦。孝子席方平為了替父申冤，無懼地府各種殘忍刑罰，一路狀告城隍、郡司、閻王，最後終得天界二郎神平反。蒲松齡明寫陰間，實寫出土豪劣紳魚肉鄉里、百姓的苦不堪言，更譏諷應該保護人民、伸張正義的父母官卻收賄枉法、

蒲松齡筆下的妖狐鬼怪雖然不具人形，但內在的性情、品德有時比徒具人形的人面獸心善良，也更像人。

官官相護的黑暗。

《聊齋》中更有多篇寫書生的窮困潦倒，或生前死後都無法脫離科舉考試的桎梏，如〈葉生〉、〈素秋〉，前者寫葉生不知自己為了準備科舉、重病而歿；死後還執意參加科考，雖然終於上榜，卻已無生機、享此功名。後者描寫了科舉失利、喪志而死的書生，死後變成蠹魚，以啃食書頁的方式繼續生前的科舉夢。蒲松齡雖少有文名、滿腹經綸，卻屢屢不第，落榜的個中滋味、懷才不遇的辛酸落寞、對科舉制度的質疑……，因此，這些故事中可能更承載著蒲松齡的憤懣與鬱結，是「孤憤」的故事。

小說中的「志怪」傳統

以我國小說發展史而言，清代著名的文言短篇小說、絕大多數是狐鬼花妖精魅故事的《聊齋志異》一書，繼承了晉唐小說的傳統。其所代表的擬晉唐小說崛起，是傳統志怪、傳奇體小說的中興，也是我國文言小說的藝術高峰。《聊齋》一書，「用傳奇法，而以誌怪」，書中兼有二體地使用結合了六朝「志怪」小說和「唐傳奇」的方式，既有浪漫主義傳統又有現實主義手法，「誕而合情」地荒誕又真實、幽明相間地「出於幻域，頓入人間」。在《聊齋》深受讀者喜愛的浪漫人鬼戀如本文所選的〈聶小倩〉之外，從反映現實的廣度和深度來說，它也超越了許多以前的同類作品，作者自序說該作係出「孤憤」之作，因此《聊齋》中也有不少深刻反映、揭露統治者腐敗與兇殘的作品，像是著名的〈席方平〉、〈促織〉（蟋蟀別名，其時有賭蟋蟀之風）、〈夢狼〉、〈潞令〉、〈鴞鳥〉、〈崔猛〉等，都入木三分地刻劃出民間疾苦。有敘述百姓苦難、人命不及促織的；也有藉冥間的城隍、郡司與冥王貪贓枉法、狼狽為奸，來譏刺官僚機構的；或以吃人的狼，堂上堂下都「白骨如山」，來反映、針砭現實的不堪。

我國「志怪」小說始於魏晉，直至南北朝仍盛行不衰，並對「唐傳奇」產生了重要影響。「志怪」小說有很多想像豐富、筆觸生動活潑與文詞秀麗之作，用來描寫人鬼間的種種趣味、荒誕、驚恐或悲喜事件。例如東方朔的《神異經》，舊題曹丕（也有說張華所作或續寫）的《列異傳》，西晉張華的《博物志》，東晉干寶的《搜神記》，南朝劉義慶門客所集的《幽明錄》（亦作《幽冥錄》和《幽冥記》）、吳均的《續齊諧記》，宋李昉等人的《太平廣記》，清紀昀的《閱微草堂筆記》、袁枚的《子不語》……，皆負盛名。至於承六朝志怪小說而來，題材包括愛情和神怪、俠義、歷史等虛構性文言短篇小說的「唐傳奇」，像是沈既濟的〈枕中記〉、李公佐的〈南柯太守傳〉、陳玄祐的〈離魂記〉、陳鴻〈長恨歌傳〉、元稹〈會真記〉（又稱〈崔鶯鶯傳〉）、蔣防〈霍小玉傳〉、白行簡〈李娃傳〉、杜光庭〈虯髯客傳〉等，也都是有意識創作的短篇小說，而不是實事記錄，對於後世小說和戲曲，同樣都產生了重要的影響。

六朝「志怪」之作，《搜神記》和《幽明錄》是代表性小說。《幽明錄》廣為流傳的故事，如漢明帝時有劉晨、阮肇同入天台山採藥而遇仙女，經半年後返家，卻已傳至七世孫，經過數百年而為晉太元年間了。而唐人〈離魂記〉

《搜神記》是晉代干寶搜集撰寫的記錄神仙鬼怪的著作，是魏晉南北朝時期，志怪小說的代表。

的情節，也與《幽明錄》書中龐阿和石氏女魂相遇事相似，廣平太守徐玄方女復活的故事，也即《牡丹亭》本事的雛型。《搜神記》中，則〈干將莫邪〉記載的一對鑄劍師、干將和莫邪夫妻，他們為吳王闔閭造劍，最終捨身煉劍，也極其著名。另外，書多降妖伏鬼的《列異傳》中，〈宋定伯〉一文寫被唾沫淹死的倒霉鬼，故事非常荒誕、奇譎而富於趣味：話說宋定伯天不怕地不怕的個性，有一天走夜路遇見一鬼，鬼問是誰？定伯誑之，說「我亦鬼」，鬼相信了，就和他一起前往宛城。路上，定伯旁敲側擊地說自己是新鬼，不知道鬼有何畏忌？在得知鬼最怕人唾後，他把鬼擔在肩上帶到市集，並在對鬼吐了一陣唾沫後，鬼變成一隻羊，於是定伯把羊賣掉，「得錢千五百，乃去。」又如〈談生〉中，女子因愛慕好讀《詩經》、尚未婚娶的談生，與之結縭並約定「三年內不得以燭光照之」；惟在生下一子後，丈夫忍不住好奇地點亮燭火，遂見妻子腰上已生肉如人、腰下卻仍為枯骨，是個還沒有完全化為人形的女鬼，導致夫妻終因陰陽懸隔而分離，故事亦膾炙人口。……數不盡的精彩，不勝枚舉之。

聊齋未盡……

如今，山東省的蒲松齡紀念館，包含蒲松齡故居（聊齋）、蒲氏墓園、柳泉等景點，已被列為重點文物保護單位。若能在夜涼如水的「聊齋」中，捧讀《聊齋》，品茗柳泉烹茶，或許，可以照見蒲松齡躍入紙上、邀人續編《聊齋》。

（李玲珠、編輯部）◆

5 金甲蟲 節選

愛倫坡是文學圈內人心目中的創作奇才，
他的詩歌、推理小說、驚悚小說、科幻小說甚至評論，
都啟發了後來許多文壇巨星，
像是波特萊爾、王爾德、杜思妥也夫斯基
或是凡爾納、柯南・道爾、江戶川亂步等。
這篇最早翻譯成中文的《金甲蟲》發表於一八四三年，
充滿推理和解碼的樂趣，從中我們可以看出
東、西方社會在當時心智上的差異。

壹・作者與出處

被譽為美國文學的「短篇小說之父」、「偵探小說之父」的愛倫・坡（Edgar Allan Poe，一八〇九～一八四九），不僅是一位短篇小說家，也是重要詩人和文學評論家，他所創作的偵探、科幻、恐怖和驚悚小說，深刻影響了後來許多的創作者，奠定了他做為類型小說與現代文學先驅的地位。

這位褐髮灰眼，膚色白皙，頭大肩寬，充滿悲劇與陰鬱色彩，始終困於自身狂飆靈魂的天才作家，出生於波士頓一個不幸的家庭裡：好賭嗜酒的父親，在他出世第二年就拋棄家庭、不知所終，一年後母親又不幸因肺疾早逝，

三個孩子分別被送往不同的家庭寄養。愛倫坡被一位叫艾倫的菸草商收養，這就是他名字中「Allan」姓氏的由來。

養父一開始對他視如己出，供他上貴族學校，學習擊劍、騎馬與拉丁文，還供他進維吉尼亞大學、西點軍校。但是愛倫坡年輕時行為不檢、喝酒賭博、最後不是輟學就是被退學，甚至在家書中出言諷刺，父子發生衝突。之後，養母過世，艾倫先生另娶，對他的態度有了轉變，使得愛倫坡愴然於自己的孤兒身分，對世界的不安全感更深，而他與養父的關係也由疏離終至決裂。種種家族的負面感受與記憶，都在愛倫坡日後的作品中反覆出現。

我們稱呼愛倫坡時，是使用了他的中間名而去其本名「艾德格」的關係，這並不符合翻譯通則，除非某人經常使用中間名；但愛倫坡年長後與養父關係不睦，甚至在簽署文件時也都故意不把「愛倫」拼出（Edgar A. Poe），那麼稱他為「艾德格．坡」，可能更應該被接受。

在許多傑出、憾人心智的作品後面，愛倫坡的現實生活是相當淒慘的。特別是妻子患病離世，對他而言是個巨大的打擊，讓他更選擇用酒精和鴉片來麻痺自己。落魄的生活、貧窮的壓力與酒精的影響終於導致他精神失常。就像一個受詛咒的家族一樣，愛倫坡的哥哥威廉也是因酗酒而不可自拔，經常精神恍惚，死時年僅二十四歲；他的妹妹柔莎莉雖然活到六十多歲，但智力發展到十二歲左右就停止了，成為輕度智能障礙，這樣不幸的遭遇讓極度敏感的愛倫坡倍感焦慮，每當遇到挫折時，很容易自我懷疑，聯想到自己會不會和他的手足一樣，遺傳有精神上的問題，因此常常無來由地墮入沮喪的心靈深淵。在他人生的最後時日，他身穿不名人士的衣服，被發現倒臥路邊、昏迷不醒，送到醫院後昏迷了兩天，便永離人世，得年四十歲。在愛倫坡去世前，還曾問身邊的人，像他這樣的墮落者在這個世界上還有沒有希望？帶著哀痛與絕望掙扎的心境無語問蒼天，成為愛倫坡在世上的最令人惻然的身影。

愛倫坡一生寫下五十餘首詩作、七十餘篇短篇小說，以及大量的文學評論作品。他很早就展現寫作的才華，在十八歲前就有第一本詩集《塔默蘭及其他小詩》，是頗受拜倫影響的浪漫主義作品。二十歲出頭開始寫小說，二十六歲出任文學編輯，許多雜誌因為他的才華而增加了銷量；他在小說評論以及詩論的成就，也被視為文學批評的典範，同時期文人稱他為「最有識見、最富哲理的大無畏評論家」。

愛倫坡著名的〈莫爾格街凶殺案〉寫於一八四一年。敘述一對母女離奇陳屍於密閉的公寓裡，後經私家偵探杜賓成功破解，指出凶手竟是一隻紅毛猩猩。這部作品被視為偵探小說的鼻祖，也是後來所有「密室殺人之謎」的開山之作。〈莫爾格街凶殺案〉中的天才偵探杜賓（是愛倫坡以自己的形象塑造的角色）和其笨拙助手的組合，也成為偵探推理小說中的重要典型和模式。稍晚〈金甲蟲〉的成功，更使愛倫坡的作品為世人所熟知，但是這些非凡的文學成就，並未讓愛倫坡在生前受到美國文壇應有的重視，甚至悲慘潦倒以終——由於他激烈乖張的行事風格，在文壇樹敵過多，難以獲得文化界主流的肯定。

這麼一個看似失敗的作家，卻不可思議地影響了世界文壇許多超級巨星。最早接受並且肯定愛倫坡作品的，是俄國作家杜思妥也夫斯基，除了很早就有了愛倫坡作品的俄文譯本之外，杜思妥也夫斯基對於愛倫坡的文學技巧也極為嘆服；除此之外，法國大詩人波特萊爾可能是愛倫坡最忠實的讀者，他窮盡力氣翻譯愛倫坡的作品，並指出愛倫坡的作品充滿奧秘，讓讀者能夠從解謎的過程中得到克服困難的成就和樂趣。波特萊爾在法國文壇以及現代文學史都有崇高的地位，他的《惡之華》也被認為帶有愛倫坡思想風格的痕跡。愛倫坡在一八三八年完成的小說《來自南特奇的亞瑟．戈登．皮姆的故事》，描述一位偷乘捕鯨船出海的主人翁，前往南極途中所遭遇到的冒險故事，法國科幻作家凡爾納也曾為這部作品寫下續集。其後一些重要的科幻小說家，像洛夫克拉夫特、雷．布萊柏利也都被愛倫坡啟發。推理小說家部分，除了創造福爾摩斯的柯南．道爾之外，日本推理小說始祖江戶川亂步，他的筆名竟然直接來自愛倫坡的日文發音。

二十世紀以來，愛倫坡的短篇小說便不斷被譯介到中國，當時許多作家如茅盾、周作人（一九〇四年在日本留學的魯迅就已讀過〈金甲蟲〉並寄給周作人，周作人決心把它譯出）、周瘦鵑等，都曾經翻譯愛倫坡的作品，而且譯本不只一種，足見中國文壇當時對他作品的重視和興趣。本文所選〈金甲蟲〉，是愛倫坡眾多作品中，第一部被譯介到中國的作品，也是愛倫坡所有小說中流傳最廣的作品。

貳・選文與注釋

李格朗就在這座矮林最僻遠處，距全島東端——亦即較遠一端的不遠處，自己蓋了一座小草屋。我偶然與他認識之初，他就住在那裏。……

「哈！我要是早知道你在這裏就好了！」李格朗說，「不過我這麼久沒看見你了，怎麼料得到你偏偏挑今晚來呢？我在回家的路上，遇見了砲臺上的G××中尉，我真糊塗，就把那個甲蟲借給他了，所以非到明天，你是見不到牠的。今天夜裏就住在此地吧！明天我就差朱伯去要，在日出時分。那真是萬象之中最可愛的！」……

「……那隻蟲子全身都是晶亮的金色——大約有大核桃那麼大——在背上的一端附近，有兩個漆黑的點子；另一端又有一個稍長的觸角。」……說完這句話，他坐在一張小檯子旁，檯子上放著鋼筆和墨水，可是沒有紙。他拉開抽屜想找些紙，卻沒找到。

「沒關係！」他末了說：「這就行！」說著從背心口袋裏掏出一塊紙片，我覺得那是一張很髒的洋紙，他拿起筆來就在那上面畫了一個簡單圖形。……我接過來的時候，聽見一陣咆哮，接著便是抓門的聲音。朱彼得開了門，李格朗的紐芬蘭大狗衝了進來，一跳就跳到我肩膀上，對我親熱起來；因為我以前來訪時，對牠總是表示很關懷。等到這隻狗鬧完了，我才看那張紙。我一看，說老實話，我的朋友畫出來的東西真叫我頗為迷惑。

「不錯！」我沈思了一陣才說：「真是一隻稀奇的甲蟲，這我可得承認，我從來也沒見過；以前沒見過類似的東西——除非是骷髏，或是死人頭，我所看見過的東西，只有這個跟牠比較相近。」……

他生氣，把那張紙收了回去，剛揉起來想往火裏扔，偶然往圖上望了一眼，忽然就全神貫注起來。頃刻之間，他的臉就漲得通紅——接著變得一臉鐵青。他坐在那裏，仔細盯著那張圖，看了好一會兒；最後，他站起來，從檯子上拿起一皮蠟燭，走到屋子最遠的一個牆角，坐在一個航海箱子上。在那裏，他依然焦急於研究那張紙；翻來覆去地看。

……

「那個金甲蟲——我敢說威爾少爺頭上有什麼地方讓那隻金甲蟲給咬了。」

「你這種想法，有什麼來由呢，朱彼得？」

「爪子夠兇，老爺，嘴也一樣。我從來沒見過這麼厲害的蟲子——無論什麼東西，只要挨近牠，牠都踢，牠都咬。老實說吧，威爾少爺一把把他逮住；又立刻讓牠給跑了——我想就是在那個時候叫牠咬了一口。我當時看這隻甲蟲的嘴，就知道不妙，曉得牠凶，所以我不用手指頭去捉牠，我拿著一張就地找到的紙把牠逮到。我把牠包在那張紙裏，又拿一小片塞在牠的嘴裏——那才是辦法。」

「那麼你想你們主人確是被那隻甲蟲咬了一口，就是那一口把他弄病了？」

「這件事兒我根本也沒去想——我就是知道。他要不是叫那金甲蟲咬了一口，又為什麼那麼夢想著金子呢？我以前聽人說過這些金甲蟲的事兒。」

「可是你怎麼知道他夢想著金子呢？」

「我怎麼知道？嘿！他睡著了都說到金字——所以我才知道的。」

……

我走到碼頭上，見到我們要上的那隻船底上放著一把大鐮刀，三把鐵鏟，顯然都是新的……

我們在這島的頭上，坐著小艇，渡過溪流，走盡內陸岸上的高地，往西南方走去，穿過一個極荒涼冷落的鄉下地區，那裏是人跡罕至的地方。李格朗在前邊果斷地領著路；有時偶然停住一會兒，查一查他上次一個人來時留下的那些標誌。

我們就這個樣子走了兩小時路程，等到我們進入一處比以前所見還要可怕得多的區域，太陽正往西落，那是一塊臺地，靠近一座幾乎上不去的小山頂，那座山，從腳根一直到尖頂，全密密長著樹木，中間散佈著巨大的危岩，望上去彷彿鬆鬆立在泥土上，有些危岩所以未墜落到底下山谷裏去，只是被那些它們倚靠的樹給撐住了。有許多不同方向的深澗，把景色更添了一層嚴峻肅穆的氣氛。……

我們走到這棵樹底下，李格朗轉身問朱彼得，是否覺得爬得上去。那個老人，被這一問弄得似乎有一點畏縮，好半天沒有回答。最後他走近樹，慢慢圍著大樹繞了一圈，極仔細地研究它。他把這棵樹詳加查看以後，只這樣說：

「可以的，少爺！——朱伯一輩子裏無論遇見什麼樹都能爬。」

「那麼爬上去吧，越快越好，不然天一黑，你就看不清楚我們幹什麼了。」……

「喂！等一下！帶這個甲蟲上去。」

「那個甲蟲啊？——威爾少爺！——那個金甲蟲啊！」黑奴驚慌地往後退步，叫了起來——「為什麼一定要把牠帶到樹上去呢？——我不幹！」

「像你這麼一個大個兒黑人，——朱伯，假如真的怕拿一個不會傷人的死甲蟲，就用這根繩子把牠提上去吧！——可是，如果你怎麼樣都不肯帶他上去的話，我就只好用這把鏟子來敲你的腦袋了。」

……

「就快到頭上了，少爺——喔——呼！老天保佑！樹上這裏放著什麼呀！」

「那——」李格朗很興奮地叫道，「那是什麼？」

「咳！沒什麼，只是一個骷髏——有人把他的腦袋留在這樹上，烏鴉把肉都吃光了一點也沒剩下。」……

「把甲蟲放進那隻左眼去，盡那根繩子的長度放下去——不過得小心！可別鬆掉了繩子。」……

他所放下來的那個甲蟲，現在看見了，繫在繩子的一端，像一個精金做的圓球，在西下的太陽餘光照耀之下閃著；因為我們所站的高處這時還有微弱的陽光照著。那個聖甲蟲[1]完全不受任何枝枒的阻擋，假使任牠掉下來，一定會掉在我們的腳邊。李格朗趕快拿起鐮刀來，在那昆蟲正下方地上清除出一塊圓形的地方來，直徑大約有三、四碼。他把這事做完之後，吩咐朱彼得把繩子鬆掉，並且爬下樹來。

我的朋友，就在那個甲蟲落下的地點，正確地釘上一個木釘，然後從口袋裏掏出一個捲尺。他把捲尺的一端，拴在樹幹上最靠近這木釘的一個點上，然後拉開捲尺，一直拉到木釘那裏，再從木釘沿著樹與木釘兩個地方所形成的直線方向拉出，到五十英尺那麼遠——朱彼得一邊用鐮刀為他往前清除亂草，到了這一點以後，又釘進第二個木釘，然後拿這個作中心，畫上一個大略的圓圈，直徑約有四英尺。這時，他自己拿了一把鐵鏟，又給了朱彼得一把，給我一把，叫我們開始掘地，越快越好。……

我疲倦得要命，不過，由於不太明白那使自己心裏的想法起變化的是什麼，對於這個被強迫的苦工也就不再覺得嫌惡。我越掘反而越覺得莫名其妙的有了興趣——不啊！甚至可以說是興奮起來。也許是李格朗的異常舉止有點道理——某種慎思熟慮的神氣感動了我。我熱切地掘著，而且，也時而興起一種有點像「期

1 聖甲蟲：就是人稱「糞金龜」的金龜子，屬於「鞘翅目」。牠們堅硬如鞘的上翅，像極了武士的盔甲般。愛倫坡在〈金甲蟲〉中虛構了一隻金色的聖甲蟲，作為通往財富的象徵，聖甲蟲是牠的種類歸屬。

望」的心理，使得我真的去找那幻想中的財寶——那使我不幸的朋友如此發狂的財寶。……

現在我們發憤工作，像這樣的興奮情緒，我有生以來，總加起來還不到十分鐘呢……才一會兒，滿箱子無可估價的財寶，就閃耀在我們面前。提燈的光落在深坑裏，從一堆零亂的黃金首飾上反照出一片光彩，令我們的目光全然迷亂了。

我不必描寫我瞪著眼出神時的感覺了。驚愕自然超過一切。李格朗的樣子，簡直興奮得沒了氣力，連話都說不出來。朱彼得的臉色，照一切事物的性質而言，雖然是黑人的面容，照說看不出變化，這時候居然也足足有幾分鐘變得慘白。他好像傻了——叫雷殛了似的……

箱子裝得滿滿的，我們花了一整個白天和次夜的大半來仔細檢查箱子裏的內容。裏邊毫無秩序，也無所安排，都雜亂堆著。我們把所有的東西仔細分類之後，才發現所得的財產遠超過我們最初的設想。……那一夜，我們把箱子裏全部的東西估了估價，值一百五十萬元；後來，除了我們留下幾樣自己用，把那些金器和珠寶處置之後，才知道我們當初所估的價值實在太低了。

最後，檢查完了，當時的緊張興奮才稍稍平靜下來。李格朗看見我急於想知道這個出奇啞謎的究竟，耐不住了，這才把有關這件事的詳細告訴了我。

「你還記得吧，」他說，「那天夜裏，我把我畫的一張聖甲蟲的草圖遞給你。

你恐怕也還記得，你硬說我所畫的圖像一個骷髏，我聽了很生氣。你頭一次這麼說，我還以為你是在開玩笑；可是後來我想起那甲蟲背上的幾個黑點，心裏就暗暗承認，你的話多少有一點事實根據……你把那張羊皮紙遞回給我的時候，我一氣之下就要把它揉了，拋到火裏去。」

「你是說那一小片紙嗎？」我說。

「不是紙；那看起來很像。最初我也以為是，可是等我在上邊畫圖的時候，才立刻發現那是一塊很薄的羊皮。它很髒，你還記得吧！好，就在我把它揉成一團的時候，我的目光落在你剛剛看過的圖上，你可以想像我當時有多吃驚，原來，有個骷髏的形樣，正好就在我畫了那個甲蟲的地方。有那麼片刻，我因為過於驚訝而不能清楚思想。我知道我畫的圖在細節上和這個很不相同——雖然在大體輪廓上相當類似。我當下取過一支蠟燭，走到屋子另一頭，坐在那裏，更加仔細研究那張羊皮。我把羊皮翻過來看，原來我所畫的那個圖是在反面，那還是我畫的那個樣子。我第一個念頭只是感到驚訝，一則因為那輪廓真是相似得出奇——二則因為那種難得的巧合：我並不知道，那張羊皮紙背面居然有一個骷髏，正好就在我畫的『聖甲蟲』的下面，而且這個骷髏不但輪廓，就連大小都和我所畫的十分相似。這種出奇的巧合，一時之間使我完全愣住了。這一類的巧合總是會叫人如此。人心掙扎著要尋求一個原因和結果的連帶關係，但因做不到，就會產生一種暫時的麻痺。但是，等我從驚呆中清醒過來，心裏就逐漸產生了一個信念……這可真是一件神秘的事，當時我覺得不能解釋；然而，即連在那最初一剎那，在我智能之最幽邃隱密的角落，就已經微微閃耀著一種螢火蟲似的光亮……

首先，我考慮這張羊皮落到我家裏來的情形。我發現那個金甲蟲的地點是在內陸的海邊，大約離這島東邊一英里左右，但距離高潮線沒多遠。我捉到牠的時候，牠狠狠地咬了我一口，使得我又把牠給放了。蟲子飛向朱彼得面前；他一向小心謹慎，所以先用眼睛到處尋找樹葉，或者類似樹葉的東西，再用那個東西去捉他。就在這時候，他的目光和我的目光同時落在這一小塊羊皮上，那時候我還以為是紙哩。這張羊皮一半埋在沙子裏，翹著一個角。離我們發現這塊羊皮不遠的地方，我又看到一隻船殼的碎片，好像原是一艘海船上的長木條。船難顯然發生在很久以前了，因為船的木材幾乎已經不能辨認了。」

……

「你一定認為我好夢想——可是我那時就已經建立起一種關係來了。我已經把一條大連鎖中的兩個環接在一起，那海岸上躺著一隻木船。離木船不遠有一張羊皮紙——不是一張紙——羊皮上又畫著一個骷髏。……

「可是，」我插嘴，「你說在你畫那個甲蟲的時候，那張羊皮紙上並沒有骷髏嗎？那麼，你如何能在木船與骷髏之間追尋出連帶關係呢？照你所說的，那個骷髏必定是在你畫完甲蟲圖以後才畫上去的了（誰畫的，怎麼畫的，真的只有上天知道）？」

……

「啊，這整個奧秘正是在此有了逆轉；……那天氣候寒冷（真是難得而碰巧的意外！）爐子裏閃耀著一堆火。我因為走路而渾身發熱，坐在那檯子邊，你卻拉了一把靠椅挨著煙囱坐著。就在我把那張羊皮放在你手裏，而你也剛要去審視的時候，野狼——就是那隻紐芬蘭大狗，進了門來，一跳就跳到你的肩膀上。你用左手撫慰牠，並將牠推開；你的右手拿著那張羊皮紙，不自覺地順勢垂在兩膝中間，而靠近了爐火。……我把這些情形都加以考慮，就一點也不懷疑了，覺得羊皮上我所看見的那個骷髏是火的熱力叫它顯現出來的。你當然知道，不但是現在，就是很早很早以前，就有一種化學液體，可以寫在紙上或皮紙上，字跡完全看不出來，非用火來烤不會顯現。……

我立刻點起火來，把羊皮紙的每一部分，都放在火上烤。起初，唯一的效果是骷髏的淡淡輪廓變深了；但是，把這實驗再做下去，在羊皮的一角，斜對著畫了骷髏的地方，顯出了一個圖形來，我乍見之下以為是頭山羊。然而，再仔細觀察，欣然發現，那畫的原是頭小山羊。」

……

「你也許聽人講起一個叫基德的海盜『船長』。我立刻就把那個野獸看成一種意義雙關或象徵的簽字。我所以說這是簽字，因為那圖在羊皮紙上的部位使我這樣想。斜對角上那個骷髏，用同樣道理推測，就是一個戳記，或是一個封印。」

……

李格朗說到這裏，把那羊皮紙又烤了一遍，遞給我看。在死人頭和山羊中間，透出以下這些微紅的依稀字跡：

53‡‡†305))6*;4826)4‡.)4‡);806*;48†8¶60))85;1‡(;:‡*8†83(88)5*†;46(;88*96*?;8)*‡(;485);5*†2:*‡(;4956*2(5*—4)8¶8*;4069285);)6†8)4‡‡;1(‡9;48081;8:8‡1;48†85;4)485†528806*81(‡9;48;(88;4(‡?34;48)4‡;161;:188;‡?;

……

「可是你說的那些大話，還有你提著甲蟲搖晃的舉動——真是古怪極了！我那時真以為你發瘋了哩！你為什麼不從骷髏丟下一顆子彈，而非要丟下這個甲蟲不可呢？」

「哎！坦白說吧！見你疑心我神志不清，我心裏覺得有一點不快，所以就想不聲不響用自己的辦法來罰你，對你故弄玄虛一番。為了這個緣故，我才搖那甲蟲，也才把牠從樹上丟下來。這也是你說牠很沈重，才使我想到這個主意。」……

參・可以這樣讀

小說敘述主角威廉・李格朗因為一隻金甲蟲開啟的因緣際會，展開一連串的尋寶之旅，最後因為解謎了羊皮紙上的藏寶密碼，而獲得一大筆財富的故事。選文節錄的是小說前半部，從捉到金甲蟲到成功獲得寶藏的經過。如此取捨，意在呈現故事的大致脈絡，使讀者不致完全墜入迷霧，但未能呈現完整的解謎過程、故事節奏，和愛倫坡在暗處鋪陳的一些伏筆側寫。

「金甲蟲」的定題和財富的象徵意義

愛倫坡名聞遐邇的短篇小說〈金甲蟲〉，開啟了舉世一陣「解謎小說」熱潮。這篇小說是透過主角李格朗的友人敘述，以配角作為敘述者即第一人稱的「我」，娓娓道出整個故事情節。

小說開篇不久，「金甲蟲」就上場了，但牠其實是愛倫坡綜合了李格朗所居住的索利文島上一些甲蟲特徵虛構出來的產物，是愛倫坡用來故佈疑陣的一個安排，是作為導引後面整個情節發展的線索；實則用來包裹牠的羊皮紙，才是真正的小說關鍵和寫作重心。

不過，金甲蟲雖然不是關鍵，題目取意卻頗有深意。西方文明在十九世紀後力圖擺脫宗教束縛；相對於託付給上帝，人們轉而探求自身的獨立價值，和人類應該走向何處的思考。這時所流行的解謎或偵探故事，便和此一理性思維與科學發展的歷史背景有關。〈金甲蟲〉小說中三個人物面對金甲蟲的反應，彰顯了人們經常困於表相、難以超越自身角度的侷限；只有極少數人如小說主角李格朗，能夠細細體察、反覆推敲包藏在羊皮紙與符號裏的秘密。愛倫坡正是以〈金甲蟲〉的科學推理和現實理性，作為破除表相虛妄人生的一個示範。這也是他處在失序的時代，想要以小說寄託他對於人類文明和新世界（理性思維）高度期待的理想。

由於〈金甲蟲〉成功帶動了解謎小說的風潮，而〈金甲蟲〉的題名，英文為 *The Gold Bug*，也可以稱為黃金蟲或金蟲，具有非常濃厚的財富意味，今日美國華爾街股市對於一些熱衷投資黃金的投資者也稱為「gold Bug」，美股的黃金指數更是直接以「金甲蟲指數」來稱呼，在在可以顯見「金甲蟲」一語，早已成為世人心目中財富的象徵與代表了。

至於小說主角李格朗和僕人外出時捉到的這隻「完全是新發現」的聖甲蟲，也就是小說題名的「金甲蟲」，牠到底是什麼動物呢？這是一種人稱「糞金龜」的甲蟲。甲蟲家族上翅呈硬殼狀，屬於「鞘翅目」，上翅堅硬如鞘，有如披著盔甲。而愛倫坡創造、虛構的這隻「金甲蟲」，不但有著金屬般晶亮的純金色光澤，還有近似天牛的長觸鬚和強而有力的上顎，以及背部中線兩側如「眼斑叩甲」（Alaus Oculatus，又稱叩頭蟲）的幾個黑色斑點，牠是一隻寓有尋寶和財富意義，由作者想像出來的金色聖甲蟲。

「金甲蟲」是虛構的。牠有晶亮的黃金色澤，和「眼斑叩甲」背部中線兩側的黑色眼點。

用來包裹金甲蟲的「羊皮紙」才是尋寶的關鍵

愛倫坡這篇小說雖然是以〈金甲蟲〉命名，而他在整篇小說中也刻意鋪陳、故弄玄虛，有意讓讀者圍繞著金甲蟲打轉並產生錯誤的期待，以引人入彀；其實牠是象徵意義，解謎線索另在於羊皮紙。

小說敘述以射鳥釣魚為消遣、喜歡撿拾貝殼和蒐集昆蟲標本的李格朗，獨居在索利文島端最僻遠處、一座罕有人跡而密佈常綠矮灌木的樹林裏。在捉到「金甲蟲」的不久以前，他剛失去家業和財富，因家道中落，僻居在此荒野窮島。由於他極想找回不久前失去的財富，所以愛倫坡順水推舟，鋪陳他在捉到金甲蟲後便認真思考：「這個甲蟲可以使我發財……可以恢復我的家業。……既然命運之神認為應該把牠賜給我，我當然只有好好利用牠，一定要靠這個線索去找到金子。」文中，又通過黑人僕役朱彼得說：「這是一隻金甲蟲，純金的，全都是金，裏面外面都是金的」，以使眾人目光追隨著這隻全身閃耀晶亮金色的聖甲蟲。

接著敘述者說到，李格朗在捉取金甲蟲的過程中被狠狠咬了一口。愛倫坡在此有意誤導僕人（或讀者），要使李格朗在後來解密過程中出現的種種怪異行為，被僕人和友人解讀成蟲咬後的瘋狂——朱彼得說「我敢說威爾少爺頭上有什麼地方讓那隻金甲蟲給咬了」，「這都是那個甲蟲給弄出來的。」友人也說：「我看見他這種神氣的樣子，顯見他是精神失常了，幾乎禁不住要流下淚來。」友人同樣認為李格朗瘋了。

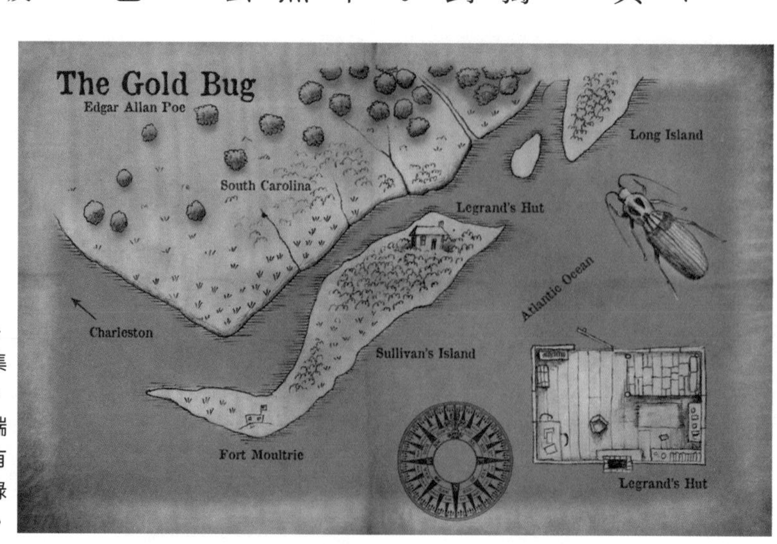

以射鳥釣魚為消遣、喜歡撿拾貝殼和蒐集昆蟲標本的李格朗，獨居在索利文島端最僻遠處、一座罕有人跡而密佈常綠矮灌木的樹林裏。

最後愛倫坡才透過敘述者慢慢道出，包裹這隻極其兇悍的金甲蟲的羊皮紙——僕人因見李格朗被咬而在沙地上撿來包住甲蟲的那張紙，其實是寫著寶藏密碼的羊皮紙；如何解開羊皮紙上的密碼？才是小說的重心。

所以金甲蟲事實上和尋寶並沒有太大關聯；成功獲得寶藏的關鍵，在於那張看起來很髒、用以包裹甲蟲卻寫有藏寶密碼的羊皮紙。

有了書寫藏寶圖密碼的羊皮紙後，接下來的，自然就是如何解密以尋找寶藏了。但是李格朗是如何得知羊皮紙上寫有藏寶密碼的？這就帶出〈金甲蟲〉前半部的曲折情節了，也即本選文所節錄——李格朗是在發生一件極其古怪的事件以後，才開始思索並相信，金甲蟲的出現和他的命運必然有著密切的關聯性，以至於瘋狂地想要找到傳說中海盜「基德船長」埋藏寶藏的地方。他在奇怪的事件發生後，開始陷入了一段長時間的狂熱冥想，不斷反覆推敲、抽絲剝繭事情的經過與蹊蹺處。

事情是這樣的：

這是一年中非常難得酷冷的一天。那天，李格朗捉到了一隻他相信是全新種類的聖甲蟲，回家的路上，他遇到砲臺上的G××中尉，這隻甲蟲又被中尉借去把玩了。而當主僕二人進門時，知道鑰匙藏放處的友人即小說中的敘述者，已經先一步到訪並在家中等候了。李格朗向友人吹噓這隻極其美麗又兇悍的金甲蟲後，便手繪圖像給他看。李格朗畫圖的那張紙，正是口袋取出的、方才撿來包裹金甲蟲的紙張，中尉是以徒手捉走甲蟲的。正在友人要看圖時，李格朗

李格朗向友人吹噓這隻極其美麗又兇悍的金甲蟲後，便手繪圖像給他看。

的狗從門外衝進來，親熱地跳上他的肩膀，等狗兒鬧夠了，他仔細端詳這張圖時，卻覺得怎麼像個骷髏頭呢？並加以取笑。李格朗不悅地取回。然而奇怪的事情就在此時發生了：他發現這個圖像竟然和他剛才手繪的不同；此刻的甲蟲圖確實像個骷髏頭。

為什麼會不同？圖繪什麼時間被改變的？怎麼發生的？李格朗很長一段時間的冥想，就為思索這件事。但是愛倫坡故意在他們成功挖取寶藏以後，才揭開這個謎團。他讓李格朗以倒敘的方式，重新回頭交待這件事情。

原來，友人到訪的那一天非常寒冷，李格朗和僕人雖然外出卻並未熄滅爐火；而當李格朗把甲蟲圖遞給他時，狗兒正好跳到他身上撒嬌，他拿紙的手就懶懶垂在靠近爐火的兩膝間。接下來不難想像，當他看圖時，羊皮紙背面以紅色化學溶劑書寫、必須經過火烤才會現形的秘密文字，已因火烤而有局部顯影了。很巧地，畫著海盜標誌的骷髏輪廓正與金甲蟲背上的幾個黑點，構成了骷髏頭的巧妙結合。李格朗還注意到另一個很重要的線索：羊皮紙的斜角上還畫了一隻似是用來代替簽名的小山羊——小山羊的英文為Kid，和海盜「基德船長」的Kidd同一發音。心中驚喜不已的李格朗，謹慎地把羊皮紙收進皮夾、鎖入抽屜，並自此展開一連串的推敲和解密工作。當然，小說的情節安排，在歷盡曲曲折折的推理後，最後就是他破解了密碼，進行挖寶，並成為鉅富。

所以愛倫坡〈金甲蟲〉的書寫策略可以分為兩個部分：前半部先講述從金甲蟲出現到成功挖寶；後半部則如倒捲影片般回溯如何解密，盡現他豐富的密碼學知識。但是在李格朗推理冥思和實地勘察的過程中，由於他剛失去財富的緣故，足以形成他被僕人和友人錯誤解讀的線索，作者正是藉此營造挖寶成功和他被誤認瘋狂的反差，並寄意人們往往難以掙脫自身角度的侷限。所以在愛倫坡的故佈疑陣下，他要讓讀者以為尋寶非金甲蟲不可，其實李格朗根本就拿牠戲耍朱彼得（與讀者）——朱彼得害怕並辱罵金甲蟲：「那個鬼蟲子」，所以李格朗故意讓朱彼得帶牠爬上樹顛，後來才承認：「哎！坦白說吧！見你疑心我神志不清，我心裏覺得有一點不快，所以就想不聲不響用自己的辦法來罰你，對你故弄玄虛一番」，藉此以出一口悶氣。其實當最後要測量藏寶位置時，隨便換成別的蟲子或是等重的「一顆子彈」，其效用也是一樣的。

〈金甲蟲〉成為後來所有解謎小說的始祖，小說中的推理和解密方式，成功帶動了其他小說和電影的模仿，蔚為一時風潮，寫下了解謎小說重要的里程碑。

歸類為偵探小說的〈金甲蟲〉，其實是解謎小說的創始

創作於一八四三年的〈金甲蟲〉通常被歸類為偵探小說，其實這是一部帶動風潮的解謎小說。一般來說，偵探或推理小說（Mystery Fiction），必須滿足兩個要件：首先必須有一個謎題，其次應該有一位職業或業餘偵探透過推論（deduction）來解開謎題，這是一種以理性推論過程解開故事謎題的小說類型，它通常以私家偵探、警察或其它任何可能的主角為破解謎案的人。在當代推理小說中，複雜難解的犯罪事件幾乎都是謀殺案，而愛倫坡的〈金甲蟲〉並不像

在經過困難重重的實地勘查、反覆推敲後被完全解謎，主角最後得到了鉅額寶藏。

偵探（Detective Fiction）或推理小說那樣，不是以凶殺命案的發生或透過推理找到凶手的類型，但是其中以解密尋寶的形式來帶動情節，倒也符合當時受讀者喜愛的偵探小說類型。透過密碼解謎是一種推理小說寫作模式，讀者在一連串解密的過程中，能夠滿足知識和理性的樂趣。愛倫坡熱衷於密碼學，曾經發現《聖經》的「耶利米哀歌」含有藏頭詩。而在一八四一年，他也曾經發表過幾篇研究密碼的文章，並且聲稱能夠破解任何密碼。他還公開宣稱，讀者可以把自己編定的密碼寄給他，他都能夠予以破解；後來除了一些沒有系統、不能傳達意義的文句外，他幾乎破解了所有收到的密碼，轟動一時。

「金甲蟲」在小說中不僅僅是李格朗追逐的昆蟲，同時也是指引他找到財富的關鍵，雖然小說中李格朗被認為神志錯亂又讓人覺得莫名其妙，但是敘述者卻發現李格朗有種狂熱痴迷中帶有一些有條不紊的跡象，那是一種老謀深算或深思熟慮的神態，這種強悍、冷靜的人格特質，也是推理小說中主角常具備的特質。

小說中，主角李格朗在獲得基德船長埋藏的全部寶藏後，他才向僕人和友人說明如何尋寶的過程；而他的解說，正是愛倫坡〈金甲蟲〉何以創始了解謎小說的原因。愛倫坡通過李格朗使用的「頻率分析（Frequency analysis）」法，展現了自己的解密才能。那張羊皮紙在被火烤加熱以後，紅色化學溶劑所書寫的字元現形了，一堆看似無法理解的字元經過李格朗的解密後，對應著以下文句：「A good glass in the bishop's hostel in the devil's seat twenty-one degrees and thirteen minutes northeast and by north main branch seventh limb east side shoot from the left eye of the death's head a beeline from the tree through the shot fifty feet out.」（「魔鬼座位主教賓館的一個好鏡子——東北偏北——四十一度十三分——主幹東邊第七旁枝——由此樹死人頭左眼射下一直線徑此射線五十英尺以外」）不過即使解開了羊皮紙上的這些文字，他還是面臨到另一個必須解謎的難題，就是這些文字所指示的藏寶地點要如何理解？怎樣才能在索利文島上找到這些句子所提示的地點？

愛倫坡在〈金甲蟲〉中以大量篇幅，首先解釋李格朗如何通過「頻率分析」法解開密碼——「頻率分析」是一種先找出使用頻率最高的字母，然後再依據相對於這個字母的偏移量，例如「偏移量3」就往後推三個字母，去推測它所正確對應字母的解密法。像是依據凱撒大帝命名的「凱撒密碼」（Caesar cipher），就是一種對於偏移量法的運用。好比看似無意義關聯的 wii csy me xas psrk aii ow hieviwx jvmirh，經過了「偏移量4」的回推解密後，可以得到：see you in two long weeks dearest friend 的解碼文意。不過〈金甲蟲〉的解密法顯然比這還要複雜多了。

李格朗先是根據羊皮紙上可能是海盜用來代替簽名的一隻小山羊，推論密碼使用英語體系，因為 Kid 這個單字的小山羊與基德船長雙關意義，只有英文能夠體會。然後他再計算密碼中使用次數最多的字元8，可能就是對應於英文使用量最多的e；之後又通過字頭和字尾的字母猜測，試著拼入其中的字母，

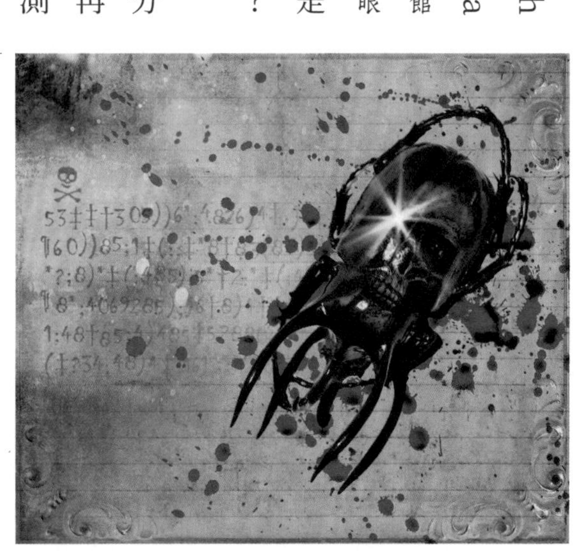

張羊皮紙在被火烤加熱以後，紅色化學溶劑所書寫的字元現形了。

而當成功解開一個字母後便據此延伸，逐步擴大其解密成果。在耗去了一個多月的時間後，密碼終於被李格朗解開了。至於前述難以理解的地點指示，也在經過困難重重的實地勘查、反覆推敲後被完全解謎，主角最後得到了鉅額寶藏。

有些批評家認為愛倫坡的創作源頭來自恐怖的浪漫傳奇故事，但對於一個對創作理論有高度自覺的作家愛倫坡來說，他著迷於深度探索，他認為他所寫的並不是簡單的「哥德式」（Gothic terror，中古時代由神秘、陰鬱、黑暗、邪惡等元素構成，使官能顫慄的浪漫主義後期小說）的恐怖故事。〈金甲蟲〉之所以受到讀者驚嘆，除了充滿邏輯推理的解謎故事外（這和愛倫坡先前作品中充滿病態題材不同），也真實呈現了愛倫坡曾經生活在索利文島的生活經驗，這篇小說成為愛倫坡編輯工作低潮中最重要的成就。在那段時間裏，愛倫坡的偵探推理小說開始描繪殺人犯的心理狀態和犯案過程，這也被視為是愛倫坡透過作品和自己的心理對話。那些故事中主角扭曲、神經質以及偏執的心理狀態，都和愛倫坡自己的精神狀況有關。愛倫坡想要彰顯理性的力量，想透過嚴密的邏輯和推理能力，創造出一個完美的偵探來壓制故事中殘酷的暴徒。因此愛倫坡對於黑暗的凝視，是他能夠創造出理想偵探化身的重要元素。

〈金甲蟲〉有許多對於角色的內心描繪，那些近似於心理小說的內容，讓這篇具有娛樂性質的作品有了更深刻的意義。譬如：「人心掙扎著要尋求一個原因和結果的連帶關係，但因做不到，就會產生一種暫時的麻痺」、「在我智能之最幽邃隱密的角落，已經微微閃耀著一種螢火蟲似的光亮」、「我已經把一條大連鎖中的兩個環接在一起」……這些關於心理狀況與思維的描述文字，使得看似瘋狂的李格朗有了更複雜與深度的理性思維面向，使這個角色更加立體飽滿。

值得一提的是，相較於愛倫坡的其他作品，黑人向來較少有發言及表達自己想法的機會，因此也有研究者關注到〈金甲蟲〉中黑人僕役朱彼得的黑人式英語。愛倫坡運用了大量特殊的詞彙、語法與發音的多種變化，來描繪朱彼得說話時的樣態以及主僕間的對比，凸顯兩人的社會地位差異，同時造成閱讀上的趣味。不過也有一些美國作家不太能接受愛倫坡在小說中對黑奴的描寫：以忠心耿耿的姿態說著典型黑奴的話語，彷彿只要盡心服侍白人主人，他的人生就沒有缺憾，就像〈金甲蟲〉裏的朱彼得一樣；而這，其實也必須回到當時的時代背景和社會樣貌下來看待。

肆・再做點補充

關於「聖甲蟲」的傳說

在〈金甲蟲〉中，作為通往財富象徵的「金甲蟲」，是李格朗主僕二人在散步時捉到的一隻金色聖甲蟲，小說由此展開一連串的解密和尋寶之旅。不過，「金甲蟲」的名稱是由於牠的金屬光澤和財富寓意，「聖甲蟲」才是牠的種類歸屬。

「聖甲蟲」就是「糞金龜」，鞘翅目、金龜子科。「鞘翅目」成員通稱為「甲蟲」，甲蟲家族種類繁多，牠們有如「鐵甲武士」般的上翅硬殼，像極了武士盔甲，而〈金甲蟲〉中的主角李格朗，也在捉拿的過程中，被牠又踢又咬、兇悍地咬了一口。

聖甲蟲生活在草原、高山、沙漠和叢林，只要有動物糞便的地方，就有牠們的身影，譬如在清除牛糞上，牠們就大有功焉！有如「大自然的清道夫」一般。牠們往往把卵和食物埋藏在動物糞中，滾成糞球後再推入洞穴；如果雄聖甲蟲在推糞時吸引了雌性，被選擇的雌蟲就會和牠一起推糞並產卵在糞球上，所以幼蟲成蟲後會從土中爬出。儘管中國大陸把牠稱為「屎殼郎」，然而在二〇一〇年南非世界盃足球賽的開幕式上，最吸睛的，就是一隻巨大的「聖甲蟲」滾動著一顆「普天同慶」的巨型足球出場，並配上牠們總是辛勤勞作、排除萬難、滋養肥沃土地的解說。

另外，在崇拜聖甲蟲的埃及古文化中，聖甲蟲努力推出糞球，亦如太陽從地平線升起、誕生世界般，牠們也是目前唯一可以利用太陽、月亮、偏振光（自然光均勻分布、振幅相同；偏振光則否，為人眼所無法察覺。宇宙微波存在偏光現象，如水面和玻璃會偏折光線、彩虹也是偏光效果形成）、甚至銀河定位的物種；加上聖甲蟲的幼蟲會從土中爬出，這也使得崇拜太陽神的埃及人認為牠們會在土裏復活，「每天迎著東方第一縷陽光從土裏鑽出」，是太陽神的化身，所以「聖甲蟲」被尊寵為復活和永生的象徵，常被用作護身符，傳說戴上聖甲蟲飾物可以避免邪靈入侵，有時政府章也會有聖甲蟲圖騰的皇室象徵。古埃及的法老死去時，他的心臟甚至會被換成一塊綴滿聖甲蟲的石頭。一般人過世，往往也會捉幾隻聖甲

二〇一〇年在南非舉行的世界盃足球賽，開幕式上一隻聖甲蟲推動足球出場的安排，造成了轟動。

蟲陪葬，以祈求死者得到永生。另外，有很多項鍊、手鍊、戒指等首飾也被製成聖甲蟲造型，在開羅的街上，就有不少藝品店販售著聖甲蟲工藝製品。

愛倫坡開啟的解謎小說風潮

受到愛倫坡偵探推理小說影響的作家極多，除了眾知的柯南道爾、江戶川亂步與史蒂芬金外，法國科幻小說家凡爾納也受到愛倫坡的啟發，因此由美國推理作家協會（Mystery Writers of America）於一九四六年開始頒發、用以紀念愛倫坡的「愛倫坡獎」（Edgar Allan Poe Awards），成為推理小說界最頂尖、最權威的獎項之一，有如推理小說界的奧斯卡。獎項涵蓋最佳長短篇小說、青少年和兒童小說、犯罪實錄與評論、劇本、電視影集等。推理小說界已有無數知名作家曾經獲得這個榮耀，例如：雷蒙．錢德勒、約翰．勒卡雷、麥可．克萊頓、勞倫斯．卜洛克、史蒂芬金等，是一極具影響力的獎項。

〈金甲蟲〉中破解密碼結合尋寶遊戲是非常經典的組合，特別如果受到時間限制的解謎設計，更是偵探推理小說中常見的橋段，這種密碼學的推理小說，最經典的除了〈金甲蟲〉外，還有柯南．道爾「福爾摩斯」系列的著名短篇〈跳舞的小人〉：

聖甲蟲被尊寵為復活和永生的象徵，常被用作護身符。

其中的密碼結構和〈金甲蟲〉一樣，同樣建立在e為最常出現的字母上，也是通過破解「替代性密碼」以解謎的名作。例如圖中被解謎的密碼，述說著：「我已到達。阿貝．斯蘭尼住在埃爾里奇。來，埃爾西。絕不。埃爾西準備見上帝」——從解謎出來的答案，似可預見一場謀殺案正在醞釀。「跳舞小人」的密碼中，當埃爾西以「絕不」拒絕前往時，他受到了死亡威脅。而相同字母的小人手上有時會持旗，則蘊藏著一個英文單字完成的意思。

另外，近年來頗受歡迎的解謎尋寶作品，如〈玫瑰的名字〉、〈達文西密碼〉與〈蘭亭序密碼〉等，也都以艱澀難解的謎題或莫名的死亡事件作為故事主軸，再以一位具有智慧的人（像是修道院的僧侶、符號學教授與女神探等），帶領大家解開秘密。〈玫瑰的名字〉說了一樁發生在山區修道院裏的連續殺人事件，

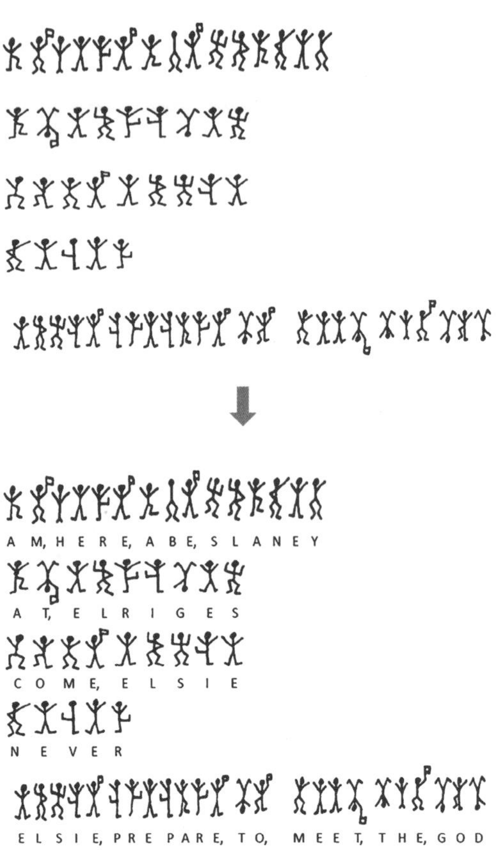

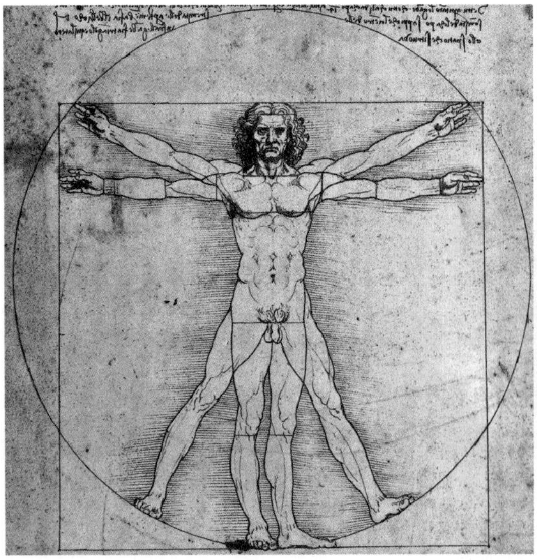

〈達文西密碼〉敘述羅浮宮館長被發現赤裸著身體，以達文西的名畫維特魯威人的姿勢陳屍在外，並伴隨著一段神秘難解的訊息。

修士必須在圖書館浩浩湯湯的書籍中解開謎題；〈達文西密碼〉則書寫羅浮宮館長被發現赤裸著身體，以達文西的名畫維特魯威人的姿勢陳屍在外，並伴隨著一段神秘難解的訊息，這些解答可能隱藏在達文西著名的畫作〈蒙娜麗莎的微笑〉、〈最後的晚餐〉中；〈蘭亭序密碼〉敘述莫名捲入唐代宮廷內鬥的女神探，要透過半部臨摹的〈蘭亭序〉以及深奧難解的離合詩（以字母或拆字的方式寫成的詩），去追尋王羲之的〈蘭亭序〉真跡在哪裏？而故事的背後可能暗藏著李唐皇室的神秘歷史疑團。而史蒂文生於一八八三年於英國出版的第一部長篇小說《金銀島》，也是以海盜寶藏為幻想的故事。

雖然文學與語言藝術，亦是偵探推理小說能否成為經典的關鍵，但一般偵探或推理小說，不太重視文學藝術性、或者不從文學角度來評價，而更重視其布局巧妙；鬼才作家愛倫坡，卻從詩、散文、文學評論到小說創作，無一不精。惟他亦如梵谷等留下萬丈光芒的天才，生前窮苦潦倒、淒涼寥落，身後始揚名，或許「生前蕭條，死後揚名」正是天才的墓誌銘。愛倫坡曾經就讀於西點軍校，但是他放蕩不羈又酗酒無度的行為，顯然不符軍紀嚴整的軍校期待而被開除；然而今日在名將如林的西點軍校校園中，卻豎立了一座他的銅像，有誰能夠料到，盛名的軍校竟也出現一位揚名國際的大文學家！史蒂文生曾說：「我闖入了愛倫坡先生的畫廊……毫無疑問，（我小說裏的）那具骷髏就是從愛倫坡那裏搬來的。」柯南．道爾則說：「在這條狹窄的小路上，一個作家必須步行，而他總會看到在他的前面有愛倫．坡的腳印。」

（向鴻全、張麗珠）◆

來自海上的掠劫集團
與著名的海盜寶藏，
也成為許多
尋寶故事的原型。

6 詞選三首

之一・望江南

其貌不揚、士行塵雜的溫庭筠，
卻是最纖巧、綺麗的文學風格的領頭羊，
單是這樣衝突的組合就是一則精彩浪漫的典故。
作為晚唐重要文人的溫庭筠，
雖然詩與李商隱齊名，詞與韋莊齊名；
而為人熟知的是，在中國最早一本文人詞總集，
洋溢著濃豔聲色之美的《花間集》裡，所選的
十八家詞人當中，他被列於卷首而被稱為「花間鼻祖」。

壹・作者與出處

溫庭筠（西元八一二～八六六）本名岐，字飛卿，庭筠又作廷筠。祖籍山西太原，郡望并州祁人，生於吳中。是晚唐著名詩人、詞家。有關其生平，史傳皆側重摹寫他的人品不佳。《舊唐書》稱他「士

行塵雜，不修邊幅」；《新唐書》稱他「薄於行，無檢幅」，對其行為乖張多所描述，包括與貴冑子弟狎昵醉飲、科考神思敏捷為人捉刀、丐錢揚子院被打得傷面斷齒等事件。

至於筆記小說更以「無行」來寫其生平軼事，包括自負才思敏捷，有所謂的「救數人」及「擾亂科場」等事件。當時應試考律賦，四言體、二句一韻，凡八韻十六句，考試時，他只要八次叉手即完成八韻，故有「溫八叉」、「溫八吟」之稱。又因長得奇醜，人稱「溫鍾馗」。

史傳記載他曾經喝醉酒到揚子院要錢一事，對其名譽極大損害，醜行傳遍整個京師，他為了替自己申訴，曾親到長安寫信給公卿們自雪冤屈。又曾委請徐商推薦擔任政事，徐商亦極力幫助。後來，徐商罷相出鎮，溫庭筠亦因故被貶為方城尉，再遷隋縣尉而卒，結束放浪形骸的一生。

這些史傳與筆記小說所圖構出來的溫庭筠形象，是不拘細行、以文為貨的浪蕩行為，然而，這些事跡果真是他真實的面貌？抑是被刻意描寫出來的內容呢？在他六十六歲的生命中，很多時間是在蹭蹬不遇中度過，此時是唐代由盛轉衰之際。三十五歲時遭遇唐文宗大和九年的甘露政變，宦官得勢，文官被殺者數百人，為避禍遠身，噤若寒蟬。又曾依莊恪太子二年有餘，太子又遭誣譖而薨。三十九歲應試薦名第二，因故被黜落未能應禮部進士。其後，從四十三歲到五十五歲旅居長安，仍在尋求仕進機會，直到五十五歲還在考試，仍是應進士試未第，這對於「敏悟」、「長於詩賦」的高才溫庭筠是何等的挫傷？當他科考作弊所幫助的人皆中榜，唯獨他未第時，這種心情又何其幽微呢？因為不甘心沈淪下僚，故而詩中多懷才不遇與憤懣之氣。

溫庭筠文學成就是多元的，詩、詞、駢文皆善，詩與李商隱齊名，稱為「溫李」；詞與韋莊齊名，並稱「溫韋」；駢文與李商隱、段成式齊名，因三人皆排行十六，時稱「三十六體」。他的著作非常豐富，有《溫飛卿詩集》、《金荃詞》、《握蘭詞》等，今二詞集皆不存，現存詞有王國維輯錄的《金荃詞》七十首。他的才華除了表現在詩、詞、駢文方面，還有其他文類的著述，包括《漢南真稿》、傳奇小說《乾𦠆子》、《採茶錄》等，並曾經編輯類書《學海》，可惜這些書籍文稿皆已亡佚，唯《太平廣記》尚引錄部份《乾𦠆子》，得以管窺一二。

貳・選文與注釋

梳洗罷，獨倚望江樓。
過盡千帆皆不是，
斜暉脈脈[1]水悠悠[2]。
腸斷白蘋洲[3]。

1 脈脈：眼神含情，相視不語的樣子。
2 悠悠：眇遠無盡的樣子。
3 白蘋洲：泛指生長白蘋的沙洲。一說古時男女多在白蘋洲分別，又有採蘋花相贈別的習俗，故而借指分別之處。

參・可以這樣讀

詞美人醜的花間鼻祖溫庭筠

溫庭筠在詞史的地位不容小覷，因為善長鼓琴吹笛，精審音韻，對於新興音樂文學「詞」特別著力，是中國第一位精心刻撰「倚聲填詞」的文學家。

溫詞的特色，從形式觀之，文辭典麗華美，喜用精美物象來烘托情境；從內容觀之，多描寫女子閨情，或候人未歸，或離情依依，或相思情切，或百無聊賴等，將女子心思細膩表述，刻畫深邃典雅。劉熙載稱其詞「精妙絕倫，然類不出乎綺怨」，所謂的「綺怨」即是指其內容擅長摹寫女子的閨閣情思。從風格言之，張惠言評為「深美閎約」可梯接風騷，王國維評為「句秀」、「畫屏金鷓鴣」，張氏指其意蘊深致，王氏指其辭藻穠麗，意象華美，二人皆各有所見，亦有不見。

為何張惠言稱溫庭筠的詞「深美閎約」可接跡風騷呢？大抵因張惠言欲推尊詞體，遂力推溫庭筠之詞上擬楚騷，故有此說。然而，溫詞為何易引起上接楚騷「香草美人」之託喻聯想呢？葉嘉瑩昭揭溫詞特色，首先指出他多寫精美之物象，正如司馬遷曾說屈原「其志潔，故其稱物芳」，將「志潔」與「物芳」作一綰結，是以溫詞多敘寫精美名物之「物芳」遂易引起「志潔」之聯想。其次是溫詞多敘寫閨閣女子情思，與中國以女子為託喻傳統暗合。其三是不做明白敘述，僅以物象錯綜排比，再加上音聲抑揚長短，增加閱讀的直覺美感。這些敘寫的特色，易使溫詞引發託喻的聯想。

事實上，溫詞的成就，不必依附屈騷自能有其重要地位，據葉嘉瑩所云，溫氏已將詞體脫離酒樓歌館的艷歌，饒具深遠含蘊之致，與一般的淺俗側艷之詞自有不同。

溫庭筠「詞」與「詩」的創作模式迥然有異；詩，多抒發自己的情志，例如〈商山早行〉：「雞聲茅店月，人跡板橋霜」，為羈旅行役寫下膾炙人口的淒美滄桑；例如〈過陳琳墓〉：「詞客有靈應識我，霸才無主始憐君」，將自己落拓不得志與建安七子之一的陳琳作對勘，同樣是詞客、同樣有懷才不遇的深邃感慨，深蘊其中，饒富曲意。至於詞，則以代言方式表現出「男子而作閨音」的敘寫模式，假託為女子的身份或口吻，抒發情感，表達心聲，最有名的代表作是〈菩薩蠻〉、〈更漏子〉、〈望江南〉等作品。

這些典麗穠艷的詞作，究竟僅是為女子代言，或如張惠言所指稱的，有深刻寄託之意呢？雖然史傳及筆記小說皆刻畫其放浪形骸的一面，然而從其生平考察，直到五十五歲仍出入科場，現實的偃蹇不遇與理想的衝突，幽獨的心境由是可以管窺一二。其〈上崔相公啟〉：「謬傳清白，實守幽貞」、〈懊惱曲〉：「三秋庭綠盡迎霜，唯有荷花守紅死」等皆示現出懷芳抱潔、獨守幽貞之志。雖然無以考察其詞作究竟純是為人代言，抑或託寄幽獨情志，亦不妨其在詞史上的地位，將「詞」的創作從「綺筵公子，繡幌佳人」的單純應歌之作，提升到「融情於景」、「詞歸蘊藉」的風格。溫庭筠以細膩的觀照體察女子心思，刻摹女子心境，所填之詞，聲情婉約，辭藻華美，色彩穠麗，被稱為婉約派的

開宗大家，也因為有六十六首被趙崇祚選入《花間集》卷首，因此被後人尊稱為「花間鼻祖」。

「過盡千帆皆不是」的思婦典型

本詞是一首久候情郎未歸之作，僅僅二十七字，巧妙地將女子一天的心境變化，表露無遺，既情意款款，又癡迷失落。

整闋詞像一齣戲劇，清楚表述人、事、時、地、景的行為動態。人，指盛裝打扮的女子；地點，在望江樓；時間，從早上起來梳洗，直到夕陽西下。事情，指等候情郎歸來。全詞將女子早起打扮、等待、未歸、惆悵、斷腸的心思流轉，刻摹入裡。

整闋詞也像一幅圖畫，將畫面定格在江樓，女子遠望凝視千帆過盡的悠渺，唯見江水悠悠，暮色蒼茫的畫面，深情綿渺，情韻幽深。

「梳洗罷，獨倚望江樓」，「梳洗」寫出女子將自己打扮成像盈盈的花開一樣，要將最美最好的容顏端出來，讓情人好好的珍惜欣賞。一個「罷」字呈現出女子迫不及待前往江樓的心情，「獨」字也寫出了深閨幽微寂寞之感，寫出百無聊賴的心思，也寫出一個女人為了愛情可以撐起整片的寂天寞地。究竟這樣的孤獨寂寞有多麼漫長呢？陷入愛情的漩渦裡，就算是一响貪歡，也願意傾盡一生的心力去等候。而等候就像跌入時間的黑洞裡，無底無盡的綿長，仍然教人痴心相候。

「望江樓」是個很美的意象，佇立江畔的樓頭顒望，流逝的是一天的時光，也可以虛融含渾地包括或累積成每一月、每一年，甚至是一生的時光。人的青春也將如流水永逝不歸，而遊子究竟歸不歸來？抑如江水永逝不歸呢？

「過盡千帆皆不是」，剛開始等候的心情是滿心喜悅的，待千帆過盡，等不到熟悉的身影晃入眼底，那種失落的心情就像洩了氣的球一樣，只能萎頓地飄沉在心底深處。「過盡千帆」寫出了專心致志、專一守候的痴情；「皆不是」寫出了失望落空的悵漠惘然。

「斜暉脈脈水悠悠」，全句雖是寫景，卻是以景喻情，敘寫女子含情脈脈的等候，直到夕陽西下，仍然未見歸人，那種悵然、惘然一如悠悠不盡的流水，蘊藉含蓄，饒富惆悵情味。王國維《人間詞話》曾說：「一切景語皆情語也」，正是這般「景」與「情」相融、相攝、相合的意境。在中國詩詞之中不乏「以水為喻」的例子，在李白有「抽刀斷水水更流，舉杯消愁愁更愁」；在李煜有「問君能有幾多愁，恰似一江春水向東流」，這些詩詞皆能深刻運用水的意象表達幽微情思，與溫庭筠藉水喻女子幽懷同樣展現了以具象喻抽象之美感。

「腸斷白蘋洲」，等不到情人歸來，女子心情也寸寸縷縷傷心。古人常以白蘋洲泛指戀人分手之處，例如趙微明〈思歸〉：「惟見分手處，白蘋滿芳洲。」溫庭筠也化用白蘋洲，作為「融情入景」之用。前人對「腸斷」一句多有負評，認為點實無餘韻，不如「過盡千帆」有悵惘之情，深蘊其中。實則直抒胸臆的「腸斷」二字具體刻摹女子從希望到失望、落空，雖顯露無隱，卻是真情實感的表述。

整闋詞款款深情，低徊不盡之意，充滿女子江樓痴迷等候，搖蕩心思的情緒變化，由盛妝打扮的喜悅，到等候的孤獨幽微，再到過盡千帆的失望，末拍以「腸斷」作結，有惘然絕望、黯然消魂之感，女子的鮮明形象與幽微的心情，俱在其中。

全詞以「望」字作為全日守候眺望歸舟之具體動作，隱含盼望歸人的心緒流轉。以「獨」字刻摹女子深刻的寂寞之感，因為寂寞，期待情郎歸來之心更殷切。以「腸斷」二字幽微寫出一切希望的落空，空虛之感再度襲上心臆，失落之情瀰漫整個心緒，也彷彿瀰漫在離別的白蘋洲上。以「水」意象烘托全詞，流水，有滔滔不竭的意象，象徵溶溶似水的深情不斷絕；有長流遠逝的意象，象徵青春流光遠逝不歸；有波濤起伏的意象，象徵心情意緒的迭宕起伏。

溫庭筠託借女子口吻與身分，敘寫終日望歸舟不至的悵然，情意綿長，能具實刻畫女子空虛失落之情，表現出空靈搖蕩之境，以及豐厚蘊藉之情，與鄭愁予〈錯誤〉：「那等在季節裏的容顏如蓮花的開落」，有著同樣「跫音不響，春帷不揭」的等待心境，遂將一人一時一地之情，化成千秋萬世女子候歸的典型形象，銘刻在中國人的心臆裡。

肆．再做點補充：「鏤玉雕瓊、裁花剪葉」的《花間集》

《花間集》是五代十國時期，後蜀趙崇祚編纂的文人詞總集，共收錄十八家詞人之作品五百首，彙編成十卷。從地理空間觀之，後蜀因位居長江上游的巴蜀地區，物產豐富，少兵燹之災，經後蜀王衍、孟昶諸王的倡導，文人附庸風雅，形成特殊的文化地區，與其他地區相較而言，是相對的穩定。從時代觀之，所收錄的詞作大約是晚唐開成年間迄後蜀廣政年間大約百餘年的詞作。至於所收錄的詞家不限於蜀地及後蜀文人，其中尚包括晚唐詞人溫庭筠、皇甫松、薛昭蘊等人，還有地屬後晉的和凝、荊南的孫光憲，以及五代時期蜀人或流寓入蜀的詞人。因趙崇祚編輯《花間集》，使得早期文人之詞雖歷經戰亂得以保存下來，成為目前最早的一本文人詞總集。

《花間集》收錄的詞家雖非全是西蜀人，但是整體的詞風相近，統稱為「花間詞派」或「西蜀詞」。那麼，「花間派」詞風是什麼呢？歐陽炯〈花間集序〉云：「鏤玉雕瓊，擬化工而迥巧；裁花剪葉，奪春豔以爭鮮。……自南朝之宮體，扇北里之倡（娼）風。何止言之不文，所謂秀而不實。」明確指出《花間集》詞風是注重形式之美，裁花剪葉、雕鏤精工；至於內容，則接近南朝的宮體詩，多描寫綺筵公子、繡幌佳人的情狀，整體而言的詞風，偏於婉約柔媚，取材範圍偏狹，但是《花間集》仍是中國詞史上不可忽視的重要詞集，它代表中國文人詞集最早的彙編，也是晚唐從五代民間曲子詞轉化為文人詞的重要里程碑，更因為表現出精工綺靡風格，對宋詞及婉約詞風有很深的影響。

周濟曾經評論溫庭筠的詞風是「嚴妝」，以女子穠麗盛妝為喻，正是開發並體現了《花間集》穠豔綺靡的風格特色。

（林淑貞）◆

之二・六醜・薔薇謝後作

周邦彥被譽為一代詞宗，是因為他傳承了北宋詞人的婉約，並深化更精熟的聲韻與形式，讓詞有了豐富嚴整的格律與精深凝鍊的辭采。這闋〈六醜〉以薔薇花落自況羈旅行役的孤獨與感傷，遣詞用字卻比花還顯優美，即使在眾多傑作之中，仍最具填詞典範之地位。

壹・作者與出處

周邦彥（一〇五六～一一二一），浙江錢塘人，字美成，自號清真居士。生於北宋仁宗嘉祐元年，身歷仁、英、神、哲、徽五朝。一生仕宦，正當北宋新舊黨爭衝突之際，仕途也隨著黨爭而浮沈。二十四歲入京為太學生，二十八歲獻萬言〈汴都賦〉稱頌新法，為神宗激賞，提為太學正。原本求進之心，樂觀可期，不幸神宗崩殂，哲宗即位，高太皇太后聽政，起用舊黨。周邦彥隸屬新黨，由太學正出貶為廬州

教授，再轉官荊州，其後又改知溧水縣。從廬州到溧水，十年期間性情轉變，由追求仕進，轉為委順知命。高太皇太后逝世後，哲宗親政，改元紹聖，舊黨文人相繼出貶，新黨復被啟用，周邦彥再由溧水回汴京。徽宗時，任職大晟府提舉，因妙解音律，審音定調，充分發揮所長，遂以「顧曲」自名廳堂，有《清真詞》傳世。

周邦彥為何被稱為北宋詞之集大成呢？詞，原屬酒樓歌館之艷曲，經晚唐、五代、北宋詞家之創作，逐漸轉移風氣而有新境開拓，原以小令為主，發展到柳永，在形式上以慢詞開始鋪陳敘寫，迄蘇軾又在內容上用詞來表抒情志，使宋詞示現新意境、新風格，周邦彥在此基礎上，開拓新堂廡。其成就有數：

一、詞作原以自然感發為主，他刻意以思力安排，精心結撰。

二、深化填詞技巧與功力：融詩入詞，深化詞境；摹寫物象，精細工巧；善長抒情，周密細膩；鍊字妥帖工穩，無贅字冗詞。

三、通曉音律，審音定調。

四、具承先啟後的地位，前收柳永、秦觀，下開南宋姜夔、史達祖、吳文英等典麗婉約派，成為結北開南的詞宗。

周邦彥集大成及承先啟後的成就與地位，特別指寫作技巧精心刻撰，他將填詞從自然感發轉向模寫物態、曲盡其妙，再加上音律優美，區辨清濁抑揚，精審詞律，所以被周濟稱為「詞之集大成」；

被陳廷焯稱為「千古詞宗」，甚至王國維將他比賦為「詞中老杜」推舉其詞精深博大，然而王國維又批評他「創調之才多，創意之才少」，蓋指其能創製曲調、審音協律，然所寫內容多鋪敘風月相思與羈旅行役之情，甚至評他的詞「深遠之致」不及歐陽修、秦觀。

雖然歷來對周邦彥的評價褒貶不一，然而在詞史上，一般仍肯定其價值與成就，公認其創製詞調之審律精工，是北宋格律派代表，也是婉約派的集大成。

本選文的詞牌為何名為〈六醜〉？周密《浩然齋雅談》曾記載，宋徽宗問〈六醜〉詞牌由來。周邦彥答說，該詞牌犯（摘取）六調，都是最好聽的調子，卻很難歌唱。用高陽氏有六個兒子，非常有才氣卻長得醜陋，所以用「六醜」這個曲名來比賦音聲優美而難唱的詞調。

貳・選文與注釋

正單衣[1]試酒，悵客裏、光陰虛擲。願春暫留，春歸如過翼[2]。一去無跡。為問花何在，夜來風雨，葬楚宮傾國[3]。釵鈿[4]墮處遺香澤。亂點桃蹊，輕翻柳陌[5]。多情為誰追惜。但蜂媒蝶使[6]，時叩窗槅[7]。

1 單衣：單薄衣裳，指春衫。

2 過翼：本指飛過的鳥，此指光陰流逝飛快。

3 楚宮傾國：本指楚國傾國傾城的美人，借指薔薇花。傾國，原指因女色而亡國，後用來形容美麗的女子。

4 釵鈿：本是美人的首飾，借指薔薇飄零的花瓣。

5 亂點桃蹊，輕翻柳陌：描寫薔薇花謝之後到處飄飛的景況。桃蹊、柳陌，指桃樹、柳樹下的小路。

6 蜂媒蝶使：指蜜蜂和蝴蝶在花枝上到處飛舞。

7 窗槅：指窗子。槅：通「格」，窗上的木格，音ㄍㄜˊ。

8 岑寂：寂靜無聲。

東園岑寂[8]。漸蒙籠暗碧[9]。靜繞珍叢底、成歎息。長條故惹行客[10]。似牽衣待話，[11]別情無極。殘英小、強簪巾幘[12]。終不似一朵，釵頭顫裊[13]，向人欹側[14]。漂流處、莫趁潮汐。恐斷紅、尚有相思字[15]，何由見得[16]。

清代鄒一桂所畫〈紅桃白梨〉。(國立故宮博物院藏)

9 蒙籠暗碧：指草木茂密，濃綠成蔭。蒙籠，草木茂盛的樣子。

10 長條故惹行客：薔薇花枝有刺，會勾人衣裳，此以擬人手法寫薔薇依戀不捨。

11 似牽衣待話：指薔薇花枝彷彿牽住行客衣裳要傾訴衷腸。

12 強簪巾幘：勉強將殘花插在頭巾上。巾幘，指頭巾或布帽。

13 顫裊：指盛開的花朵搖曳生姿。

14 欹側：傾斜，側向一邊，指盛開的花朵有悅人求媚的姿態。欹：音ㄑㄧ。

15 恐斷紅、尚有相思字：怕落花上面有相思詩句。這是暗用紅葉題詩的典故。

16 何由見得：不能看見。指落花若隨潮汐飄流，則上面的相思題字，就不會被看見，深情也不被知曉。

參・可以這樣讀

人花雙寫，託物言志

題為「薔薇謝後作」，因花有感而作，屬詠物詞。整闋詞以詠薔薇為主，藉花落比況羈旅行役以及深隱不為人知的情志。

上片，寫客居悵然的惜花惜春之情。先寫在異鄉的感受：虛擲光陰、春歸無跡。再寫惜花心情，惜花即是惜春，夜來風雨落花滿地，無人憐惜，只有蜂蝶還叩窗往來。先由主體的感傷再寫到客體的落花，由春歸外在景物引發內心的悵然。既有內在心境的刻畫，又有外在景象的烘托。下片，寫強簪殘英的心境流轉。先寫小駐東園的悵觸，再寫枝椏牽衣彷彿要傾訴離情。次寫勉強將殘小花朵插上頭巾，不似盛春時花顏燦豔向人求媚。最後，藉紅葉典故寫無盡感傷。

全詞迂曲表述，既寫人又寫花，人花雙寫：既傷春逝，又傷客情依依；既憐花落，又恐深情無人可訴：即物即人，互融互攝。且融敘事、詠物、抒情筆法於詞中，展現溫婉富艷、妥帖精工的詞風，將客居異鄉的悵漠春情託喻其中，然而，其託喻的情志何指？

詠物，有二種表述方式，一是「體物瀏亮」，以題寫物象，刻摹形貌為主；二是「託物言志」，借物託喻，表抒情志，本詞兩者皆備，既屬「託物言志」一系之詠物詞，又兼有摹寫物狀及用典精巧之精工。如言「葬楚宮傾國」，出自「楚王好細腰，美人多餓死」，以寫花枝柔細，不堪風雨摧折：而用來摹寫

以客居異鄉的
悵漠之情託喻落花。

花落滿地、徒留餘香的「釵鈿墮處遺香澤」，則取自《史記・滑稽列傳》描述盛宴過後的「前有墮珥，後有遺簪」，詞人描述薔薇委地，其花形像極了美人髮鬢上的釵鈿掉在地上一般；再者，薔薇多刺、勾人衣裳，亦似多情女子臨去依依、眷戀不捨，猶自牽衣拉袖地想要再多說一會兒話。清真詞如此精巧用典、描摹形貌，再加上詠物抒懷，無怪乎後人許以集北宋詞之大成，其格律精工，《四庫提要》也譽以：「千里和詞，字字奉為標準。」

至於詠物，要如何引起讀者共鳴的情懷？如何鉤稽幽情微意呢？周邦彥藉由薔薇花落的物象特性託喻個人感思與遭遇於其中。全詞雖以薔薇作為整闋詞的主述對象；但題目清楚說明書寫「薔薇謝後」，此中別有深意：一寫花朵被夜來風雨摧落，飄散的花片散落在桃蹊柳陌上，無人憐惜。二寫花枝含情，似有意勾住行客衣衫，依依話別。三寫枝頭殘英，詞人因不捨而戴上頭巾。四寫惜花心情，勸落紅莫隨潮汐流向遠方，否則相思題字無人得見的感傷。

四個層次迂迴書寫憐花、愛花之情，然而，作者果真是用來表述花開花落嗎？其實「託物言志」係用來烘托主體心境：

譬如寫春花凋謝，喻示人生的盛衰起伏變化。薔薇經過一夜風雨，點點飄飛，無人惋惜，只有蜂蝶還在叩窗。薔薇的花開花落，就是人生的花開花落。

又如寫春歸闇然，以喻繁年盛景終有消歇之時。藉由花殘飄零，感傷美好春天終有春盡之時，用來喻示人生的春天也將流逝。

再如憐惜花落，以寫行客悵然。同是寓寄在世間，薔薇，是暫開在枝頭上的；行客，是飄泊異鄉者。憐惜春花被風雨摧殘，猶如人生被年歲摧殘；花落無人見惜，猶如行役客居無人知會；春歸之後的花兒殘小，猶如羈旅行役之後的落寞心境。

全詞表層寫花，深層寫客居異鄉，既能不即不離，又能離形得神，層層轉折，將百轉千迴的心境深刻轉繹。

悵客裡光陰虛擲

從詞中情意來說，整闋詞帶有悵漠哀感的抒情筆法通透全詞，而以「悵客裡光陰虛擲」作為書寫的軸線。試想：穿春衫試喝春酒，應是喜樂之心，然而對照的是「悵客裡」幽寂孤冷的心境。因為行役異鄉，所有的美酒春衫等同虛設；何事讓人悵漠呢？原來是「光陰虛擲」。時光流逝永難追回寫著人類永恆之悲，況且虛擲呢！向死而生的既定，讓人無法將流逝的光陰捕回。春歸如飛鳥無蹤，逝去的光陰也是一去無跡，正是這種傷逝，不能回挽，深切的悲感就題寫在「虛擲」的感傷之中！

「為問家何在？」痴問花的家在何處，其實也就是問自己經年羈旅行役，家在何處，因何不歸呢？寫花被風雨摧殘，桃蹊、柳陌是落花香澤所在之地，那麼，落花至少有香澤可遺，而作客異鄉的落寞行旅，真是「一去無跡」，豈能不慨嘆人世漂泊無歸的感傷呢？寫花落離枝，猶能入塵土、入水中，而自己作客異鄉，何年回歸，不得而知。末拍勸花莫隨潮汐遠行，不寫自己，反而寫花落遠行，

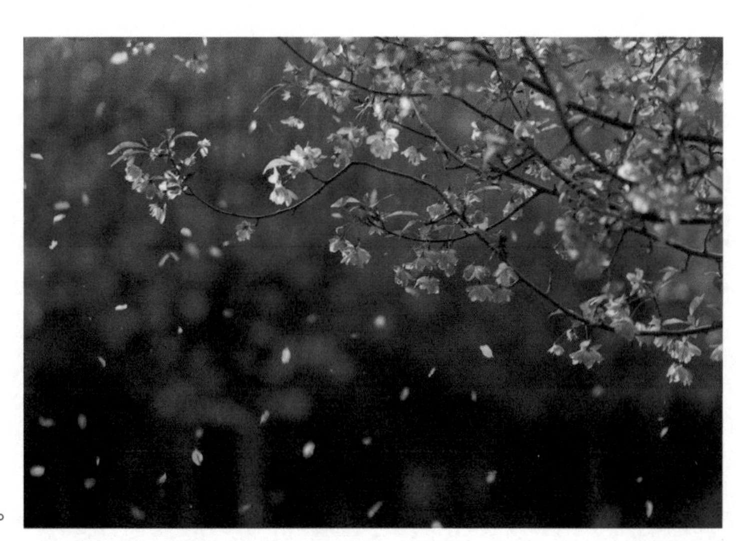

春歸如飛鳥無蹤，人生況味深蘊其中。

實則虛寫仕宦起伏不能自主的無奈。

全詞筆法一唱三嘆，將光陰不可追且自傷虛擲的永恆悲感表露無遺，人生的況味深蘊其中。

詠物之情與惜春之情

同為北宋代表詞人，豪邁的蘇軾和轉趨淡漠的周邦彥，何以在歷經黨爭後，顯現出截然不同的情懷與詞風？在北宋新舊黨爭中，蘇軾屬舊黨，周邦彥屬新黨，二人仕宦皆隨著黨爭衝突而浮沈，然而二人性情與詞風殊別。蘇軾歷經烏台詩案之後，以超越心境寫出「歸去，也無風雨也無情」的澄澈淡然，而周邦彥雖有淡漠之心，對於仕宦升沈、禍福無端，常懷憂懼，遂將政治託喻詞中，藉落花的愛情追尋，暗喻身世之感與家國之思。

蘇軾也有一首著名的詠物詞：〈水龍吟・次章質夫楊花詞〉，詞中，他刻摹楊花似花非花，雨後飄墜，遺蹤難尋；楊花點點，如離人之淚，即人即花的寫法，尤其「春色三分，二分塵土，一分流水」最得楊花神韻，後人傳頌不已，稱為「壓倒古今」。周邦彥〈六醜〉則以「牽衣待話」寫枝椏依戀不捨，以「漂流處、莫趁潮汐」寫相思無由託寄之情。二人情致不同，蘇軾藉楊花寫逐臣棄婦之情，周邦彥藉薔薇寫客居虛擲光陰之嘆，暗喻身世之感，異調而同工。

另外，雖然不是詠物詞，但同樣書寫愛春惜春的還有辛稼軒〈摸魚兒〉：「更能消、幾番風雨。匆匆春又歸去。惜春長怕花開早，何況落紅無數。春且住。

花落離枝，猶能入塵土、入水中，而自己作客異鄉，何年回歸，不得而知。

見說道、天涯芳草無歸路。怨春不語。算只有殷勤，畫簷蛛網，盡日惹飛絮。」寫的是惜春、傷春、自傷的迂迴心境。筆勢飛舞、千迴萬轉，既豪氣萬千，又婉轉細密。他藉春歸花落，「長門事，準擬佳期又誤」，寫收復失土的希望落空；用典屈原〈離騷〉，以「蛾眉曾有人妒」，寫懷才遭忌的現實無奈。故縱有千金可買相如賦，脈脈此情誰訴？報國無門，英雄也只能空老南荒。

比較稼軒和周邦彥，周邦彥藉春歸傷逝，寫客居異鄉的悵然之情，有鄉關之思；稼軒則有家國之痛、英雄失路之悲，二人雖同藉惜春愛春、惜花愛花為題，託喻情懷卻迥然有別。

肆．再做點補充：流風雅韻

攸關周邦彥的故事，最有名的是，宋帝徽宗和李師師的傳說。這個故事出自南宋張端義的《貴耳集》，內容記載宋徽宗帶著江南新進貢的橙橘到訪名妓李師師，當時周邦彥在座，無以迴避，遂躲在床下聽二人話語，並且將周邦彥〈少年游〉櫽括成此事：「并刀如水，吳鹽勝雪，纖指破新橙。錦幄初溫，獸香不斷，相對坐調笙。　低聲問：向誰行宿？城上已三更。馬滑霜濃，不如休去，直是少人行！」因為有張端義的記載，後世文人遂附會周邦彥、李師師與宋徽宗的三角戀情，成為千古流傳的韻事。

此外，民間的紅葉故事，也讓人津津樂道。攸關紅葉的典故，經文人雅士不斷演繹同構異文後，成為文學史上浪漫的一頁。

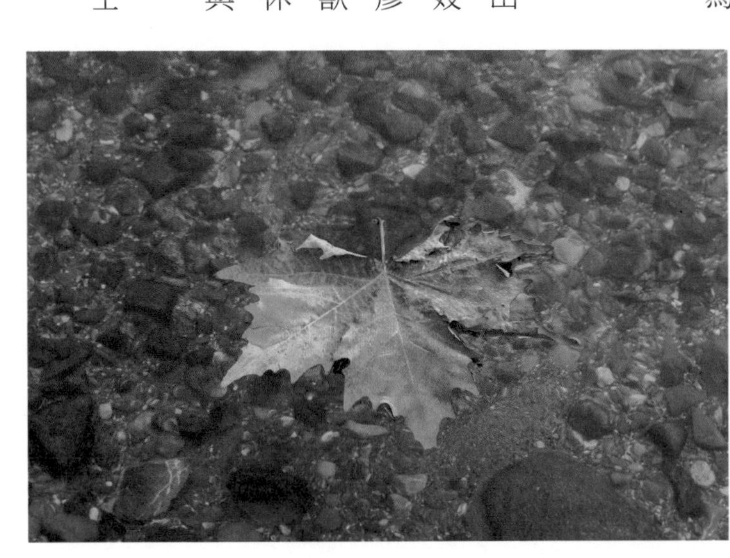
宮女幽獨寂寞，豔羨紅葉能藉由流水出宮重回人間。

唐代范攄《雲溪友議》曾記載盧渥應舉之歲，偶爾在御溝見到一片紅葉，命僕人撿來觀看，葉上有一首絕句：「水流何太急，深宮竟日閒，殷勤謝紅葉，好去到人間。」寫宮女幽獨寂寞，豔羡紅葉能藉由流水出宮重回人間。

接著衍述其事者為唐代孟棨，他在《本事詩・情感》記載顧況在洛陽時，和三位詩友出游上林苑，坐在流水上游之處，得到大梧葉，上有題詩：「一入深宮裡，年年不見春。聊題一片葉，寄與有情人。」顧況第二天再上游，亦題詩在葉上，放於波中，葉上詩寫著：「花落深宮鶯亦悲，上陽宮女斷腸時。帝城不禁東流水，葉上題詩欲寄誰？」後十餘日，有人在苑中春遊，又在水中葉上得詩，拿給顧況看，詩曰：「一葉題詩出禁城，誰人酬和獨含情？自嗟不及波中葉，蕩漾乘春取次行。」這個故事，寫顧況與宮女藉紅葉互傳款款情愫。

之後又有宋代劉斧《青瑣高議・流紅記》的衍述，記載于佑的故事。有位韓氏宮女在紅葉上題詩：「流水何太急，深宮盡日閒。殷勤謝紅葉，好去到人間。」後來皇上遣放三千宮女，韓氏宮女因韓泳得嫁給于佑，二人取紅葉相示，方知是天註定良緣。

後來，宋代王銍《侍兒小名錄》將整個做事記載為賈全的故事；宋代孫光憲《北夢瑣言》卷九及計有功《唐詩紀事》也都有記載紅葉的故事。

以上，同一個本事，異曲同工，構成不同文人流風雅韻，顯見文人感念情愛遇合，對此頗有偏愛，所書寫的詩詞容或不同，其情理則同。（林淑貞）◆

之三・摸魚兒・雁丘詞

「問世間，情為何物？直叫生死相許」
寫出這千古名句的，是一個金朝人，一個鮮卑族的後裔。
他是宋金對峙時北方文壇的盟主，
無論詩、詞、文、曲成就俱高，
獨以一個人的才情和整個南宋分庭抗禮。
他還編就了金代詩歌總集《中州集》。
臨終時，要求墓碑上必須寫上他最珍惜的身分：詩人。
他就是出生於山西的元好問，一個淵源雖然較遠，
但靈魂和我們非常接近的詩人。

壹・作者與出處

元好問（西元一一九〇～一二五七），金太原秀容（今山西忻縣）人，字裕之，號遺山。他系出鮮卑族拓跋氏的後裔，在宋金對峙時期他將漢文化傳統與北方民族文化傳統融合而一，在文學發展史上做出了重大貢獻。

元好問（西元一一九〇～一二五七），金太原秀容（今山西忻縣）人，字裕之，號遺山。他系出鮮卑族拓跋氏的後裔，在宋金對峙時期他將漢文化傳統與北方民族文化傳統融合而一，在文學發展史上做出了重大貢獻。

元好問一出生就被過繼給叔父元格，叔父和從母張氏都給了他完善的教育與關懷。十八歲成親，娶妻張氏，寫下眾多動人詩句的他，卻沒有風流韻事傳世，他一生戀愛的對象是詩詞和史學。元好問年輕時便懷抱著修身治國的理想，十六歲始赴試，二十歲起在各處遊歷，過著覓官生涯。二十一歲時，因叔父元格病逝於隴城任所，元好問扶柩回忻州故里，自此結束了游居的生活，在離祠堂幾十里外的定襄遺山讀書，因而自號「遺山山人」。金宣宗貞祐二年（一二一四），蒙古攻陷秀容城，長兄慘遭殺害，二十五歲的元好問便開始了避亂人生。他目睹戰亂四起，寫下了不少悲憤之作。金宣宗興定五年進士及第，至金哀宗正大元年，又以宏詞科登第後，授權國史院編修，官至知制誥。在往後的幾年中，元好問人生處在時仕時隱的狀態。一方面期待自己能盡一己之力改變時局，另一方面又逐漸認識到政治的黑暗，厭倦於複雜的政治鬥爭。

時代滄桑造就了元好問，亂世生存的艱難為他的創作鍍上了難以磨滅的光輝。成年之時，蒙古鐵騎所向披靡，金朝日漸衰落直至覆亡，在新舊王朝交替之時，人的出處進退格外艱難。入仕和歸隱的矛盾貫穿了元好問的前半生。從他入職國史館開始，到進京為官以後、直至金亡之際。金天興二年，蒙古軍佔領汴京。自此元好問自絕仕進，在四十九歲時回到自己的家鄉，過著隱居不仕的遺民生活，潛心著述。他以「國亡史興，己所當任」為念，決心以一己人之修一部金史，為此而付出苦心孤詣的努力。多年的奔波搜羅，積累了《金源君臣言行錄》上百萬字。其次，他亦藉「詩以存史」編成了金代詩歌總集《中州集》。裡面收錄了金朝已故或未仕於蒙古國的詩人詞客、金朝皇帝大臣以至布衣百姓的詩詞共二千多首，且為二百五十餘位作者都寫了小傳，為元朝丞相脫脫修《金史》提供了翔實的第一手資料，貢獻實在。元憲宗七年，六十八歲的元好問在臨終之時，要求後人在墓碑寫上他的身分：「詩人元好問之墓」，足見他一生引以為傲的是自己在文學上的成就。

元好問是金代文壇的盟主，被尊為「北方文雄」、「一代文宗」。他的作品有詩、詞、文、曲，其中以詩作成就最高，其詩豪壯警拔，形成「河汾詩派」，他們的詩折射出金亡前後的時代面向。元好問的「喪亂詩」傷時感事，風格沉鬱，具有反映現實的精神，奠定了他在文學史上的地位。如「華表鶴來應有語，銅盤人去亦何心。興亡誰識天公意，留著青城閱古今。」「白骨縱橫似亂麻，幾年桑梓變龍沙。

只知河朔生靈盡，破屋疏煙卻數家」，頗有杜甫遺風。除了喪亂詩，元好問的寫景詩和題畫詩也十分清新脫俗、意境深遠。其《論詩絕句三十首》以詩進行文學批評，具有極高的成就。其詞有四百餘首，為金代之冠，可與兩宋名家相媲美；其散曲作品雖不多，卻有宣導元曲之功。平生著作現有《元遺山先生全集》傳世。元好問在金代文學的成就最高，他的創作還直接關係到元代文學的發端。假若沒有元好問，北中國文學視野將是一片低矮山丘或原野，而沒有挺立的高峰，沒有標誌性的景觀，金代文壇也將塌陷過半。

清人趙翼在〈題遺山詩〉中概括元好問的一生：「身閱興亡浩劫空，兩朝文獻一衰翁。無官未害餐周粟，有史深愁失楚弓。行殿幽蘭悲夜火，故都喬木泣秋風。國家不幸詩家幸，賦到滄桑句便工。」這是對元好問一生最好的點評。生於易代之際，家國喪亂，生活上的多災多難，而成就了他可列文學殿堂，苦難反而成就了撫育成了詩人，滄桑落盡，詩家乃成，追求文學成就的元好問，傲然挺立在中國北方的沙漠之中，創造了金人文學的奇跡。

本詞作於金章宗泰和五年（一二〇五），這是發生在八百年前的一個淒婉的真實故事。元好問以此詞謳歌雙雁淒美的愛情。在追慕大雁的執著之餘，也不動聲色的流露出對歷史的感慨，人生的空幻的悲劇性體驗。

貳・選文與注釋

乙丑歲[1]赴試并州，道逢捕雁者云：「今旦獲一雁，殺之矣。其脫網者悲鳴不能去，竟自投於地而死。」予因買得之，葬之汾水之上，壘石為識[2]，號曰「雁丘」[3]。同行者多為賦詩，予亦有〈雁丘詞〉。舊所作無宮商，今改定之[4]。

問世間，情為何物，直教生死相許。天南地北雙飛客[5]，老翅幾回寒暑[6]。歡樂趣，離別苦，就中更有癡兒女[7]。君應有語[8]，渺萬里層雲[9]，千山暮雪[10]，隻影向誰去？[11]

1 乙丑歲：金章宗泰和五年為乙丑年，元好問十六歲，到并州應式。

2 識：標誌，音ㄓˋ。

3 雁丘：即雁墳。在陽曲縣西汾水旁。

4 舊所作無宮商，今改定之：因為原作不合音律，為了傳唱，進行修改。無宮商：不協音律。

5 天南地北雙飛客：想那雙雁，南飛北歸，再遙遠的路程都比翼雙飛，恩愛相依。雙飛客：大雁一生只有一個伴侶，雙宿雙飛，故稱。

6 老翅幾回寒暑：指雙飛雁長時間都在一起，同甘共苦，歷經磨難。老翅：歷時長久的翅膀。

7 「歡樂趣」三句：這裡用擬人化的手法讚美大雁，比翼雙飛時情趣歡樂，被迫分離時痛徹心扉。就中：是中、此中，在這裡面。

8 君應有語：揣摩大雁殉情前的心理活動。「君」是用以尊稱殉情的大雁。

9 渺萬里層雲：指雲海綿延無盡。渺：茫茫、渺茫。

10 千山暮雪：千座雪峰綿綿，晨風暮雪，日照景殘，形孤影單。

11 隻影向誰去：形影孤單，該飛向哪裡啊？

橫汾路，寂寞當年簫鼓，[12] 荒煙依舊平楚。[13] 招魂楚些何嗟及，[14] 山鬼暗啼風雨。[15] 天也妒，未信與，鶯兒燕子俱黃土。[16] 千秋萬古，為留待騷人，[17] 狂歌痛飲，來訪雁丘處。[18]

12 「橫汾」二句：葬雁的汾水岸邊，也是當年漢武帝巡幸遊樂之處，當時簫鼓棹歌四起，而今卻只剩下寒煙衰草。橫汾路：當年漢武帝橫渡汾水的道路，也是作者埋葬大雁的地方。汾：音ㄈㄣˊ，汾河。

13 荒煙依舊平楚：本是帝王遊幸的汾水一帶，現在已是一片荒草衰煙，平林冷漠，盡歸塵土。平楚：平林，指的是從高處遠望所呈現出的叢木樹梢齊平的視覺印象。楚，叢莽。

14 「招魂」句：我想為死去的雁兒唱招魂曲又有什麼用。招魂楚些：戰國時期屈原為客死異鄉的楚懷王所寫的《楚辭》名篇〈招魂〉。楚些：招魂歌。些：音ㄙㄨㄛˋ，楚國民間流行的招魂詞，句尾皆有「些」字，無實意。何嗟及：即「嗟何及」，哀歎又怎能怎樣呢，悲歎也無濟於事。

15 山鬼暗啼風雨：大雁的至情至真，令山神鬼怪都為之哭啼，陰風冷雨就是他們感動的表現。意出《楚辭．九歌．山鬼》篇。山鬼，指山神，此指雁魂。暗啼風雨：在陰暗的風雨中哭泣。暗啼：一作「自啼」。

16 「天也妒」三句：寫大雁的殉情將聲名遠播，惹起上天的忌妒，絕不會像普通鶯燕一樣都寂滅無聞。

17 千秋萬古，為留待騷人：這二句是強調雁丘將永遠受到後世詩人的憑弔。騷人：詩人。

18 狂歌痛飲，來訪雁丘處：留待文人騷客，來此緬懷祭奠，痛飲狂歌，以寄哀思。

參・可以這樣讀

天上大雁不知幾何?生死相續有如轉輪，〈摸魚兒・雁丘詞〉中的大雁之死，能夠幸運地不隨黃葉飄落，是因這隻大雁遇見了善感幽微的元好問，並以這首傳誦千古的詞作銘記了牠們的愛情故事。透過一對生死與共的癡情大雁，讓我們重新審視生命，重新思考愛情的本質。

雁字總關情：雁意象的文化意義與集體意識

「問世間情為何物?」當作者聽到雁丘的故事，最讓他感動不能自已的，是連一隻大雁竟然都會在愛侶死亡的時候毅然放棄生命，他不禁要問：「情為何物」?開篇陡發奇問，先聲奪人，一個「問」字破空而來，這一問以追本溯源之姿，問出了愛的本質究竟為何?「問世間情為何物?」沒有標準的固定答案，如人飲水，冷暖自知。千鈞探問，震駭人心，元好問陡然而發的千年一問，從而引發出詞人對世間所有生死不渝真情的歌頌。

中國古人在物我共感的審美體驗中，似乎沒有哪一個文學意象，像雁這樣被賦予了豐富的文化意涵，成為飽含情感的文化符號。

雁乃是禽中之冠，自古被視為五常——仁、義、禮、智、信俱全的靈性生物。就「仁」而言，在一隊雁陣當中，輕壯的大雁絕不會棄老弱病殘於不顧，此為仁心。就「義」而言，雁雌雄相配，一夫一妻從一而終，所以雁象徵了夫婦的堅貞情操。就「禮」而言，雁行井然，依長幼之序飛翔，稱作「雁序」，仰望天

雁，是中國詩詞十分重要的意象，飽含情感的文化符號。

空雁陣，或為「一」字、或為「人」字，其紀律嚴明，由老雁引領，眾雁翔飛其後，不會逾越。就「智」而言，雁最是敏銳機智，難被獵獲。在落地歇息之際，群雁中會有一雁放哨警戒，一有風吹草動，群雁就會立刻飛走。就「信」而言，大雁是南北遷徙的候鳥，秋天南翔，從不爽約，是季節變遷和時間流逝的象徵。是以古人看到大雁南飛，遠影如行書，頓時想提字幾筆，借雁抒情，或寄雁傳書。雁成為思想感情的載體，飛翔在詩人的心中。

不知所起，一往情深

不是所有的愛情都必須以殉情來做為代價。而大雁殉情的舉動也不能僅以簡單的癡情就可以解釋得了。「天南地北」從空間落筆，「幾回寒暑」從時間著墨，用時間和空間進行概括，形象化的寫出了大雁相依為命、同甘共苦的生活歷程，牠們的生命已經結合在一起，不可分割了。

「歡樂趣，別離苦，就中更有癡兒女」，大雁之間有過共同相處的美好歲月，形成了難以割捨、同生共死的一往深情。這癡情的雙雁才是至情至性的「癡兒女」。「癡」往往是非理性的。對牠們來說，「歡樂趣，離別苦」，就是生命中最真實的感受，不是可以用理性來衡量的。

作者把大雁擬人化了，「物猶如此，人何以堪？」他設身處地想著，想像大雁在殉情前內心必然經歷了一番痛苦的掙扎和強烈的矛盾，並拋出了「君應有語，渺萬里層雲，千山暮雪，隻影向誰去」的結句，揣摩大雁殉情前內心的自言自語。變數，使命運起了無法抗拒的變化，如今伴侶亡故了，此後的日子我要獨自飛越萬里層雲，獨自征服千山暮雪，沒有你的陪伴，前途如此漫長渺茫，孑然一身，還能再往哪裡飛呢？餘生沒有了你，未來還有什麼意義呢？

當餘生的價值還抵不過回憶帶來的痛苦的時候，殉情就成為一個選項。於是孤雁毅然決然的選擇了「投地而死」。不能同生，但願同死，至少能讓彼此永不分離。作者和大雁的情感，也好像融為一體，深刻地感知孤雁內心的淒楚。

千山暮雪，隻影向誰去。

人過留跡，雁過留聲：只有時間才明白愛的價值

當我們還沈浸在上闋大雁殉情的悲劇氛圍中，下闋筆鋒一轉，借描繪自然景物，展開更豐富的聯想。「橫汾路，寂寞當年簫鼓，荒煙依舊平楚。」一個「橫汾路」把我們帶到了一千多年前的漢武帝時代。這個雁丘處，曾是當年漢武帝遊幸出巡的隊伍經過的地方，當時歌吹喧天，轟轟烈烈，炫赫一時；轉瞬間煙消雲散，今天已是冷煙衰草，蕭條冷落。正如李賀〈金銅仙人辭漢歌〉所感懷，即便是雄才偉略的漢武帝，也是「茂陵劉郎秋風客，夜聞馬嘶曉無跡」了，儘管他在世時威風無比，最後，還不是像秋風中的落葉般飛落而去，留下的不過是西風殘照下的陵寢荒塚。現在人們經過的汾水岸邊時候，只記得憑弔雁丘，再沒人記得這個漢武帝了，這就形成了鮮明的對比。因為大雁觸動了人心中最柔軟的地方。詞人以帝王盛典之消逝反襯雁丘遺音蹤跡之長存，說明愛情在後人的心中具有至高無上的地位。詞作中的重情意識，或許也和詞人正當浪漫善感的年少有關。

「橫汾路，寂寞當年蕭鼓，荒煙依舊平楚。」大雁殉情這個地方，漢武帝曾經在汾水上泛舟，寫了〈秋風辭〉感歎生命無常。在「生命短暫」的話題上，漢武帝和殉情的大雁形成了對比。大雁不願獨留孤單生命，漢武帝則戀生怕死。但是，怕死也得死。漢武帝享盡了帝王的榮華富貴，最後還是死了。生前名盛，身後寂寞，他生前行樂的地方，只剩下一片荒涼。荒涼到什麼程度呢？「招魂

楚些何嗟及，山鬼暗啼風雨。」兩句借《楚辭》之典反襯了殉情大雁真情的永垂不朽。〈招魂〉是屈原悼念他的君主楚懷王之作。但不是每一個君主都像楚懷王這麼幸運。漢武帝死後就沒人給他寫〈招魂〉，生前享盡榮華，身後還是一樣寂寞。

「天也妒，未信與，鶯兒燕子俱黃土。」詞人認為像雙雁生死相許的深情，連冷漠的上蒼也會為之動容、心生嫉妒吧。「未信與，鶯兒燕子俱黃土」，他相信殉情的大雁不會像朝秦暮楚的鶯兒燕子，在黃土蓬蒿中無聲化為一抔塵土。生命的意義在其過程。當牠殉身投入時，就已經實現了生命的意義。

最後，「千秋萬古，為留待騷人，狂歌痛飲，來訪雁丘處」，寄寓了詞人的深沈思考，延伸了全詞的關懷跨度，使主題得以昇華為一個自古以來、人人皆能感之的存在思考。詞人展開想像，縱然時光流逝，歷遍千秋萬載，和自己一樣有著敏感內心的詩人墨客，將會來尋訪這雙雁埋骨之地。「狂歌痛飲」生動地寫出了人們祭奠這一對愛侶的感動之深，長歌當哭。詞人首先感動了，並通過自己的作品去感動別人。「人過留跡，雁過留聲」，人來到這世界上走一遭，總要留下一點痕跡，一點可以和天地山河同在的精神。

肆．再做點補充：愛情真的是讓我們「生死相許」的頭等大事嗎？

當年十六歲的元好問赴試途中，卻為了大雁這對愛侶的故事，埋葬、立墳並作詞。白居易〈與元九書〉說：「感人心者，莫先乎情。」張潮《幽夢影》

山西太原汾河公園，
有刻著「雁丘詞」、兩個相依偎的石頭。

也說：「才之一字，粉飾乾坤；情之一字，扶持宇宙。」藝術是感動的產物，惟情能動人感人，情在文學作品中是必不可少的因素。真情就是作者所體驗過的感情，一次次感動的蓄積成為滋養我們一生的情感源泉。

這個世界上，有的事物比生命更美好，有的比死亡更可怕。這就是孟子所說的「所欲有大於生者，所惡有大於死者」，在我們生命的經驗裡，最容易接觸到的比生命更美好的事物，譬如愛情；而那種讓人不能忍受，比死亡還可怕的，是孤獨。當伴侶離去的時候，對孤獨的難以承受，有時候會超過死亡。這就是大雁毅力投地而死的原因。

為愛殉情，可以說是癡情的延續。殉情者的愛情真摯又偏執，無疑有悲劇色彩，卻也震撼人心。如娥皇和女英、梁山伯與祝英臺、〈孔雀東南飛〉的劉蘭芝和焦仲卿……一幕幕感人肺腑的愛情故事，或悲戚、或纏綿、或遺恨，這些愛情故事中所展現的對愛情忠貞不渝，讓人思索什麼才是真正的愛情。愛情真的是讓我們「生死相許」的頭等大事嗎？我們應該因為愛上了一個人，就放棄了自己的生命，放棄全世界嗎？

魯迅曾說：「人必生活著，愛才有所附麗。」他指出了「生活」是比愛情更基本的依憑，再如何浪漫出塵的愛情終究要落實到現實的日常生活中，只有生活才是我們可以身體力行的，只有日常才是我們必須用心經營的。我們的人生並不是僅僅給某一個人觀看，而是自我觀照。人或許因愛情而生，但決不是僅僅為了愛情而活著。我們應該因為愛上一個人，而更愛上了全世界。

緣起緣滅，緣聚緣散，都是生命必經的過程。有些人有些事，最終都會成為過客，真正的目的地原來還在下一站。能否前進與到達，就在於你肯不肯繼續邁開腳步，重新出發。失去了愛情，並不代表我們要因此而失去自己的人生。失去了至愛的人，我們還是要自愛，繼續耕耘屬於自己獨一無二的生命花園。聚散無常，世間一切皆是因緣和合，我們摯愛的人終必須早一步離開我們，也只能感謝他陪自己走過美好的一程。人世間會有很多缺憾。但重要的是，要勇敢地面對自己未來的人生，讓曾經美好的經歷都變成永恆的記憶，支持我們一路前進。

如今的太原汾河公園，還有兩塊靠在一起的石頭，上面刻著「雁丘」。雁丘故事感人，〈雁丘詞〉更感人！它提醒了我們生命中最珍貴的能力正在悄然弱化，或許被習慣所掩蓋；被利益所迷離；被惰性所消磨，我們甚至缺少正常感受的能力。如果說那脫網而去的雁子也能感受別離之苦，何況是身而為人——尤其情感細膩的人呢？就像元好問，因為善於感動，所以被大雁殉情的故事感動而寫下了這首詞，不僅自己感動，也讓後代的讀者感動，而這種感動的力量是生生不息的。

學會感動吧！因為每一份感動都是生命資訊的傳遞。我們總要活在感動別人和被人感動中。成為一個容易被感動又能使別人感動的人。

（黃雅莉）◆

7 公孫龍子 節選

在百花齊放的春秋戰國時代，
主張在各種論述、討論之前先弄清楚思考的盲點、語言的本質，
以名、實之辨釐清邏輯思路的名家，可能是最為特別的。
因為他們不斷挑戰人們使用語言的慣性，
以及種種先入為主的觀念陷阱，常常語出驚人，發人深省。
可惜他們的思想始終在主流之外而曇花一現，
致後世之人無從繼承、發揚兩千年前那些精彩的反省與思辨。
在這一章節，我們挑選了兩則公孫龍子最具代表性的論證，
以現代人的思維來分析、探討他們的意義與價值。

壹．作者與出處

公孫龍（前三二〇年～前二五〇年），戰國時趙人（河北邯鄲），名家的代表人物，曾為趙平原君的門客，其「白馬非馬」論風靡一時，先秦古籍多有載及。

先秦時期從孔子、墨子起，各家就都很重視「正名」思想。在後期墨家（即「墨辯」）建立起系統方法論以後，「名／實」之辨更跨越了倫理和政治範疇的侷限（如孔子說「君君、臣臣」），逐漸發展成為對知識論和邏輯學的討論，並觸及知識的正確性、認識的來源、認識如何可能，以及論辯應該遵循的形式規則等問題，從而形成了流行一時的名辨思潮。公孫龍正是以「正其所實者，正其名也」，作為析名辨實的名家代表。然而在以儒家道德學作為主流的歷史發展中，國人對於討論知識論如名家、管理哲學如法家的長期忽略，使得名家在驚鴻一瞥的光芒萬丈後，就如曇花一現般響消聲沉、後繼無人了。

名家是戰國時期以論辯「名、實」問題為核心的一個學派。由於學說的內在精神歧異，又可以分成兩派：一是以惠施為代表的「合同異」派，主張概念只是一種相對存在或比較、不是絕對的，所以反對陷溺在虛妄的名相執著上。其說譬如：「天與地卑，山與澤平。」以今天來說，搭乘飛機從高空俯視大地，山、澤同低；從宇宙的高度來說，天、地一樣低下；更何況滄海桑田，凡現象都可能隨著時間改變，高山的湖泊有時也高於山丘（如臺灣的日月潭潭面高度七六〇公尺，陽明山海拔四四三公尺）。這就是惠施之所以認為：說同說異都存乎一心，人們亦可謂「萬物畢同，畢異。」所以反對突出概念，

「合異於同」地重視「合」的精神。另一派則是公孫龍所代表的「離堅白」派，他同樣強調理性思維的客觀性，追求知識的正確性。不過他的進路，在析名辨實的強調下，首重去偽存真。先要釐清並去除舊經驗和個人成見對於認識的干擾，以使概念和事實正確對應。在惠施的「求同」之外，他正是以精確辨析，作為對概念和認識的「存異」強調。

《漢書・藝文志》著錄有《公孫龍子》十四篇，宋時已經亡佚若干篇，後來僅存六篇，保存於明代的《道藏》中。第一篇的〈跡府〉篇，是公孫龍的弟子所輯錄，主要敘述公孫龍的生平事跡，其餘〈名實論〉、〈指物論〉、〈堅白論〉、〈白馬論〉、〈通變論〉等，一般認為是由公孫龍自著，但也有人認為是晉人根據遺留材料編纂而成，非先秦《公孫龍子》之本來面目。

本選文的「白馬非馬」論和「離堅白」說，是公孫龍最重要的思想命題和學說精華。公孫龍透過一連串的推理，「循名責實」地辨析概念和對象的內容正確對應，如此才不會造成彼此間的不知所云，或是因為籠統認知而產生的理解落差、會錯意等誤謬。不論在任何領域，舉凡政府掄才、機關用人、工商界徵才等，都要名實相符地「以名舉實」、「名以準實」，才能適才適用。更重要的是，公孫龍完整示範了兩千多年前，上古先民如何從具體事物中提煉出抽象思維、抽離出普遍性概念的過程。

在作為思想主流的生命哲學之外，名家為什麼要「辯」？辯論是一種詭辭嗎？其實，從先秦的「名／實」之辨，到魏晉突出「言／意」之辨的玄學發展，是我國在感性思維之外，攸關理性思維發展的一個歷程，非常精彩而重要。在科技日新月異的今日，在國人普遍不重視邏輯思辨的現象中，我們須知「精確」乃是科學之母，或許這也是值得我們深思和正視的一個課題。

貳・選文與注釋

〈白馬論〉節選

（問）「『白馬非馬』[1]，可乎？」

曰：「可。」

（問）曰：「何哉？」

曰：「馬者所以命形[2]也。白者所以命色[3]也。命『色、形』非命『形』也，故曰『白馬非馬』。」

（問）曰：「有白馬，不可謂無馬也。不可謂無馬者，非馬也？有白馬為有馬。白之非馬，何也？」

曰：「求『馬』，黃、黑馬皆可致。求『白馬』，黃、黑馬不可致。使白馬乃馬也，是所求一也。所求一者，

1 白馬非馬：公孫龍說「白馬非馬」，是說「白馬」的名謂和所對應的內容，不等同於「馬」的名謂和所對應的內容；但是時人多理解為公孫龍是說「白馬」不包含於「馬」類。非：相應於上述，非亦有二義，即「不包含於」和「不等同於」。

2 命形：依據形體的種類來定義其關係。命：定義關係。形：形類。

3 命色：依據顏色來要求、或定義關係。

白者不異馬也[4]。所求不異，如黃、黑馬有『可』有『不可』，何也？可與不可，其相非[5]，明。故黃、黑馬一也，而[6]可以應『有馬』，而不可以應『有白馬』，是白馬之非馬，審[7]矣！」

（問）曰：「以馬之有色為非馬，天下非有無色之馬也。天下無馬，可乎？」

曰：「馬固有色，故有白馬。使馬無色，有馬如已耳，安取白馬？故『白』者非『馬』也。『白馬』者，『馬與白』也、『白與馬』也，故曰：『白馬非馬』也。」

4 使白馬乃馬也……白者不異馬：假使「白馬」的名謂和所對應的實體等同於「馬」，那麼「白馬」就和其他的馬沒有差別了。

5 相非：是不同的判斷結果。

6 而：乃。

7 審：非常明確。

〈堅白論〉節選

（問）「堅、白、石，三，[8]可乎？」

曰：「不可。」

（問）曰：「二，可乎？」

曰：「可。」

（問）曰：「何哉？」

曰：「無堅得白，[9]其舉也二；[10]無白得堅，[11]其舉也二。」

（問）曰：「得其所白，不可謂無白；[12]得其所堅，不可謂無堅。[13]而之石也之於然也，非三也？[14]」

曰：「視不得其所堅而得其所白者，無堅也；拊[15]不得其所白而得其所堅者，無白也。」

8 堅、白、石，三，可乎：堅硬、白色、石頭三種屬性，可以同時被認知嗎？

9 無堅得白：即下文孫龍回答的「視不得其所堅而得其所白者」，是說用眼睛看，並不知道它是否堅硬，只知道它是白色。

10 其舉也二：其所對應的內容，是白色和石頭兩種屬性。舉：以名舉實，也就是名謂所對應的實體。

11 無白得堅：即下文孫龍回答的「拊不得其所白而得其所堅者」，是說用手觸摸，並不知道它是否白色，只知道它的堅硬。

12 得其所白，不可謂無白：後來用眼睛看，知道石頭是白色的，則雖然起初用手觸摸並不知道石頭是否白色，但仍不能說白色不存在。

13 得其所堅，不可謂無堅：後來用手觸摸，知道石頭是堅硬的，則雖然起初用眼睛看，並不知道石頭是否堅硬，但仍不能說堅硬不存在。

14 之石也之於然也，非三也：以前述的白色、堅硬加上石頭，難道不是三種屬性？之於然也：指前述白色和堅硬兩種屬性。

15 拊：以手觸摸。音：ㄈㄨˇ。

參．可以這樣讀

「名、實之辨」的重要性與運用

當處在一個口說和事實經常言行不符的時代，譬如聲稱愛百姓卻將百姓驅赴戰場、說要保護人民財產卻把良田當作戰場的先秦，老子拋出了「見素抱樸」、「少私寡欲」的心靈改革議題；墨子和孟子以立場清晰的「反戰」思想向時代諫言；公孫龍子則從認識論的形上學角度，建構出「名」、「實」必須對應的系統理論，針砭世人往往不自覺的「言、行不一」或「名、實不合」陷溺。即在今日，我們也不妨試想：當有人說要請你去一家「很好吃」的餐廳吃飯、或是要介紹一位「很漂亮」（「很英俊」）的人給你認識，或者宣稱某人「學問很好」、「能力卓越」、「文靜內向」……，但是後來被證明的事實並非如此，相信我們都會由於期望值和事實間的落差而失望。至於為什麼會出現「名不符實」的情形？因為人們對於一些約定俗成的概念即「名」，往往已經具備既有的認知與期待，而當有人襲用其「名」卻賦予與此不符的內容時，自然會感到失望並認定為偽。所以辨析「名／實」，就是對於概念與事實的關係討論，是一種涉及知識論範疇，攸關知識真偽（言說系統真偽）的析論。

在我國長期的學術發展中，名家就是先秦時代以「名、實之辨」作為主要訴求的流派。辨析「名／實」最重要的目的，就是要使「名」、「實」相符。而「綜核名實」、「循名責實」，又是密切相關於政治、社會、學術、工商各界，是攸關任何機關選拔人才、設官分職，甚至學位授予之「選賢與能」考核。生活中林林總總的各個面向，想要避免名不準實、劣幣逐良幣，想要使人才能夠適才適任，「名／實」之辨都是至關重要的辨析與考察。愈是在競爭激烈的時代，名實相符的需求也愈見迫切。

諸子中，名家作為強調「析名辨實」的流派，除了闡明「名不準實」不足以成事，更是亂之所起的「實用性」目的外，還要從形上學角度，建構起為什麼會有「以名亂實」事象發生的理論依據。公孫龍在〈指物論〉說「物莫非『指』(名謂)，而『指』非『指』(所指)。」他說萬物都透過「名謂」之「指」而被認識；但是「名謂」是虛的，不是「所指」之「實」。以下我們假設一個「吃霸王飯」的小故事，期使讀者在莞爾之餘，能有助於理解名言概念與實體的不同：

一個狡詐的客人進飯館先點了一碗要價一百元的牛肉麵。坐下，他隨即說：「排骨麵也是一百元，那我不要牛肉麵了，可以改換排骨麵嗎？」老闆給他方便，就換成排骨麵了。吃完麵，他沒付錢就走了。夥計攔下他，請他付排骨麵的錢。客人反問：「我為什麼要付錢？我是用牛肉麵換的啊！」夥計於是說：「那就付牛肉麵的錢。」客人又說：「我已經把牛肉麵還給你們了。我沒吃牛肉麵，為什麼卻要付牛肉麵的錢？」

乍聞客人之言，似是而非。「牛肉麵」在上述故事中只是虛空的「名」謂，不是真實的存在，即並無其「實」。以牛肉麵之「名」換排骨麵之「實」，正是「以名亂實」。因為「名」不等於「實」，「天下之所『無』」的「名」，不等於「天下之所『有』」的「實」（物自身）。這可以給我們一個警惕：不要以為有了「名」就是有了「實」。社會中太多沽名釣譽的人，混淆名實地以為虛名可以取代事實，造成太多名不符實、外行指導內行的現象，諸多亂象正是由此而生。所以「以名亂實」是名家深具睿智洞見的社會觀察。他們指出屬於名言符號、概念的「名」，和實際內容的「實」，兩者不同。先秦道家的老子、莊子，也同樣在向我們闡明這個道理，希望能破除我們對虛妄名言的執著，不要陷溺在外在的名相。

接著，落實到我國實際的歷史軌跡，我們發現兩千多年的思想發展，普遍都以「生命哲學」作為主流，並聚焦在「如何安身立命」的學說理論中。尤其自從漢武帝罷黜百家、獨尊儒術，並以《五經》博士作為入仕階徑、徵辟薦舉的標準，到隋唐以至於宋明清的科舉考試，儒家道德學都是兩千年學術發展的重中之重和思想典範。這種一枝獨秀的發展，造成了我國長時期存在管理學糾纏於道德學、知識論附庸在生命哲學下的偏頗發展。這也是舊時代中「德性／才性」領域混淆的問題，傳統舊社會經常「泛道德論」地強調「仁心生仁政」。所以當進行選才任官的徵辟、薦舉時，主政者往往問的是德高望重否？孝廉、賢良方正否？致有「終南捷徑」之譏——隱居在終南山，反而是贏取高名、獲得徵辟的從政捷徑。

因此堪稱我國最早重視「循名責實」的執政者曹操，他曾高度突出「才性」地推倒道德框架的束縛。在〈求賢令〉中，他諭令推舉「不仁不孝，而有治國

在我國長期的學術發展中，名家就是先秦時代以「名、實之辨」作為主要訴求的流派。

用兵之術者」，正是要把「才性」從「德性」的附庸地位中解放出來。故史書說：「魏武重刑名。」亂世梟雄，他需要的是能夠幫他打天下的英雄之「實」，不是溫文儒雅的有德之「名」。

進言之，一個蓬勃繁榮、強盛壯大的國家，需要的是：社會各界齊頭並進、百花齊放。當社會型態定於一尊，世人都認為「萬般皆下品，唯有讀書高」時，只會帶來集體的弱化；尤其在「建制庇蔭」對科舉制度的強化，以及「士、仕合一」的學術、科舉結合下，更難於擺脫「一朝成名天下知」的利誘，終於漸漸走向道德異化、理想淪喪之路上去。須知我國古代文明之所以能夠光耀天下，思想如此早慧，正在於先秦諸子的百家爭鳴，言論並未定於一尊。然而世人對於名家的忽視或批判，多半落在那是不切生命的「無謂之論」，質疑名家只是「詭辯」而已。從先秦到漢武、再到歷朝歷代，兩千多年中不同家派的人們，大多認為圍繞著知識、概念作辨析的名家，對於社會和個人是一種「無用」之論，而未能認識名家如此早熟的思想方法論基礎，其實在整個人類文明史上，具有令人驚豔的高度成就。

公孫龍說，連孔子也為「白馬非馬」論背書

「白馬非馬」論是戰國時期著名的論題，孔子是春秋時代的人物，孔子怎麼會為公孫龍的「白馬非馬」論背書呢？

戰國間，雖然各家普遍認為公孫龍「詭辯」，但卻很難在和他的辯論中占上風，公孫龍重視名實相符，強調概念之「名」和「對境」之「實」必須切合，他本身也往往以精確的概念分析，使得對方無懈可擊。《公孫龍子》的〈跡府篇〉記載了孔子後裔的孔穿和公孫龍會於趙平原君家，孔穿希望公孫龍去其「以白馬為非馬」之說，然後願為弟子。但是在經過一番你來我往的論辯後，孔穿仍然無法屈服對方，而公孫龍正是巧妙藉由「楚王喪弓」的故事，為自己取得「孔子」背書的有利說辭，也讓我們見識到了他的智慧光芒與辯才無礙。

「楚王喪弓」的故事，在《公孫龍子》和《孔子家語》都有記載。故事說：楚王帶著「繁弱」之弓和「忘歸」之矢去雲夢澤打獵，卻在狩獵中遺失了這把名弓，於是左右之人急著找尋。這時楚王說：「楚人遺弓，楚人得之，又何求乎？」他慷慨地說這把弓終究會被楚人尋獲（「楚弓楚得」典故），就不必找了罷！孔子知道後說：楚王如果說「人亡之，人得之」，豈不更好！又何必一定要楚人得到？

公孫龍透過上述故事，說明孔子也是從概念和對境的「名／實」對應關係，區別「楚人」和「人」的名言概念不同，內涵也就隨之不同。既然孔子所論，和公孫龍區別「白馬」與「馬」，同樣都是著眼於名、實之間能否周徧論述？而人們普遍認同孔子說的，「人」的範疇大於「楚人」、「楚人」之名對「人」並不周徧，那麼，如出一轍的，「馬」的範疇大於「白馬」、「白馬」對「馬」並不周徧，又有何不可？

唯「名」之不亂，為能「實」亦不亂。要先有正確的概念（名），才能正確

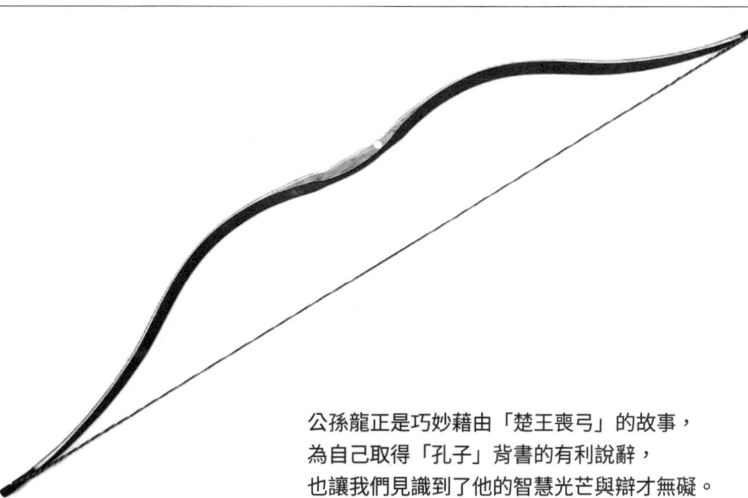

公孫龍正是巧妙藉由「楚王喪弓」的故事，
為自己取得「孔子」背書的有利說辭，
也讓我們見識到了他的智慧光芒與辯才無礙。

地認識概念的實際內涵（實）。善辯的公孫龍，援引孔子以為自己背書，有效地證明了：「『白馬非馬』，乃仲尼之所取。」

「白馬」到底是不是「馬」？

「白馬」到底是不是「馬」？從馬的屬性、種類言，「白馬」當然是「馬」類，這是一般常識，所以時人對於公孫龍的「白馬非馬」論很不以為然。但其實公孫龍乃就「白馬」的概念，談它應有的對應內容，是聚焦在「名」、「實」的正確關係上，並不是在談馬的分類問題。他強調的是，單說「馬」的概念，和被加上「白色」特稱的「白馬」概念不同。因此，當辯者以「有白馬，不可謂無馬」駁斥他時，他們並沒有對焦。

一般對於「是」和「非」的判斷與解釋，主要有以下二義：一、從「包含於」的隸屬關係來說；二、從「等同於」的意思來理解。有沒有「馬」？是不是「馬」？都是從前者「包含於」的隸屬關係，說「白馬」屬於馬的類別（公孫龍稱為「命形」，依據形類來定義其關係）。但是公孫龍的「白馬非馬」論，卻著眼於後者，從名實的「等同於」或「不等同於」來定義。因為「白馬」在「馬」類（「命形」）之外，還必須偏指「白色」（「命色」）而言。所以當有黃、黑馬時，只能應以「有『馬』」，而不能應以「有『白馬』」。很顯然的，說「白馬」，

◀黃馬、黑馬皆是馬，但黃、黑馬不是白馬。所以當有黃、黑馬時，只能答以「有『馬』」，而不能答以「有『白馬』」。

就不能以其他顏色的馬作為對境之「實」。所謂「白馬非馬」，「非」字不能解釋為「不屬於」或「不包含於」，公孫龍不是針對「白馬」和「馬」的從屬關係作判斷，也不是否定「白馬」屬於馬類的事實。「白馬」和「馬」這兩個概念，就如同數學中的代數符號，當A≠B時，A、B兩個不同的代號就會對應到不同的實體，兩者不能混同視之。

「白馬非馬」論，涉及對一般或個別稱謂，即「全稱／特稱」關係的辨證，是說不同層次的「名」，因為所涵蓋的範圍不同，就好像「共名」和「別名」（私名）、「大類名」和「小類名」，是不能混為一談的。其次，「白馬」是「複名」，它是由「色名」加「形名」兩個條件構成，涵蓋了「馬和白」兩個概念，所以不能偏去「色名」而單指「形名」，不能簡稱為「馬」。他的論述和《荀子．正名》區別「單名」、「複名」，也有同工之妙。荀子也說：「單足以喻則單，單不足以喻則兼。」如果「單名」能夠完整定義的，就用「單名」；「單名」不能完整定義的，就用「複名」。此外，也和《墨經》用「達、類、私」的名謂來區別範疇相呼應。《墨經》也強調「以名舉實」，並用「普遍／特殊／個別」名謂，清楚釐析其所「舉實」的範圍大小。所謂「達名」，是指共同的名謂即「通名」，是最普遍的概念，譬如「物」，是一切客觀存在的共有名謂；「類名」是次一級的相同物類稱謂，譬如馬類；「私名」則指某一特定事物單獨擁有的專稱。對境之「實」的範疇，正是由「名」所決定的。

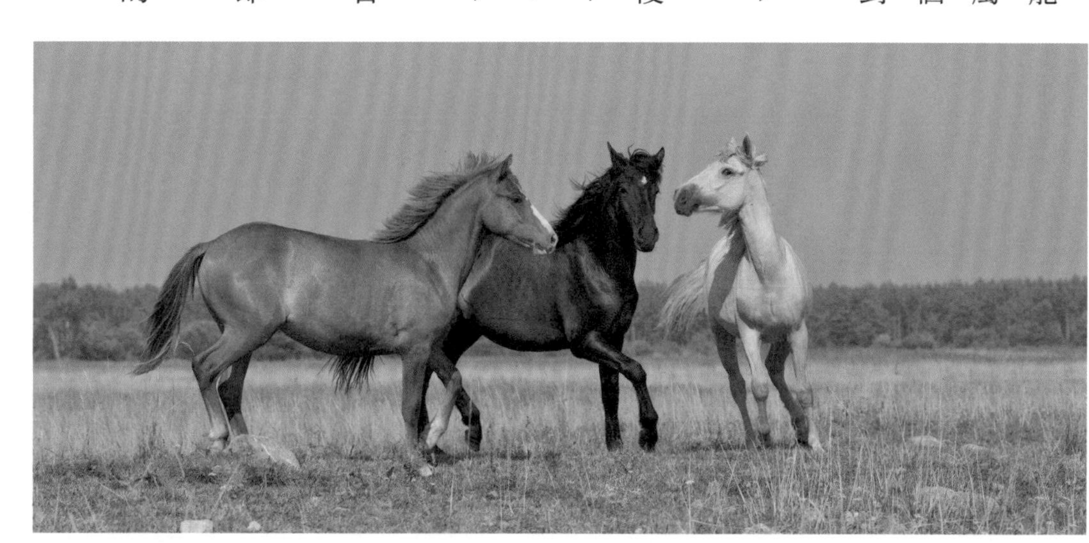

我很「有用」，我不是「詭辯」

「辯」一定是「詭」辯嗎?它真如國人成見中認為的文字遊戲、口頭爭鋒嗎?名家為什麼要「辯」?早在兩千多年前的戰國時期，名家就已經涉及對認識論的邏輯討論了。名家一些看似弔詭的辯論，其實是為了闡明「名、實」相對應之理。胡適曾經用「差不多先生」，批判國人的不求甚解。國人長期浸淫在儒家道德學的氛圍中，往往不自覺地落入「泛道德論」陷阱，對於以知識作為對象、討論知識正確性的名家，動輒譏以不切實際、無益人心。即連和名家惠施相善的莊子，也說公孫龍「能勝人之口，不能服人之心。」陰陽家鄒衍，更說公孫龍的說法「害大道」。或許這也可以解釋，為什麼我國雖有領先世界的四大發明，卻未能在現代化的科技競賽中勝出的原因。對精確性的要求與堅持，實乃發展科學的底層建築。

以下我們再假設一個虛擬的現代化情節，看看我們是否能夠跳脫舊經驗的思想框架，能否站在同一思維情境，「同其情」地理解名家思想：

> 假設在一宗搶案中，你正巧看見歹徒離去的背影，你是現場的目擊證人，看見一個留著長髮、穿著花裙、足蹬高跟鞋的纖瘦背影，從視線消失。於是你向警方作證，證明看見了一位長髮、花裙、高跟鞋的女性搶嫌——這樣的說法正確嗎？

對此，公孫龍會告訴我們：以舊經驗、慣性認知或「成見」摻入事實，其所得到的結論，極有可能是誤謬的。以下先說明公孫龍「離堅白」的代表性思想，然後再回到該搶案現場，檢視證詞之正確性。

公孫龍最重要的理論是「離堅白」，而不是人所熟知的「白馬非馬」論。他建構了關於正確知識或精確言說，不能先入為主地摻入舊經驗、或融入刻板成見的理論。他的辯證過程，則通過示範如何從具體事物中提煉出抽象思維和普遍性概念來完成。這一提煉理論的過程，成為我國兩千多年前堪稱最深奧的早慧成果之一。

公孫龍先從一般人往往把「堅白石」中的堅硬、白色和石頭等概念，看作一個不可分割的整體開始；再進一步說明其實「堅」與「白」這兩種屬性不必然連繫，應該分別看待。而「堅」與「白」既然可以獨立、可以被抽離，則它們就都可以作為一種「抽象性」概念，不必然依附在具體事物上，同時它們也都可以成為事物共同的屬性（共性），即「普遍性」概念。公孫龍的「離堅白」說在我國哲學史的發展上，具有劃時代的意義，惜乎其難矣！致使其光芒幾乎在歷史上長掩。

公孫龍說：一個白色的石頭，當我們用眼睛看時，只知道這個石頭的顏色是白色，並不知道它是否堅硬：「視不得其所堅，而得其所白者，無堅也。」同理，一個堅硬的石頭，我們用手觸摸時，只知道它是「堅」石，而不知道它是否為「白」色：「拊不得其所白，而得其所堅者，無白也。」當我們用感官知覺進行判斷時，在正確認知下的說法，應該是：我看見一個「白石」或我摸到一個「堅石」，而不能籠統地說我看見或摸到一個「堅白石」。因為「看」

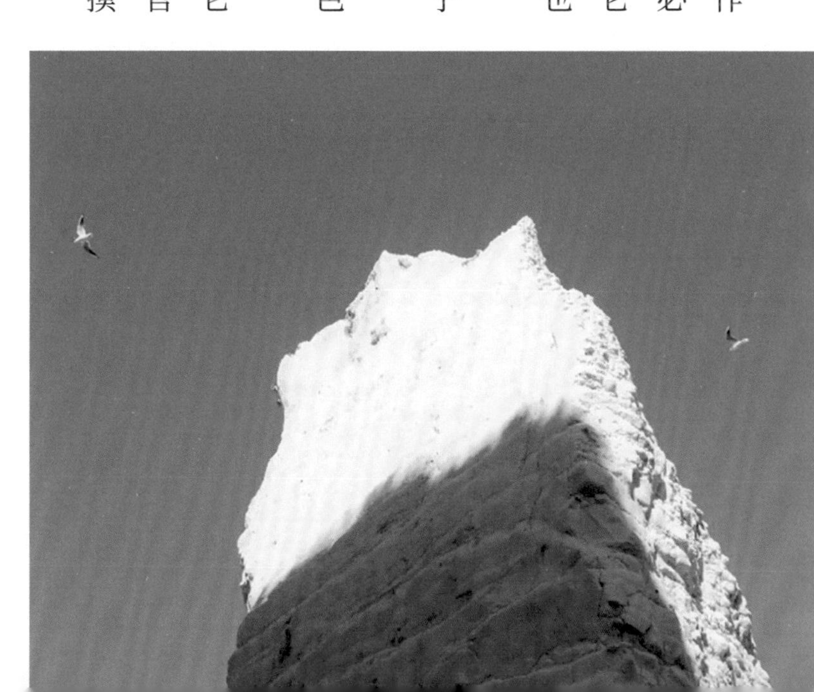

「堅」與「白」這兩種屬性不必然連繫，應該分別看待。

和「堅」不相容、「摸」和「白」不相容。從視覺來說，我們只知道它是「白」加「石」兩種屬性，「其舉也二」，只能涵蓋兩個概念；從觸覺來說，「堅石」也同樣地「其舉也二」，只知道它是「堅」加「石」的屬性。至此，「堅」與「白」為什麼要「離」？道理已經至為顯然了，因為「堅」和「白」是分別由「不相容」的視覺、觸覺認識和判斷的。

辯者進問：儘管眼睛確實看不出來石頭是否堅硬（也有可能是戲劇道具用的保麗龍石頭），但是如果我既看了也摸了，而得知它是堅硬的白色石頭，為什麼我還是不能說「堅白石」？因為視覺與觸覺是不同的感官，對「堅」和「白」的認識也不是同時間發生，兩種不同的覺知並不能相融，不能籠統地混為一談。這是從判斷主體（即我）的主觀性，來檢驗認識與言說的正確與否。

又問：那麼，當從客體的客觀存在角度，對「堅白石」名謂下的堅、白兩種屬性，檢驗其能同時存在否呢？也就是說，即便我用看的，不知其堅否？用摸的，不知其白否？如果它確實是一個堅硬的白石，那麼它並不會因為我的「知或不知」，而改變它自身的這些屬性。所以它的堅和白都將自存，始終會同時具現在這個石頭上，「得其所白，不可謂無白；得其所堅，不可謂無堅。」因此就算我是後知後覺才知道它的白與堅，我們仍不能說它「無白」或「無堅」，它的確就是「堅白石」啊！

於此，則公孫龍提出了我國哲學中，堪稱最早且最深奧的「離」——「自藏」的觀念來說明。「離也者，藏也」，當兩個屬性概念在同一時間點上，我們的

◀「堅」和「白」是分別由「不相容」的視覺、觸覺認識和判斷的。

感官卻有「知與不知」、「見與不見」時，表示這些屬性彼此「相外」，是「不相盈」（不能統合）的關係。這時候，其屬性雖然還是存在，但是我們會僅見其「一」而不見另「一」。因為彼此「相外」的屬性必須由不同的感官分別對應，才能被覺知。因此所謂「不見」，就是指「屬性雖在卻自藏」，公孫龍把這樣的狀態稱為「離」。例如「堅」和「白」就是彼此不能統合的「相外」關係，因此它們可以各自獨立，不必然連繫，堅者未必白，白者亦未必堅。所以「自藏」就是無法被不相應的感官覺知而「不見」，並不是說它消失了。

再進一步說，既然屬性可以存在卻自藏，那麼，就不只是堅、白不必然連繫而已，堅、白也可以不必然和「石」結合，白可以無石而自白，堅也可以無石而自堅。推而廣之，堅、白既然都可以自存而不必依賴任何事物，則凡一切屬性也都可以離物而自存——這就是抽象性思維被提煉出來了。也就是凡所有屬性都可以不被限定在特定事物上，可以「不定」對象地「兼」該眾物，展現在一切相容的事物上，所以說「物白焉不定其所白，物堅焉不定其所堅。『不定』者『兼』，惡乎其石也？」以「白」為例，除了「白石」之外，它也可以「不定其所白」地作為白雲、白玉、白花、白紙、白球、白板……的屬性；同樣地，物之堅，也可以「不定其所堅」，「堅石」之外，譬如堅果亦是。於是乎，屬性就可以成為一種兼該眾物的共性，成為一種普遍性的概念了。我國早在兩千多年前，就能夠如此明確地提煉出抽象性思維、普遍性概念，其意義非常重大，充分呈現了先秦諸子的高度智慧。

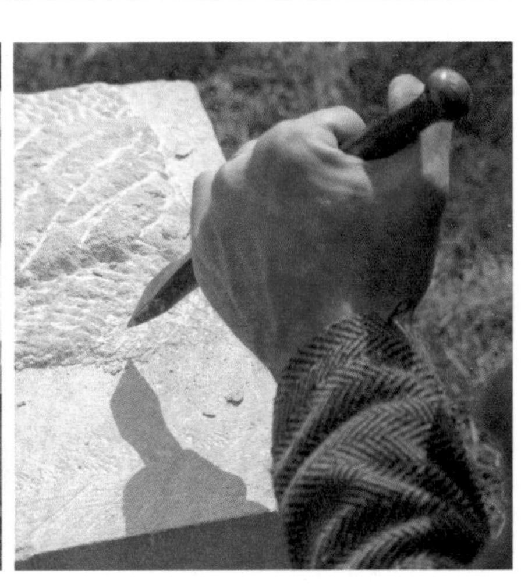

現在，我們就可以回到前述的搶案現場了。運用公孫龍的「離堅白」說，我們知道當我們看見搶嫌背影的長髮、花裙、高跟鞋時，其實並不能真實地判定是否女性？那只是摻入了舊經驗的一種「成見」，是依據刻板印象的女性裝扮所做的判斷。實際上，這些裝扮（概念）都是可以「離」的，都是「不定」事物對象，可以「兼」該眾物的。也許這個嫌犯在卸去裝扮以後，另以男性真實身分回到現場，正聆聽著證人述說搶嫌是女性的說詞。所以如果我們太過主觀地執著於經驗成見，很有可能會陷溺於誤謬而不自知。

肆．再做點補充：墨辯也有「殺盜非殺人」的命題

眾知先秦名家在我國思想發展史上，曾經短暫呈現了邏輯思辨的智慧光芒；但對於後期墨家所創造的璀璨光輝，則人多不知。事實上，墨家繼春秋時就已經很講究邏輯的墨子，和他具有鮮明經驗色彩的「三表」法——「有本之者，有原之者，有用之者」＊，主張對理論的真偽要進行綜合考察後，後期的墨家也以「墨辯」建立起我國最早的系統論理學。「辯」是邏輯的意思，西方邏輯學初傳入我國時，也有稱為「辯學」的。

「墨辯」同樣重視名、實的對應關係，除前論曾透過「達、類、私」的名謂，區別普遍、特殊、個別等不同層次的範疇大小外，他們也有一些很具趣味性和思辨性的論題，譬如通過辨「名」，所提出的「殺盜非殺人」一類命題。他們也通過對「名」的「周徧法則」運用，以大類名、小類名所涵蓋的範圍不同，

＊「本之者」是言有所本的間接經驗，譬如依據古聖王所傳述；「原之者」是「原察耳目之實」，依據自身耳目直接經驗的考察；「用之者」是考察能否具備「中（ㄓㄨㄥˋ）國家百姓人民之利」的社會效應、普遍性原則。

墨子是中國歷史上著名的思想家與科學家。

進行關於名、實的論辯。

《墨經》說：「殺盜非殺人。」可是「盜」也是「人」，「殺盜」當然就是「殺人」啊！這是一般的世論，所以墨家所論，也與公孫龍說「白馬」雖然是「馬」類，但是「白馬」的名謂絕不同於「馬」的名謂，彼此合轍。《墨經》是這樣辯證的：

> 車，木也；乘車，非乘木也。船，木也；入船，非入木也。盜，人也；多盜，非多人也，無盜，非無人也。奚以明之？惡多盜，非惡多人也，欲無盜，非欲無人也。

車船雖然是木類所建造，但是木類也可以造為木屋、門窗、桌椅……其他器物，所以木類的範疇大於車船，車船對木類而言並不周偏。既然車船無法涵蓋木類，那麼便不能把乘車說成「乘木」、入船說成「入木」，這是很顯然的道理。《墨經》先說完了一般人比較容易理解和接受的說法以後，接著，再進到同理可證的，「盜」是人的一部分，同屬於人類；但是人是「大類名」，盜是「小類名」，人固然包含盜，盜卻不是人的全部，也即人除了盜以外，還包涵了其他非盜之人，盜對於人而言，不具周偏性，不能作為範疇較大的人的統稱、或通名。在這裏，我們可以得出結論：凡所有指「盜」而為言的說法，統統都不能以範疇較大的「人」代替，所以又可以推出「不愛盜，非不愛人也。」順此，則「殺盜，非殺人」的命題，也就水到渠成地被證立了。（張麗珠）◆

車船無法涵蓋木類，所以不能把乘車說成「乘木」、入船說成「入木」。

8 暴風雨（*The Tempest*）・第五場

英國最偉大的作家莎士比亞幾乎等於西方文學的代名詞。他的戲劇作品豐富、多樣，而且最重要的，總能精準刻劃出人類生存種種情境與人性複雜的本相，其中許多故事都有深刻的意涵或象徵，成為西方文學傳統最為豐盛的經典。隨著英國的強盛與英語族群的擴散，莎士比亞的作品更被後世各國的藝術家一再改編、詮釋、演繹、延伸。在這一章，我們特別邀請台灣莎士比亞權威學者彭鏡禧教授，為我們導讀《暴風雨》的選文。

壹・作者與出處

莎士比亞（William Shakespeare，一五六四～一六一六）公認是英國最偉大的劇作家兼詩人。他出生於雅文河畔的司特拉福鎮（Stratford-upon-Avon）。根據他四月二十六日在教堂受洗的資料，後人推算他大約是四月二十三日出生。他逝世那一天恰好也是四月二十三日，得年五十二歲。從一五九〇年間到一六一一年退休為止，共創作了劇本三十八部（若再加上近年某些學者認為莎翁還參與寫作的《愛德華三世》

Edward III 和佚失的《卡丹紐》*Cardenio*，則有四十部），平均每年兩齣戲，另著有十四行詩一百五十四首、敘事長詩兩首（分別是一一九四行和一八五五行），以及其他一些較短的詩，創作量十分豐富。

莎士比亞沒有顯赫的家世或學歷。父親出身佃農，後來從事手套、皮件產銷，頗為成功，曾經當過鎮議員，也一度擔任相當於鎮長的公職；他娶了原先自己地主的女兒。司特拉福鎮有一所「英王愛德華六世文法學校」（King Edward VI Grammar School），雖然查無莎士比亞的入學註冊記錄，但以他父親的社會地位，他可以免費就讀，因此後人合理假設他在此受過教育。每週六天，文法學校裡從早到晚只教拉丁文——當時權貴使用的語言。學生必須練習翻譯拉丁文，也讀一些拉丁文古典作品。十三歲那年，莎士比亞父親因放高利貸，違犯了教會規定，而身敗名裂，他的正規教育想必也到此告終。十八歲那年，他和長他八歲的安．哈瑟維（Ann Hathaway）成婚。

以他這樣普通的家庭及教育背景，竟能寫出如此豐贍多姿的作品，並且內容無所不包，涵蓋法律醫學、天文地理、宮廷鬥爭，乃至異國風光，除了文法學校給他打的底子，大概只能歸功於天才吧！也因此至今還有少數人懷疑真正的作者另有其人，但為了某種緣故，讓莎士比亞掛名而已。這個恐怕永遠無法解開的疑團，就留給文學偵探去煩惱，無礙我們對莎士比亞作品的欣賞。

莎士比亞在世的時候就享有盛名；隨著英國版圖擴展與隨之而來英語的迅速傳播，他對世界各地文壇和劇場的影響可謂既深且遠。其中又以戲劇最受矚目。他的劇作不僅故事精彩、劇情跌宕、人物生動，他駕馭文字的能力在英語世界更可謂前無古人後無來者。最重要的是，他對人性的透徹了解與多元視角的呈現。他在名作《哈姆雷》（*Hamlet*，俗譯為《哈姆雷特》）中，透過主角哈姆雷王子說：「演戲的目的，從古到今，一直都好比是舉起鏡子反應自然：顯示出美德的真貌，卑賤的原形，讓當代的人看到自己的百態。」的確，莎士比亞的劇作揭露了人性的善惡與真偽、表達了人類的希望與恐懼、展現了人間的愛恨情仇——總之，映照了人心的最深處。十七世紀重要英國詩人劇作家約翰・德來敦（John Dryden，一六三一～一七〇〇）誇他有「最宏大最寬廣的靈魂」（"the largest and most comprehensive soul"），勝過古往今來眾詩人。與他同時代、本身也是著名詩人劇作家的班・江森（Ben Jonson，一五七二～一六三七）更準確地預言莎士比亞「不屬一個時代，而將流芳千古」（"not of an age, but for all times"）。台灣大學莎劇學者彭鏡禧也說：「四個世紀以來，莎士比亞戲劇作品的舞臺演出以及學者專家所做的詮釋註疏，見證了各個時代的文學品味和劇場風尚；每一種理論、每一個學派，無論是滾滾長江或涓涓細流，都各自挾帶著或多或少或大或小的洞見與偏見，同奔莎士比亞研究的浩瀚大海。」

莎士比亞過世後七年，也就是一六二三年，朋友為他出版了《莎士比亞先生的喜劇、歷史劇、以及悲劇》（*Mr. William Shakespeare's Comedies, Histories, & Tragedies*），是為第一本莎士比亞戲劇全集，後人稱之為「第一對開本」（First Folio），收錄劇本共三十六部。今人又將他的晚期作品四至五部另行歸類，名為「傳奇劇」（Romances），其特色為故事時間長，情節的發展出人意表；又因這些劇作通常以悲劇開始、以喜劇結束，所以也稱為「悲喜劇」（tragicomedy）。本篇所選的《暴風雨》（*The Tempest*）便是這樣一齣傳奇悲喜劇。

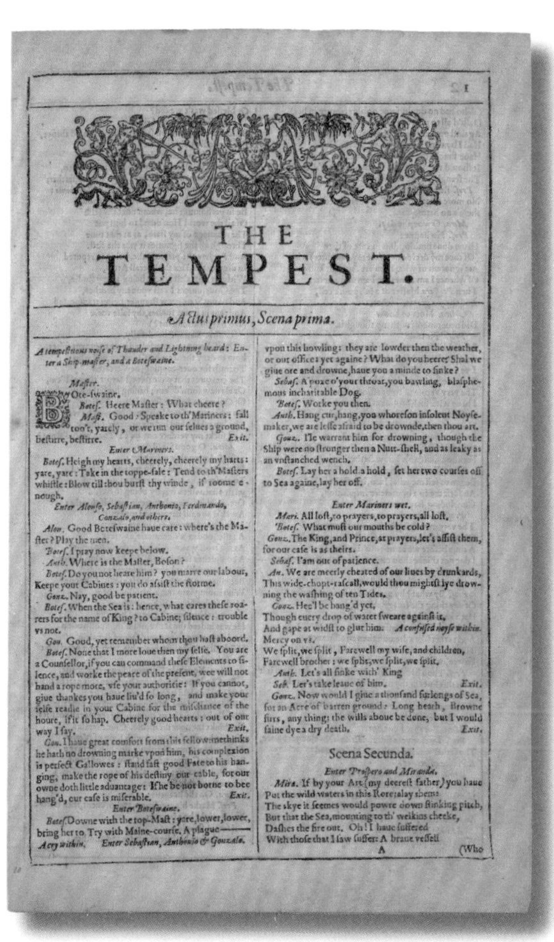

12

THE TEMPEST.

Actus primus, Scena prima.

A tempestuous noise of Thunder and Lightning heard: Enter a Ship-master, and a Boteswaine.

Master.
Bote-swaine.

Botes. Heere Master: What cheere?

Mast. Good: Speake to th'Mariners: fall too't, yarely, or we run our selues a ground, bestirre, bestirre. *Exit.*

Enter Mariners.

Botes. Heigh my hearts, cheerely, cheerely my harts: yare, yare: Take in the toppe-sale: Tend to th'Masters whistle: Blow till thou burst thy winde, if roome enough.

Enter Alonso, Sebastian, Anthonio, Ferdinando, Gonzalo, and others.

Alon. Good Boteswaine haue care: where's the Master? Play the men.

Botes. I pray now keepe below.

Anth. Where is the Master, Boson?

Botes. Do you not heare him? you marre our labour, Keepe your Cabines: you do assist the storme.

Gonz. Nay, good be patient.

Botes. When the Sea is: hence, what cares these roarers for the name of King? to Cabine; silence: trouble vs not.

Gon. Good, yet remember whom thou hast aboord.

Botes. None that I more loue then my selfe. You are a Counsellor, if you can command these Elements to silence, and worke the peace of the present, wee will not hand a rope more, vse your authoritie: If you cannot, giue thankes you haue liu'd so long, and make your selfe readie in your Cabine for the mischance of the houre, if it so hap. Cheerely good hearts: out of our way I say. *Exit.*

Gon. I haue great comfort from this fellow: methinks he hath no drowning marke vpon him, his complexion is perfect Gallowes: stand fast good Fate to his hanging, make the rope of his destiny our cable, for our owne doth little aduantage: If he be not borne to bee hang'd, our case is miserable. *Exit.*

Enter Boteswaine.

Botes. Downe with the top-Mast: yare, lower, lower, bring her to Try with Maine-course. A plague——

A cry within. Enter Sebastian, Anthonio & Gonzalo.

vpon this howling: they are lowder then the weather, or our office: yet againe? What do you heere? Shal we giue ore and drowne, haue you a minde to sinke?

Sebas. A poxe o'your throat, you bawling, blasphemous incharitable Dog.

Botes. Worke you then.

Anth. Hang cur, hang, you whoreson insolent Noysemaker, we are lesse afraid to be drownde, then thou art.

Gonz. I'le warrant him for drowning, though the Ship were no stronger then a Nutt-shell, and as leaky as an vnstanched wench.

Botes. Lay her a hold, a hold, set her two courses off to Sea againe, lay her off.

Enter Mariners wet.

Mari. All lost, to prayers, to prayers, all lost.

Botes. What must our mouths be cold?

Gonz. The King, and Prince, at prayers, let's assist them, for our case is as theirs.

Sebas. I'am out of patience.

An. We are meerly cheated of our liues by drunkards, This wide-chopt-rascall, would thou mightst lye drowning the washing of ten Tides.

Gonz. Hee'l be hang'd yet,
Though euery drop of water sweare against it,
And gape at widst to glut him. *A confused noyse within.*
Mercy on vs.
We split, we split, Farewell my wife, and children,
Farewell brother: we split, we split, we split.

Anth. Let's all sinke with' King

Seb. Let's take leaue of him. *Exit.*

Gonz. Now would I giue a thousand furlongs of Sea, for an Acre of barren ground: Long heath, Browne firrs, any thing; the wills aboue be done, but I would faine dye a dry death. *Exit.*

Scena Secunda.

Enter Prospero and Miranda.

Mira. If by your Art (my deerest father) you haue
Put the wild waters in this Rore; alay them:
The skye it seemes would powre down stinking pitch,
But that the Sea, mounting to th' welkins cheeke,
Dashes the fire out. Oh! I haue suffered
With those that I saw suffer: A braue vessell

A (Who

「第一對開本」的《暴風雨》首頁。

《暴風雨》的創作甚晚（約為一六一〇年尾至一六一一年中之間），卻名列「第一對開本」之首，排在喜劇類第一，是否因為這是他告別倫敦舞臺之作？劇中主角博思波（Prospero）在第四場第一景有一段臺詞，似乎暗示莎翁的退隱之意：「好戲到此結束。我們這些演員／我說過了，都是精靈，已經／溶入空氣之中，溶入稀薄的空氣：／而正如這場無根的幻景、／聳入雲霄的高樓、華麗的宮殿、／莊嚴的廟宇、宏偉的地球本身，／不錯，以及其中的一切，都將消逝，／就像這場虛渺的盛會逐漸隱沒，／不留下一絲雲霧。我們的本質／跟夢一樣：我們短暫的生命／到頭來以睡眠結束。……」戲夢人生，終將畫下句點。這段話若是作為莎翁辭別倫敦劇壇、退休還鄉的預告，倒也滿貼切合適的。

《暴風雨》故事主角博思波原為米蘭公爵。十二年前，他的弟弟安東尼（Antonio）在那不勒斯國王阿隆索（Alonso）協助下，篡位成功。博思波慌慌張張帶著不滿三歲的女兒蜜潤妲（Miranda）乘著一條破船，來到一座荒島，藉由他的法術，制服了島民卡力班（Caliban）和以愛瑞兒（Ariel）為首的眾精靈，成為島主。後來阿隆索把公主可樂麗貝（Claribel）嫁到突尼斯。歸途中，命運之神眷顧博思波，把他的仇家帶到荒島旁。博思波施展法力，掀起一場暴風雨，使王船遇難。在他的引導下，眾人分別上了岸。在島上又發生了兩場背叛的企圖：

卡力班慫恿醉酒的御廚司提法諾（Stephano）和弄臣全咕嚕（Trinculo）謀害博思波，以期獲得自由；安東尼則慫恿王弟席巴金（Sebastian）謀害國王篡位。在博思波干預之下，這兩個陰謀均未得逞。另一方面，以為父王已死於船難的王子費迪南（Ferdinand），與蜜潤妲一見鍾情。在博思波刻意安排下，兩人譜出戀曲。《暴風雨．第五場》主要呈現的是，對於是否要寬恕他的仇家，博思波內心有一番猛烈掙扎，如同他以法力掀起的那場劇烈暴風雨一般。

莎劇原作未必都分場分景，《暴風雨》的場景倒是在「第一對開本」就已經分好了，第五場只有一景，直至劇終。莎劇的舞臺說明通常簡略，動作指示不如近代劇本詳細，但在對白中經常夾雜大量場景描述，演員根據對白，便可以知道該做什麼動作。關於這些說明，選文中另以不同字形標示；若是後世編輯所補充，則加上括弧區分。此外，莎劇中還有「分享詩行」（shared lines or split lines）的安排，也就是由兩個或更多角色的簡短對白合成一行。選文中遇到這種情形，有些句子會起始於行中或行尾、而非一般習常的行首。「分享詩行」主要的戲劇作用，是表現角色間直接而迅速的反應，以期達到更精準的現場戲劇效果。

貳・選文與注釋

第五場・第一景

博思波著法師袍與愛瑞兒上

博思波 現在我的計畫即將完成。
我的法術沒有失敗、精靈聽話、
時間大人也走得穩當。幾點了？

愛瑞兒 六點。這個時候，我的主人，
您說過我們應當收工。

博思波 我是說過，
在我掀起暴風雨的時候。說來聽聽，
精靈，國王和他的隨從怎樣啦？

愛瑞兒 關在一起，
就依您離開他們的時候
所吩咐的那樣；都是囚犯，大人，
在遮蔽您洞窟的菩提樹林裡。
除非您釋放，他們動彈不得。國王、
王弟、令弟三人還繼續發瘋；

其他的人為他們哀傷，
憂愁惶恐淚眼盈眶，特別是
大人您稱為好閣老的貢澤羅。
他的淚水淌到鬍鬚，像冬天水滴
從茅草屋簷落下。您的法術大大影響
他們，若是您現在見到他們，您的心
會變得柔軟。

博思波 你這樣認為嗎，精靈？

愛瑞兒 我的心會，大人，如果我是人。

博思波 我的必定會。
你，不過是空氣，都有感覺，同情
他們的苦楚，難道我自己，
他們的一個同類，能夠深切
感同身受的人，不比你更能同情？
儘管他們罪大惡極令我痛心疾首，
我還是站在高貴理智這邊，

壓抑怒火。難能可貴的舉動是
善行不是復仇。他們既已悔悟，
我唯一目的裡就不再增添
絲毫怒氣。去，去釋放他們，愛瑞兒。
我的法術我要解除，他們的知覺我要恢復，
讓他們變回原狀。

愛瑞兒 我去帶他們來，大人。下

博思波 小精靈你們聽好了：無論你們
是在山丘、溪流、靜湖、樹叢裡；
或是退潮時在沙灘追逐海神
不留足跡，但他一回來就逃竄；
或是月光下弄出母羊不肯吃的
綠色酸味「小仙圈」[1]；還是以
製作「半夜蘑菇」[2]為消遣，一聽到
晚鐘[3]就歡欣鼓舞的——你們雖然
能力不強，但我靠著各位幫助，
曾遮蔽正午的太陽，召喚叛逆的風，
在碧綠大海和湛藍穹蒼之間
發動咆哮的戰爭。恐怖轟隆的雷
我給它火力，用天神喬武[4]的閃電
劈開他堅實的橡樹。牢固的海角
我使它震動，把松樹杉樹連根
拔起。墳墓聽我的命令喚醒
長眠的人，張開口，借著我高強的
法力放他們出來。但這粗暴的法術
（以杖在地上畫一圓圈）
我在這裡發誓棄絕。等我宣召了
天界的音樂——我現在就來召喚——
讓空中精靈作法在他們的感官，

1 綠色酸味「小仙圈」：因蘑菇而生出的草圈。俗謂因精靈舞蹈而生成。

2 半夜蘑菇：一夜之間長出來的。

3 晚鐘：午夜時敲的鐘聲，表示精靈要出沒了。

4 喬武：原文Jove，古羅馬神話中的眾神之王，相當於希臘神話中的宙斯(Zeus)。

達成我的目的，我就要折斷法杖，
將它深埋地下數尋之處，[5]
並把法書沉入測錘未曾
量度的深海底。

肅穆樂聲響起。

愛瑞兒首先上場，接著是阿隆索，發狂狀，貢澤羅一旁照顧；席巴金與安東尼亦然，由阿得連和范席科照顧。一行人走進博思波畫好的圈子，著魔似地站在那裡。博思波見狀，說道：

（對阿隆索）[6]
願肅穆的音樂（胡思亂想症最有效的撫慰）
醫治你的頭腦——
它如今毫無用處，只在你頭殼裡沸騰！
（對席巴金與安東尼） 站好，
你們被符咒鎮住了。——
可敬的貢澤羅，正人君子，
我的眼睛，看到你眼睛的模樣，
也落下同情之淚。（旁白）符咒迅速消除：
猶如早晨悄悄追上夜晚，
融化了黑暗，他們漸醒的知覺
也開始驅走籠罩他們清明理智的
昏昧瘴氣。善良的貢澤羅啊，
我真正的救命恩人，[7]也是陛下的
忠誠侍臣，我會言行一致
充分答謝你的恩惠。殘酷極了，
阿隆索，你對待我和我的女兒。
你弟弟是那件事的幫兇。——
因此你現在受苦，席巴金。
（對安東尼） 同胞血肉啊，
您，[8]我的兄弟，因為野心勃勃，
拋棄了憐憫與手足之情。跟席巴金——
這人的良心因此最受煎熬——
差一點殺害你們的國君。我要饒恕你，
儘管你泯滅人性。（旁白）他們的理解力
開始增長，如漲潮般即將
淹沒此刻仍然污穢泥濘的
理性海岸。他們沒有一個

在看著我，或認得我。愛瑞兒，
把我洞裡那帽子和佩劍拿來。[9]
我要脫下衣服，還我原本
米蘭公爵的面貌。快去，精靈！
你不久就會自由了。

（愛瑞兒取來帽和劍，）邊幫他穿衣，邊唱著歌

愛瑞兒　蜂兒吸蜜處，我也去飲啜；
金鐘花兒裡，我輕鬆高臥。
悠然休息靜聽貓頭鷹。
騎著蝙蝠我四處飛行，
追逐夏日逍遙遊。
逍遙啊逍遙，從今以後
盡情在花枝下享受。

博思波　啊，真是我靈巧的愛瑞兒！我會懷念
你，但一定會給你自由。
嗯，好，好。[10]
去國王船上，還是這樣隱形。
你會發現水手們熟睡
在艙口下；船長和水手長

醒著。催他們來這兒；
立刻就去，拜託。

愛瑞兒　我會吞滅阻擋的空氣，在您
脈搏跳不到兩次之前回來。　下

5　噚：fathom，一噚等於六呎或1.8288公尺。

6　此刻阿隆索一行人還看不見也聽不見博思波。

7　博思波逃亡時，貢澤羅給他提供了一些生活必需品，以及一些書籍。

8　您：舊式英語裡，複數的 you (your) 是卑對尊的稱呼，猶如「您」；反之則用單數的 thou (thee, thy, thine)，猶如「你」。貴族之間通常也用 you，屬於禮貌用法。博思波始而以「您」稱呼他的「同胞血肉」，也可能有諷刺意味，繼而改以鄙夷的「你」稱呼「泯滅人性」的弟弟。

9　帽子和佩劍是一般貴族的行頭。

10　博思波整理衣冠，覺得滿意。

貢澤羅 一切磨難、苦惱、詫異、驚惶
全在這裡。求上天神力引導我們
離開這恐怖的國度！

博思波 請看，王上[11]，
受盡委屈的米蘭公爵，博思波。
為了更能證明是活生生的親王
在跟你[12]說話，我擁抱你的身體，
並且向你和你的隨員表達
由衷的歡迎。

（擁抱阿隆索）

阿隆索 你究竟是不是他，
還是什麼幻象要來欺虐我——
像不久前那樣——我不知道。你的脈搏
跳動，如同血肉之軀。自從見了你，
我心頭的痛苦漸漸消去；只怕那是
原先使我瘋狂的。這一切——如果
確實是真的——必然有個最奇特的故事。
你的公國我放棄[13]，也誠心懇求
你饒恕我的過錯。但博思波怎麼會
活著，而且在這裡？

博思波 首先，尊貴的朋友，
（對貢澤羅）容我擁抱你老人家；
你的忠誠浩瀚無可量度。（擁抱貢澤羅）

貢澤羅 這是真的
還是假的，我不敢發誓保證。

博思波 各位還受
島上一些魔幻的影響，因此無法
相信真實事物。歡迎，各位朋友。
（對席巴金與安東尼，旁白）
可是你們，兩位大人，我若有意，
現在就可以教陛下龍顏大怒，
證明你們是叛逆。此刻，
我不要舉發。

席巴金 （對安東尼）是魔鬼在他裡面說話。

博思波 才怪。
（對安東尼）
至於您，邪惡至極的大人，叫你弟弟
甚至會玷污我的嘴；我真心原諒

你最卑鄙的過錯——一切過錯——並要求
你歸還我的公國，這，我知道，
你必須歸還。

阿隆索 你若真是博思波，
請詳細告訴我們你是如何保命，
怎麼在這裡與我們相遇？三小時前
我們在這岸邊遇難，我失去了——
這記憶的刺多麼銳利！——
我的愛子費迪南。

博思波 我為此難過，大人。

阿隆索 無可彌補的損失，連耐心女神
都說她無能為力。

博思波 我倒是認為
您沒有尋求她的幫助。我有同樣的
損失，但獲得她慈悲高明的救援，
已經滿意了。

阿隆索 您有同樣的損失？

博思波 同樣的大，也同樣才發生，而且
比起您能呼求來安慰您的，[14]
我更是一籌莫展：因為我
失去了我的女兒。

阿隆索 女兒？
天哪，他們若是都住在那不勒斯，
當國王王后該多好！這事若能成真，
我寧願自己一身污泥，埋在我兒現今躺臥的
濕軟海底。您什麼時候失去女兒的？

博思波 在剛才的暴風雨裡。我看諸位大人
對這場相遇大為驚訝，
完全失去了理智，無法相信
親眼所見為真，連一句話
都說不出。不過，無論你們

---

11 這時阿隆索他們才逐漸清醒。

12 阿隆索雖是國王，卻也是博思波的仇家，所以此處不用敬語「您」。

13 阿隆索做為國王（king），原有權要求屬下的公國（dukedom）進貢。

14 意指阿隆索至少還有個女兒可樂麗貝活著，可為慰藉。

如何失去理性，要確知
我是博思波，就是被逐出
米蘭的那個公爵；他不可思議地
登陸在你們遇難的此岸，
成為統治者。此事暫且不表，
因為故事說來話長，
不是一頓早餐報告得完，也不
適合這初次見面的場合。歡迎，王上！
這個洞穴是我的宮廷，裡面扈從無幾，
外頭更無臣民。請您向內探看。
我的公國您既然歸還於我，
我要以等值的美物回報，
至少拿出一件可讚歎的，來滿足您，
一如我的公國滿足了我。

這時博思波（拉開簾幕）呈現出正在下棋的費迪南和蜜潤妲

蜜潤妲 好大人，您耍詐。

費迪南 沒有，我的最愛，
給我整個世界我都不會。

蜜潤妲 可以的，為了二十個王國您就應該，
而我會說很公道。

阿隆索 假如這竟是
島上的幻象，一個親愛的兒子
我將失去兩回。

席巴金 真是無比的奇蹟。

費迪南 （上前）大海雖然來勢洶洶，其實很仁慈。
我沒來由地詛咒了它。

（向阿隆索下跪）

阿隆索 現在願一個
歡喜父親的祝福完全環繞著你！
起來，說說你怎麼到這兒的。

（費迪南起身）

蜜潤妲 奇妙啊！
有這麼多光彩的生物在這兒！
人類何其美！綺麗新世界啊，
竟有這等人物在其中！

博思波 是你沒見過世面。

阿隆索 跟你下棋的這位少女是什麼人？

你們認識還不到三個小時吧。
她可是那位把我們分散、又這樣
使我們重逢的女神？

費迪南 父王，她是凡人，
然而因著非凡的天意，她是我的了。
我屬意她的時候，未能徵詢父親的
意見，也以為父親不在人世。她
是這位大名鼎鼎米蘭公爵的千金，
我以前常聽聞公爵的崇隆聲望，
但從未見過。從他那裡我領受了
第二次生命；而這位淑女使他成為
我第二位父親。

阿隆索 而我是她的公公[16]。
但是啊，說來多麼奇怪，我竟然
必須求我的孩子[17]饒恕。

博思波 好，王上，夠了。
我們別再拿過去的憂傷來壓迫
我們的記憶。

貢澤羅 我內心在哭泣，
否則早開口了。眾神哪，請垂看下界，
投一頂蒙福的王冠給這一對。
因為是你們標明了道路
引領我們到此地。

阿隆索 我說「阿們」[18]，貢澤羅。

貢澤羅 米蘭公爵被放逐，竟是為了使他的後裔
世世代代成為那不勒斯的國君？啊，
歡喜慶祝非比尋常，還要用黃金
銘刻在不朽的柱石上：只一趟旅途，
可樂麗貝在突尼斯找到了夫君，
她弟弟費迪南在自己落難之處

---

15 意指若為二十個王國，我就同意你耍詐。另有版本解為：「若我不指出（你耍詐），你就會為二十個王國耍詐（更何況整個世界）」。

16 意謂阿隆索同意他們的婚事。

17 指蜜潤妲。

18 阿們（amen）：表示由衷贊成（常用做祈禱的結束語）。

覓得嬌妻，博思波在貧瘠小島
得回公國，而我們全體心神喪失之際
找回了自己。

阿隆索 （對費迪南與蜜潤妲） 伸出手來。
誰要是不祝福你們，願哀傷和愁苦
永遠包圍他的心！

貢澤羅 祈願如此。阿們！

愛瑞兒上；船長與水手長隨上，神色驚詫

看哪，陛下，看，陛下！還有我們的人！
我發過預言，若陸地上還有絞刑架，
這傢伙不能淹死。[19]（對水手長）現在，臭嘴巴，
在船上詛咒神明，上了岸一句髒話都沒啦？
到陸地上就沒有嘴啦？有什麼消息？

水手長 最好的消息是咱們平安地見到
王上和全體隨從。其次，咱們的船，
三小時之前才宣告破裂的，
如今堅固完好，配備齊全，就像
咱們剛出海時那樣。

愛瑞兒 （旁白，對博思波） 大人，這一切
都是我去之後做的。

博思波 （旁白，對愛瑞兒）好會耍花樣的精靈！

阿隆索 這些事情不合常理，變得越發
奇怪了。說，你們怎麼到這兒的？

水手長 陛下，俺要是認為自己當時神智清醒，
自當盡力報告。咱們睡得死死的，
而且——也不知怎麼搞的——都關在艙底，
在那兒，不久前，聽到各種奇怪聲響——
吼叫、尖叫、嚎叫、鐵鍊叮噹、
還有種種更多的聲音，都很嚇人，
咱們就被吵醒，立刻自由了。
在那兒，咱們一身漂亮衣裳，重新見到
咱們富麗堂皇的王船；咱們的船長
一見就跳起舞來。不一會兒，可以說，
像做夢一般，咱們就跟他們[20]分開，
茫茫然被帶到這兒。

愛瑞兒 （旁白，對博思波） 幹得好吧？

博思波 （旁白，對愛瑞兒）好極了，我的好幫手。會讓你自由的。

阿隆索 這是人間最奇怪的迷陣了，
這件事情裡，有些是超乎自然
所能指揮的。必須有神諭
來導正我們的知識。

博思波 大人，陛下，
不要讓您的心智老是想著
這件事的稀奇。找一個閒暇——
那個時候不久就會到——我再私下向您
解說發生的這一切，讓您聽了
覺得合理。在那之前，請開開心心，
把每件事情往好處想。
（旁白，對愛瑞兒） 過來，精靈。
去釋放卡力班和他那一夥，
解除魔法。 （愛瑞兒下）
（對阿隆索）陛下可好？
您的隨員當中還有幾個怪胎
失蹤，您已經記不得了。

愛瑞兒驅趕著身穿偷來衣服的卡力班、司提法諾、全咕嚕上

司提法諾 人人都要顧他人，不可有人顧自己[21]；因為一切都是命。要勇敢，怪物老兄，勇敢！

全咕嚕 如果我頭上的眼睛是真的，這場面可不得了。

卡力班 賽得玻[22]啊，這些個才真是好看的精靈！我的主人穿得多帥氣啊！只怕他要責打我。

席巴金 哈哈！
這些個是啥玩意兒啊，安東尼大人？
能賣錢嗎？

---

19 意謂水手長雖然該死，但希望他不是淹死，則全體均可獲救。

20 他們：指其他水手。

21 俗語原是「隨人顧性命」（Everyman for himself）。喝醉的司提法諾把話講顛倒了。

22 賽得玻（Setebos）：卡力班母親信仰的神。

安東尼　很有可能。其中一個
根本就是魚[23]，絕對可以賣錢。

博思波　只要看這些人的制服，各位大人，
然後說他們是否老實。這個醜八怪，
他的母親是巫婆，法力高強到
能夠控制月亮，指揮潮汐，
已經超乎月球，毋須聽命於它。
這三個偷了我的東西，這半個妖魔——
因為他是個雜種——跟他們算計著
要害我性命。其中兩個傢伙您
一定認得，得承認是您的。這個妖怪嘛，我
承認是我的。

卡力班　我會被捏死。

阿隆索　這不是司提法諾，我酗酒的司膳官嗎？

席巴金　他已經喝醉了。他哪兒弄來的酒？

阿隆索　全咕嚕也搖搖晃晃。他們在哪兒
找到這等美酒，弄得紅光滿面？
（對全咕嚕）你怎麼泡成這副德行？

全咕嚕　上次見到您之後，我就一直泡成這樣，恐怕
泡到骨子裡了。現在全身都防腐啦。

席巴金　欸，怎麼啦，司提法諾？

司提法諾　啊，別碰我。我不是司提法諾，只是個拱
背蝦[24]。

博思波　您[25]想在島上稱王啊，小子？

司提法諾　那我會是個痛苦的王。

阿隆索　（指著卡力班）我從未見過這種怪物。

博思波　他的品行不良，一如他的
相貌醜陋。去，小子，到我的洞穴，
帶著您[26]的夥伴。如果您希望
我的寬恕，就把洞穴收拾乾淨。

卡力班　是，我會照辦。而且今後要變聰明，
尋求恩典。我真是個天大的笨驢，
竟把這醉漢當作神明，
還崇拜這沒腦的傻瓜！

博思波　好啦，快去！

（卡力班下）

阿隆索　（對司提法諾和全咕嚕）
去，把你們的行李放回撿來的地方。

席巴金 該說是偷來的地方。（司提法諾與全咕嚕下）

博思波 陛下，我邀請您和您的隨從
到我簡陋的洞窟，今晚在那裡歇息
一宿；我會利用一些時間，講述
我來到這島上之後的生活
以及特殊的經歷，相信這故事
會使今夜過得很快。到了早晨
我會帶您上船，隨即回那不勒斯；
希望在那裡看到這一對
我們深愛的人完成婚禮，
我再從那裡回到我的米蘭，
時時冥想死亡。[27]

阿隆索 我渴望
聆聽您的生命故事，那必然
非常奇妙動聽。

博思波 我會詳細訴說，
並且保證給您浪靜風順，
航行迅速，可以追得上
您遙遠的王家船隊。

（旁白，對愛瑞兒）我的愛瑞兒，小乖，
那是你的任務。之後就回到空中，
自由自在；祝福你。
（愛瑞兒下）
各位，請進。
（除博思波外，）眾下

收場白[28]

博思波 現在我已毫無法力，
所餘力氣都屬自己，

23 應是指卡力班。

24 因為被愛瑞兒掐捏或是喝酒喝得身子挺不直。

25 您：在此是諷刺的用法，請參見注釋8。

26 也是諷刺的用法。

27 按照基督教的末世論，人的最後四件大事（the four last things），是死亡、審判、天堂、地獄，信徒應該時時默想。

28 收場白是以每行七音節的押韻對句型式(couplet)寫成。

微弱無比。確確實實，
各位可以囚我於此，
或是送往那不勒斯。
既然我已饒恕騙子、
收回公國，請別叫我
為君罰咒，荒島[29]流落；
有請各位鼓掌歡欣[30]，
釋放在下免受囚禁。
看官好評，有如和風
助我揚帆，計畫成功，
因我一心討君喜悅。
精靈法術今我兩缺，
結局[31]乃是希望失落，
除非禱告使我解脫：
祈禱有效，直達上天，
得神垂憐，免我罪愆。
諸位都願蒙赦過尤，
就請寬容放我自由。
（等待觀眾鼓掌[32]，然後）下

29 指舞臺。

30 根據傳說，突然一聲巨響，特別是鼓掌，會打破符咒。本句第四場第一景博思波也說：「安靜，別出聲，／否則我們的符咒會遭破壞。」

31 結局：既指劇終，也指「死亡」。後面幾行都有宗教意涵。

32 這種「討拍」的收場詩也出現在《仲夏夜之夢》（*A Midsummer Night's Dream*）和《皆大歡喜》（*As You Like It*）等劇。

（本選文由彭鏡禧教授校譯。該版本不同於彭教授原收入辜正坤主編的《莎士比亞全集英漢雙語本》翻譯舊作，劇中人的中文名字改動甚大，並且標明「分享詩行」。）

參・可以這樣讀

寬恕？不寬恕？——人心中的暴風雨

《暴風雨》是莎士比亞晚期的作品。如前所述，因為戲裡博思波有一段話提到「好戲到此結束」，似有暗示莎翁預備告老還鄉之意。這種解讀是否正確，恐怕永遠無法得到答案。不過一開始，這齣戲的題目就非常值得一談。

莎士比亞戲劇中，出現過多次狂風暴雨的場景，如《錯誤的喜劇》（*The Comedy of Errors*）、《第十二夜》（*Twelfth Night*）、《冬天的故事》（*The Winter's Tale*）、《奧瑟羅》（*Othello*）、《馬克白》（*Macbeth*）、《李爾王》（*King Lear*）等；但唯有《暴風雨》這齣戲是以暴風雨作為劇名。

戲的開場聲勢驚人：觀眾看到船上水手忙成一團、乘船的王公焦慮不已。令人不解的是，暴風雨只存在於本戲的第一景，之後天清氣朗，直到劇終。那這齣戲為什麼要稱為《暴風雨》呢？著名的學者哈若・卜倫（Harold Bloom）就認為戲名應該直接稱為《博思波》（*Prospero*）或改為《博思波與卡力班》（*Prospero and Caliban*，卡力班是劇中的「原住民」）。

學者林明澤指出，就其內容而言，「這原本是齣歌詠正統王權得以伸張，才子佳人終成眷屬的『田園詩悲喜劇』」。但是「當二十世紀全球陷入解殖民運動的『暴風雨』中，本劇立刻被詮釋為描述西方國家三百年來殖民惡行的政治寓言」。因為戲中主角博思波原是米蘭公爵，被自己的弟弟篡位、被逐之後，

《暴風雨》是知名英國劇作家威廉・莎士比亞的悲喜劇作品。

和稚齡的女兒蜜潤妲倉皇中來到孤島。藉由法術制服了原來統領當地的巫婆，轄制她的兒子卡力班以及以愛瑞兒為代表的精靈，成了島上的獨裁者。戲中情節還包括卡力班圖謀結合外力起來反抗博思波。殖民／反殖民的論述自然顯得順理成章。

不過，從另一個角度來看，這齣戲可以說是莎士比亞寬恕論述的總結。戲中物質界的暴風雨，象徵著主角博思波內心的暴風雨——是一場寬恕與否的猛烈掙扎。劇名十分恰當。

莎士比亞戲劇中對「寬恕」此一主題著墨甚多。眾人耳熟能詳的悲劇《羅密歐與茱麗葉》（*Romeo and Juliet*）和《哈姆雷》（*Hamlet*）、《李爾王》等，在劇終之前，都有化干戈為玉帛的動人場景。《威尼斯商人》（*The Merchant of Venice*）暴露了有附帶條件之原諒的虛偽；《量．度》（*Measure for Measure*）則顯示無條件寬恕的偉大。在一般稱為傳奇劇的莎士比亞晚期作品裡，更是無一不涉及寬恕的主題，可見這是莎翁的主要關懷所在。莎士比亞在《暴風雨》中的處理方式格外令人驚豔：他呈現了寬恕的必要，以及寬恕的困難。

博思波憑藉精湛的法術，製造了一場暴風雨和船難，得以完全控制以前的政敵——尤其是當年篡奪了他的公爵地位，使他放逐孤島，而且至今似乎毫無悔意的親弟弟安東尼。但是他立意選擇寬恕，先是對被他施法、失去知覺的安東尼說：

戲中物質界的暴風雨，象徵著主角博思波內心的暴風雨——是一場寬恕與否的猛烈掙扎。

同胞血肉啊，
您，我的兄弟，因為野心勃勃，
拋棄了憐憫與手足之情。跟席巴金——
………………
打算在此弒君。我真的饒恕你，
儘管你泯滅人性。

值得注意的是，我們看到博思波說他已經饒恕——還說是「真的饒恕」——自家兄弟，自己的同胞血肉，卻並沒有忘記舊惡，仍然不免忿忿然口出惡言，責備安東尼「泯滅人性」。這豈是真的原諒——發自內心完全的寬恕呢？

稍後，安東尼和席巴欽（國王的弟弟）等人清醒過來，博思波又對兩人說：

可是你們，我的兩位大人，我若有意，
現在就可以使國王龍顏大怒，
證明你們是叛徒。此刻
我不告密。

既然先前說過要饒恕，為什麼現在又要講這種話呢？「我若有意」，言外之意是不是提醒對方：我已掌握你們的把柄？「此刻／我不告密」——是不是暫時存下黑材料，要等適當的時機再抖出來？這不是明擺著威脅恐嚇嗎？

緊接著，博思波再對安東尼說：

> 至於您，邪惡至極的大人，叫你弟弟
> 甚至會玷污我的嘴；我真心原諒
> 你最卑鄙的過錯，一切過錯，並
> 向你討回我的公國，這，我知道，
> 你必須歸還。

向弟弟討回被篡奪的公國領地，以及公爵名分地位，這是理所當然的事。然而，對自己一再聲稱已經「真的饒恕」的兄弟，為什麼還要稱他為「最惡毒」、「最卑鄙」，說什麼「叫你弟弟／甚至會玷污我的嘴」？看來原諒只是博思波根據理性要求所做的決定。還記得他先前說過：「儘管他們罪大惡極令我痛心疾首，／我還是站在高貴理智這邊，／壓抑怒火」。博思波的寬恕，其實很勉強。大和解竟然只是表象。

高貴理智的寬恕，是真心原諒嗎？

這齣戲以暴風雨拉開序幕。這場暴風雨可以看作博思波多年積恨的宣洩，但並不因為雨歇風止而完全消失。博思波在有報復能力與機會的時候，卻選擇了寬恕。衡之以人的標準，已屬難能可貴。詩人亞歷山大・波樸（Alexander Pope, 1688-1744）引用西諺說：「犯錯是人性；寬恕是神性」（“To err is human; to forgive, divine.”）。博思波精研法術，已達到能夠呼風喚雨的程度，近乎神力。

但他畢竟還只是人，沒有真正寬恕的神性。因此，即使到了劇終，他心中的暴風雨仍舊無法完全停歇。

甚至，博思波的饒恕，可以說是為了回到文明世界所做的必要選擇。試想，他和女兒滯留荒島已達十二年之久，雖然貴為「島主」，這裡豈是他久居之處？就算他願意老死異鄉，女兒蜜潤姮將至及笄之年，總不能讓她和曾經企圖強暴她的人獸卡力班成婚吧（「在這島上，／生滿了卡力班」）。當暴風雨正肆虐之際，心軟的蜜潤姮苦苦哀求父親平息風暴，博思波告訴她：「我所做的，沒有不是為了你」。這是實話。所以他也安排了女兒和王子費迪南的「巧遇」，使她可以成為未來的王后，如貢澤羅所言。

暴風雨必須在這個時間點發生，因為「寬宏的命運之神」把博思波的仇家帶近孤島，而他「透過預知的能力」——

> 發現我命盤的最高點要倚靠
> 一顆最吉祥的星星；它的影響力
> 我現在若不追求，反而忽略，我的運勢
> 就會永遠衰敗。……

永遠衰敗，自然就永難翻身了。所以，博思波必須牢牢掌握這個千載難逢的機會，為他自己，更為他的女兒，找到回歸文明的路徑；而寬恕乃是行經此路不得不跨越的欄杆。

當暴風雨正肆虐之際，心軟的蜜潤姮苦苦哀求父親平息風暴。英國新古典主義畫家約翰·威廉姆·沃特豪斯(John William Waterhouse) 所繪。

博思波無法明快地原諒親弟弟安東尼，還有其他因素。我們還記得，稍早之前，愛瑞兒顯示對國王及其隨從的悲憫時，博思波的反應是：

你，不過是空氣，都有感覺，同情
他們的苦楚，難道我自己，
他們的一個同類，能夠深切
感同身受的人，不比你更能同情？
儘管他們罪大惡極令我痛心疾首，
我還是站在高貴理智這邊，
壓抑怒火。難能可貴的舉動是
善行不是復仇。他們既已悔悟，
我唯一目的裡就不再增添
絲毫怒氣。

這段話至少有兩點值得深思。其一，博思波所設的原諒條件，乃是「他們既已悔悟」。而我們知道，至少安東尼沒有表現絲毫悔意。其二、博思波和一般人一樣，用左腦的「高貴理智」「壓抑怒火」。然而更重要的或許是用右腦深層的感情真心寬恕。兩者都不可或缺，但後者需要更多的時間來完成。

基督教十分重視饒恕。在《聖經・馬太福音》裡，耶穌的門徒彼得問道：「主阿，我弟兄得罪我，我當饒恕他幾次呢？到七次可以嗎？」耶穌回答說：「我對你說，不是到七次，乃是到七十個七次」。這段話最能彰顯寬恕的必要；同時，也說明對世人而言，寬恕何其困難。別人得罪你一次，你需要饒恕四百九十次，足見饒恕的功課絕非一蹴可及，而是漫長的過程。這樣看來，博思波雖已跨出極不容易的一大步，但十二年來的積怨，還是需要一段時間來化解。

人心中的暴風雨，何時才能平息止歇？——這，或許才是莎士比亞命題的本意。

肆・再做點補充：朗讀莎劇的無韻詩

戲劇的完成，必須靠演出，演出給觀眾看；而觀眾所能憑藉的，主要是演員的口白與動作。莎士比亞的戲劇自不例外。動作暫且不論。莎士比亞的戲劇一般也稱為「詩劇」，因為它的對白大部分以英文「無韻詩」（blank verse）寫成，劇中另有散文、歌謠、韻詩等。顧名思義，無韻詩的行尾並不押韻，但它十分注重節奏。標準的無韻詩，每行十個音節，重音落在偶數音節，共有五個，前輕後重，形成「輕**重**輕**重**輕**重**輕**重**輕**重**」的節奏，名為抑揚格五音步（iambic pentameter）。這樣固定的節奏會不會造成「踢正步式」的呆滯呢——而呆滯乏味的語言聲調恰好是戲劇的毒藥？

答案是否定的。因為詩人劇作家還有三種武器：一是迴行（run-on lines），亦即句子未必在行尾停歇，而是依照文法要求，把句意延續到後面一行或好幾

博思波使喚精靈艾立兒到費迪南身邊隱身吟唱，誘引王子前往他居住的洞穴與他的女兒蜜潤妲相見。

行。另一則是「行中停頓」（caesura），亦即句意可在行中結束或暫停。如此長長短短，錯落有致，文字才會流利，也才更容易接近日常口語。第三，劇作家甚至可以讓兩個或更多角色分享同一詩行，造成快速或緊張的氣氛。這些特色，在全劇僅約兩千多行的《暴風雨》（其中詩約占百分之八十，散文約占百分之二十），十分明顯。即便難免有少數不合律的詩行，例如少一個音節或多兩個音節，也可以發揮調劑節奏的功能。無論演出或朗誦，絕對必須注意節奏的控制。茲舉前引的詩行為例說明如下（畫底線的音節是重音）。

1. Our revels now are ended. These our actors, （十一音節）
2. As I foretold you, were all spirits and （十音節）
3. Are melted into air, into thin air: （十音節）
4. And, like the baseless fabric of this vision, （十一音節）
5. The cloud-capp'd towers, the gorgeous palaces, （十音節，tower 英式發音只有一個音節，美式發音則可讀成二音節）
6. The solemn temples, the great globe itself, （十音節）
7. Yea, all which it inherit, shall dissolve （十音節）
8. And, like this insubstantial pageant faded, （十一音節）
9. Leave not a rack behind. We are such stuff （十音節）
10. As dreams are made on, and our little life （十音節）
11. Is rounded with a sleep. I am vexed. （十音節）

首先，我們注意到，除了第一、第四、第八等三行因為行尾多出一個輕音而有十一個音節，其餘八行都是合律的十個音節。至於輕重音的安排，也大致都符合前述的規則：第二、第三、第六行是例外，各有兩個音節不合先輕後重之律（但第二行的 were all，其實也可能讀成合律的 were all）。

若是翻譯為中文，或以中文演出，則每行宜有四到六個「音組」。中文的音組，最常見的是兩個字合成，也有三個字的；白話文中單獨一個字成組的較少，四、五個字的也不多見。例如前面這段話可以這樣「分組」：

一．好戲—到此—結束。—我們—這些演員，
二．我說過了，—都是—精靈，—已經
三．溶入—空氣之中，—溶入—稀薄的—空氣：
四．而正如—這場—無根的—幻景、
五．聳入—雲霄的—高樓、—華麗的—宮殿、
六．莊嚴的—廟宇、—宏偉的—地球—本身，
七．不錯，—以及—其中的—一切，—都將消逝，
八．就像這場—虛渺的—盛會—逐漸—隱沒，
九．不留下—一絲—雲霧。—我們的—本質
十．跟夢—一樣：—我們—短暫的—生命
十一．到頭來—以睡眠—結束。……

其次，第二行到第三行、第九行到第十行，第十行到第十一行都是迴行。也就是說，前一行念到最後沒有任何標點符號容許停頓；演員或讀者朗誦時，必須接到下一行。同時，第一、第九、第十一行中間都有句點，讀到這裡，必須略微停頓。此外，還有不少逗號，也容許稍做停歇。所以前文指出，迴行及行中停頓，可以用來變化說話的節奏。

第三種情形是「分享詩行」(shared lines or split lines)，即是由兩個或更多角色的簡短對白合成十個音節的一行。主要的戲劇功用在於表現角色之間迅速的反應。且從本劇中舉兩個例子說明。

例一：

愛瑞兒　…………………………
　　　　……若是您現在見到他們，您的心
　　　　會變得柔軟。
博思波　　　　　　你這樣認為嗎，精靈？
愛瑞兒　我的心會，大人，如果我是人。
博思波　　　　　　　　　　　我的必定會。

愛瑞兒的「會變得柔軟」和博思波的「你這樣認為嗎，精靈？」合起來算是一行。隨後緊接的兩人對話也是。顯示出博思波的迅速反應。

1834 年的版畫插圖，描繪了威廉·莎士比亞的劇本《暴風雨》中的場景。

例二：

博思波　……………………我不要舉發。

席巴金　〔對安東尼〕是魔鬼在他裡面說話。

博思波　才怪。

這裡由兩個人的三句對白構成一行。分享詩行的作用在於提醒演員——以及讀者：劇中說話者之間直接而迅速的反應，藉以達到更為精準的現場戲劇效果。

以上簡述莎士比亞戲劇中的無韻體詩行，強調莎劇多是詩劇（但《快樂的溫莎巧婦》*The Merry Wives of Windsor* 是特例，有百分之九十是散文）。把這些詩翻譯成散文，會失去原作的精簡與音樂性。莎劇的故事，多半有所本；他的獨特，主要在於語言的精準、寫人狀物入木三分。若是忽略了他的語言特色，以莎士比亞作品之豐富、題材之廣博、情節安排之精彩、對人生看法之全面與深刻，後世對他的評價即使不致陡降，也勢必大打折扣。（彭鏡禧）◆

9 小倉山房尺牘 節選

開創性靈詩派、才氣縱橫、治學廣博的隨園先生，
應該是中國文化史上招牌最亮的享樂主義者、生活美學家了！
長壽、活潑又好動的他，耽溺於感官之娛，
從不避諱自己貪好美食、美色與美景，
所以寫了《隨園食單》、娶了多位小妾，母親去世後開始旅行，
到七、八十歲還在上山下海，到處賞遍美景，
多采多姿地過了即使現代人都艷羨不已的豐富人生。
這樣一位耽美的文人，
當然不會錯過在文字上實現更適情適性的美學主張。
而發揮得最淋漓盡致的，正是他的信手拈來的書信。

壹・作者與出處

袁枚是清代著名的文學家，生於清朝康熙五十五年（西元一七一六）卒於嘉慶二年（一七九八年），字子才，號簡齋，又號存齋，因在江寧小倉山自築隨園，因此晚年自號倉山居士、倉山叟、隨園老人，世稱隨園先生。祖籍慈溪（今隸屬浙江寧波），錢塘人（今杭州）。在清代算是很特別的文人，一生活了八十二歲，除了求仕時期大約只有八年時間出來任官，其餘的時間皆在隱居。

清人羅聘所繪袁枚像，
日本京都國立博物館藏。

他在二十四歲之前，是求學與求仕的階段；二十四歲到三十三歲是仕宦時期，曾擔任溧水、江浦、江寧等知縣；三十三歲之後隱居，除三十七歲（乾隆十七年）因經濟關係曾赴陝西短期任職，其餘將近五十年隱居在自營的隨園之中。他奉母至孝，直到六十三歲時，母親以九十四高壽往生之後，他才開始出外遊山玩水，包括了蘇、杭、嶺南、兩湖、桂林等地，七十九歲還到天台山，八十歲到杭州旅遊，真是老當益壯。

袁枚著述非常豐富，包括詩歌、散文、駢文、尺牘、詩話、食譜、志怪小說等皆有專著，現存十種，有詩集《小倉山房詩集》；文集《小倉山房文集》；駢文集《小倉山房外集》；科舉考試的試筆時文集《袁太史稿》；短論集《牘外餘言》用來增補《小倉山房尺牘》論述未盡之處；短篇志怪小說集《子不語》（又稱《續齊諧記》）；有《隨園詩話》，是張皇詩歌性靈派學說的主要論述；有《隨園隨筆》是平時或閱讀經史，或稗官野史，或奇聞異述，以文字隨時摘錄抒發己見的著述；有《隨園食單》，是一本食譜；最特別的是學生將他的書信集編輯為《小倉山房尺牘》。以上林林總總，可見袁枚治學之廣、旁涉之博。據《清史稿》記載，《隨園集》凡三十餘種，連海外琉球亦有來書者，其聲名之盛，可管窺一斑。

雖然袁枚以倡導性靈詩歌聞名，但是，最能抒發他精采生命的是與親朋師長往來的書信集。

為何會有袁枚的尺牘傳世呢？其實，袁枚認為尺牘是「古文之唾餘」不足為惜，隨作隨棄。有一天，他的弟子洪錫豫在劉霞裳處抄得若干，意趣橫生，覺得內容殊勝蘇東坡、黃庭堅的小品文，且還有一些論政、論古文、論文學等，皆有很好的論述，如果棄置，殊覺可惜，遂收輯刊印成六卷本。洪錫豫認為尺牘與古文不同。古文無論是綺語、諧語、排偶語等皆不可一字有誤，而尺牘則是親友之間的書信往來，寫作的心態及內容是「信手任心，謔浪笑傲，無所不可」。更有趣的是，袁枚教導弟子皆以古文之嚴潔示人，卻從來沒有將這些謔浪笑傲的尺牘文示人，如此一來，學生如何知道古文與尺牘之區別呢？於是洪錫豫將這些不被袁枚重視的書信，當作另一種學習不嚴不潔的典範，才能讓我們看到這些日常生活隨手書寫寒暄、應酬、論政、論文等內容豐富多元，卻有別於一板一眼的論述文字。透過這些書信，我們才能開啟另一視窗看到袁枚與友朋往來諧謔有趣的真性情，讓我們在性靈詩學與古文嚴整論述之外，看到不一樣的風貌。

《小倉山房尺牘》共有三種版本流傳，分別是六卷、十卷、八卷本，共約有二百五十餘則。

貳・選文與注釋

〈戲招李晴江[1]〉

舊雨[2]不來，杏花將去。僕此時酒價與武庫[3]爭先，足下來車，亦須與東風爭速。不然，則殘紅滿地，石大夫[4]雖來，已在綠珠墜樓[5]之後，徒惹神傷。送行詩呈上，所以多用小注者，恐百世後，少陵與孔巢父[6]交情，費注杜者幾許精神，終未了了[7]故耳。

1 李晴江：李方膺，字虬仲，號晴江，通州人，為揚州八怪之一，善長畫松竹梅蘭。

2 舊雨：指老朋友，故人。語出杜甫〈秋述〉：「秋，杜子臥長安旅次，多雨生魚，青苔及榻。常時車馬之客，舊，雨來；今，雨不來。」指老朋友下雨亦來，而新友遇雨不至。

3 武庫：原指武器倉庫，此借指書庫。

4 石大夫：指晉朝的石崇。

5 綠珠墜樓：比喻落花。這是借用石崇愛妾綠珠的典故，石崇以三斛明珠聘綠珠為妾，並為之建金谷園，孫秀垂涎綠珠美色，誣石崇叛亂，兵圍金谷園，綠珠自知石崇因己獲罪，且不願落入孫秀手中，遂墜樓自殺。杜牧曾有〈金谷園〉一詩：「落花猶似墜樓人」，後世因以落花喻之。

6 少陵與孔巢父：袁枚借杜甫與孔巢父交好，來比況自己和李晴江。杜甫因自稱杜陵布衣、少陵野老，故稱之少陵；孔巢父，字弱翁，是孔子三十七世孫，隱居徂徠山，號為竹溪六逸之一。

7 未了了：指不清楚。

足下去矣，所手植借園花木，交與何人？何不盡付山中，當作托孤之計？贈花如贈妾，不妨留與他人樂少年[8]也。如不見信，可使歌者何戡[9]，與花俱留。他年僕則曰：「壁猶是也，而馬齒加長[10]。」兄則曰：「樹猶如此，人何以堪[11]。」豈非一時之佳話哉？合肥可有詩人否？可將鄙作帶往，教令和成[12]，歸而鐫板[13]，壓之行李擔中，較羊肉千斤，肥牛百隻，輕重何如？

8 樂少年：指快樂幾年。少年，指幾年之間。

9 何戡：這裡借指歌者。何戡是唐代長慶年間善長歌唱的人，後亦指離亂後倖存的歌者。典故出自劉禹錫〈與歌者何戡〉：「舊人唯有何戡在，更與殷勤唱〈渭城〉」。

10 馬齒加長：指年歲徒增而毫無建樹。

11 樹猶如此，人何以堪：感傷人世變化之速。語出自《世說新語．言語篇》，指桓溫北征時，見前所種之柳樹，已有十圍之壯，遂有「樹猶如此，人何以堪」之感慨。

12 教令和成：指將袁枚之詩歌製成曲調唱和。

13 鐫板：指印刷。

〈答相國〉[14]

書來，敦逼再三，又命群公子環檄[15]而嬲[16]之，枚雖為石人[17]，亦不得不拾顏淵之塵[18]，煮魏昭之粥[19]矣。昨漏下二鼓[20]，聚家人而謀焉！僉[21]以為夫子飽大官之饌，飫天廚之珍[22]；凡堯葱舜韭，禹糧湯烹[23]，酒號三辰[24]，脯名千里者[25]，何一不屬厭[26]于相公之腹！一旦種菜野人，想出奇制勝，不亦難乎？然枚獨氣粗膽壯而奮然治具者，恰有別說焉！

14 答相國：卷一〈答相國〉共有五封信，本文所選是第三封信。相國即是尹繼善，曾任兩江總督及戶部尚書，是袁枚的老師。

15 環檄：指環繞告知。檄，用檄文飭令、告知等。檄：音ㄒㄧˊ。

16 嬲：擾亂、糾纏。音ㄋㄧㄠˇ。

17 石人：指無情無感之人。尹相國二次來函催食，袁枚自覺無法像石頭一樣無所感知。

18 拾顏淵之塵：比喻揀起地上的塵飯而食。用顏淵炊飲，塵落甑中，掇而食之的典故。

19 煮魏昭之粥：比喻煮粥三次被呵斥而無難色。用魏昭為郭林宗煮粥，三次被罵皆無變容之典。

20 漏下二鼓：指二更天，猶今之晚上九點到十一點。

21 僉：皆、全部，音ㄑㄧㄢ。

22 飫天廚之珍：比喻飽食珍貴美味的食物。天廚：天子的庖廚。飫：飽食，音ㄩˋ。

23 堯葱舜韭，禹糧湯烹：喻富貴人家之飲饌。葱、韭、糧、湯等尋常食物冠以「堯、舜、禹、湯」之雅名，以高其義，是袁枚用來尊稱尹相國所食之菜餚。

24 酒號三辰：指三辰酒，用以比喻珍貴的酒。《雲仙雜記》卷五引用《史諱錄》的記載，說玄宗時，貯三辰酒一萬車，以賜當制的學士。

每見大富貴人，堂上懸畫一幅，制行樂一圖，往往不畫玉几金床，而反畫白蘋紅蓼、竹杖芒鞋者，何哉？蓋味濃則厭，趣淡反佳故耳。枚今所獻，亦仿此意而為之，如平日詩文，自出機杼[27]，不屑寄人籬下。伊川先生[28]云：「凡事必求一是處。」況束修[29]古禮，不敢以苟且將之，以故別之欲其真也，冽之欲其清[30]也，調而嘗之，欲其臭香而引津[31]也。冪[32]而急馳之，封碧磁之口，欲其旨蓄[33]而氣不上升也。自以為弟子之於味也，盡心焉耳矣。且飲食之道，不可以隨眾，尤不可以務名[34]。嘗謂燕窩、海參，虛名之士也，盜他味以為己味；雞鴨魚豚，豪傑之材也，卓然有自立之味，各成一家，且如廣大教主[35]，往往以陰德濟人[36]，而己不

25 脯名千里者：這裡指名為千里脯的肉乾。脯，音ㄈㄨˇ。

26 厭：滿足，同饜。

27 自出機杼：比喻詩文命意構思，別出心裁，獨創新意。

28 伊川先生：北宋理學家程頤，字正叔，洛陽伊川人，世稱伊川先生。

29 束修：給老師之禮金。

30 冽之欲其清：將食物置涼或冰鎮以保持其清爽口味。冽：本義為寒冷，此作動詞，將食物放涼或冰鎮。

31 臭香而引津：指香味引人垂涎。臭：同嗅，指氣味，音ㄒㄧㄡˋ。

32 冪：以布巾遮蓋食物。

33 旨蓄：指保存食物的香氣。

34 務名：求取名聲。

35 廣大教主：原指宗教地位崇高者，此借指食物能成就美味者。

36 以陰德濟人：這裡指雞、鴨、魚、雞等食材的味道，可以幫其他食物提味。

居其功。枚所獻，有雞豚，無海菜，故又作解嘲之說，自文其陋，唯夫子哂[37]之。再有請者，陸氏莊荒三十年[38]，一旦偶有萌芽，倘樵者又從踐踏之，則從此寸草不生矣。誠恐所獻之味，有不中於口者，還求夫子隱惡而揚善，勿宣布于衆人為幸。

〈寄房師[39]鄧遜齋[40]先生〉

六月初，接夫子書，知因計典休官[41]，將還西蜀。枚初聞甚駭，覺當今有數正人[42]，昭昭如晨星之麗天，忽又散去，蒼生將何望焉！繼為夫子思之，則又色焉而喜！

古大臣能進以禮，退以義，吟風弄月而歸者，有幾人哉？聖人以微罪行尚可，而況以無罪行乎？夫子書中，亦極以退歸為樂，此雖夫子不言，而枚早已知

37 哂：微笑。音ㄕㄣˇ。

38 陸氏荒莊：借陸贄莊園荒廢三十年來指自己許久未嘗獻食。

39 房師：指明清時期，鄉試或會試之中試者對分房閱卷官的尊稱。

40 鄧遜齋：即鄧時敏，字遜齋，號夢岩，四川省廣安州人。曾任翰林院編修、侍講學士、大理寺正卿等職。

41 計典休官：指年老秩滿交還官職。

42 正人：指正直正派之人。

夫子之心之深也。使夫子有好爵爾靡[43]之意，則當三十年前隆隆驟遷[44]時，必不告歸請養，急流勇退矣；豈待于今六十高年，而轉有所戀戀哉？惟思枚二十三歲受夫子知，至如今五十九歲，雖乞身太早[45]，不以遠大自期，有負夫子屬望[46]之至意。然今日一丘一壑[47]，一飯一衣，飲水思源，皆夫子之所賜也。從前長安通書，彼此容易，此後則萬里西川，鴻鱗[48]少便矣，白頭師弟[49]，再見何時？靜言思之，淚如雨下。猶記〈送尹文端公入相序〉：「倘或前緣未盡，定重逢問字之車[50]；如其後會難知，誓永立來生之雪[51]。」不圖此日又為夫子誦之。命撰墓志，在夫子達人之見，無悶于懷，而枚則何敢？古人如陶靖節之自祭[52]，司空表聖之墓銘[53]，

43 好爵爾靡：指棧戀高位。語出《周易．中孚．九二》爻辭：「我有好爵，吾與爾靡之。」意指我若有好爵位，與你共享。好爵：指高位。靡：通糜，分享之意。

44 隆隆驟遷：指迅速升官。

45 乞身太早：指辭官太早。乞身：請求退職。

46 屬望：期待、盼望。

47 一丘一壑：指退隱山林。

48 鴻鱗：指書信往來。

49 白頭師弟：指老師及弟子皆已白髮皤皤。

50 問字之車：指向博學之人請教。此用漢代揚雄典故，因揚雄多識古文奇字，有好事者載酒餚之車來遊學。

51 永立來生之雪：袁枚願和老師來生再結師生之緣。此用宋代楊時「程門立雪」典故，當時楊時欲見老師程頤，見其坐著睡著了，遂在門外等候，俟老師醒來，已積雪尺餘，後世遂用來指受業學生對師長之尊敬。

52 陶靖節之自祭：指陶淵明生前有〈自祭文〉祭奠自己。

53 司空表聖之墓銘：司空圖生前自造墳墓、棺木，遇到嘉日，便邀請朋友遊詠墓壙之內。

自為之可也，他人為之，不可也。預凶[54]有非禮之譏，而況門生乎？惟生傳[55]則自古有之，如韓昌黎之于何蕃[56]，司馬溫公之于范鎮[57]，有例可援，枚當撰成寄上。未知寸莛擊鐘[58]，能表揚賢者于萬分之一否？

師母夫人溫恭淑慎，于法宜銘，謹撰墓志一篇，先鐫玄石[59]。札中有為世兄完姻，將到維揚[60]之說。枚欲先往延候、恐舟到無期；而出月[61]又為家慈九十壽期，未免有人子應辦之事，難以渡江。為此特差家人先到揚州，並托族弟[62]常鎮道[63]名鑒[64]者，加意照應。謹具程敬[65]，聊表區區[66]。

54 預凶：原指預先顯示不祥之兆，此指未喪先弔。
55 生傳：指生前立傳。
56 韓昌黎之于何蕃：韓愈因何蕃義正詞嚴叱責朱泚叛亂，預先為其立傳。
57 司馬溫公之于范鎮：司馬光因范鎮道德風範可為表率，為其立傳。范鎮為北宋人，直言敢諫，與司馬光同樣反對王安石新法。
58 寸莛擊鐘：以寸長草莖敲擊鐘聲，其聲不響，比喻力不能勝任。莛：草莖，音ㄊㄧㄥˊ。
59 鐫玄石：這裡指雕刻師母的墓志在黑石上。鐫：雕刻，音ㄐㄩㄢ。
60 維揚：揚州的別稱。
61 出月：下個月。
62 族弟：同宗族的人，同輩而年紀略小者。
63 常鎮道：是「常鎮通海道」的簡稱，江蘇省設置的道。
64 鑒：袁枚的族弟袁鑒，當時擔任常鎮道一職。
65 程敬：送給遠行者的路費或禮物。
66 區區：指微小，微不足道。

參・可以這樣讀

尺牘是什麼?

所謂「尺牘」最早是寫在大約一尺長的木版或竹簡上，所以名之「尺牘」，後來轉義成「書信」之意，也可稱為尺素、書翰、函牘、信札等。袁枚的尺牘非常有特色，不僅炫耀才學，而且幽默有趣，涉獵亦廣，內容包括與師長、友朋往來的對話等。

書信體與一般的論著不同，從形式而言，書信是應用文體，有固定受信者，也有書寫想達到的目的，包括應酬類的慶、弔、賀、慰，也有借、貸、請託、饋贈等；從內容而言，可以抒情、言志、敘事、議論等，無所不可。書信最難在於不僅有書寫對象、有表述目的，若有所請求或婉拒時，還要適切地表達才不失禮節。袁枚從三十三歲開始退隱，期間僅三十七歲曾因經濟問題短暫出仕。沒有官職的袁枚，書寫的對象，大都是有官職者，如何表述？如何不卑不亢的表達立場而不會有失身份，必須審慎為之。然而，袁枚操作尺牘遊刃有餘，無論書寫對象是相國、房師、長官、親人、朋友咸能適當表述，且將自己的性情、才學與識見具現無遺。從書寫的內容觀之，有些是日常生活的小事，也有些是人情的請託，亦有部份牽涉人生觀或是對政治的論述者，多元而繁富。從表述的手法觀之，大都是篇幅短小的書信，偶有論述，才有長篇的回應書信，其中，還有多封連續往返回覆的信函等。

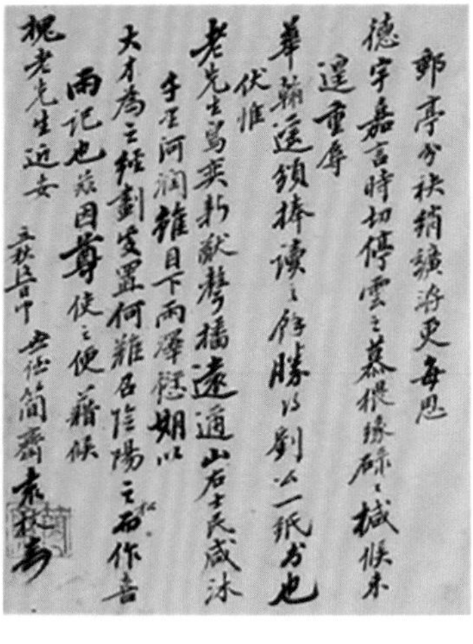

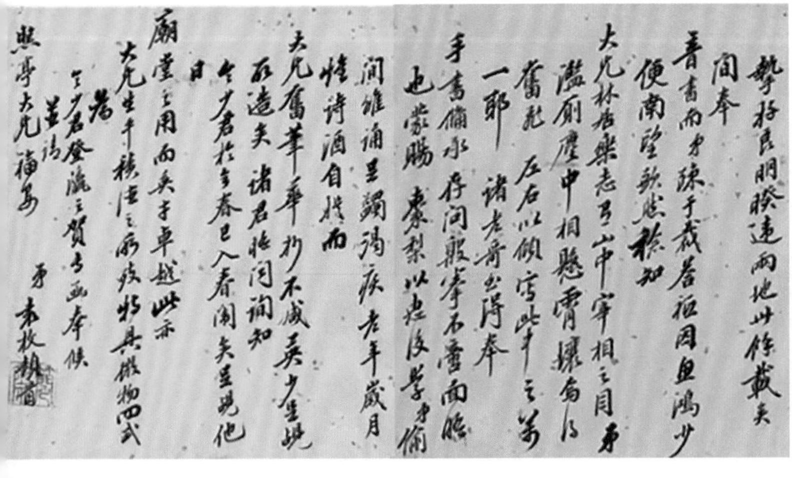

本選文分從三個面向切入，期能多元展示袁枚特殊人格特質以及尺牘特色。有展示詼趣幽默的〈戲招李晴江〉；有討論飲食者，在書信當中有關飲食之書札甚多，有〈病中謝尹相國賜食物〉、〈答似村公子索食物〉、〈答相國〉五札等，皆與飲食相涉，本選文錄〈答相國〉第三札，以見袁枚的飲食觀。另外，選〈寄房師鄧遜齋先生〉以見其文才被房師器重及撰寫墓志始末，用以豁顯獨特的死生觀。

隨興、隨情、隨緣的隨園

〈戲招李晴江〉是袁枚邀請李晴江到「隨園」一遊的邀請函，究竟李晴江是何許人也，值得如此興致高昂地邀他蒞園一遊？隨園究竟有何美景，值得如此盛重邀友蒞臨暢遊？而袁枚又要如何書寫邀請函，對方才會惻動心臆前來一遊呢？

李晴江是誰？他就是揚州八怪之一的李方膺，江蘇南通人，曾任山東、安徽、合肥等地知縣。因為為人傲岸有風骨，仕宦生涯中曾經在山東因私自開倉糧賑災被彈劾，也曾反對上司擾民的墾荒令而造成冤案入獄，但是，這些官場上的是非，並不影響他的生命風格，仍然做他認為對的事情，不因個人得失而懷憂喪志。晚年寄居金陵項氏的「借園」，自稱「借園主人」，他善長畫松、竹、梅、蘭，常往來揚州賣畫維生，因藝術品味殊異常人，值得袁枚邀請他暢遊自家園林。

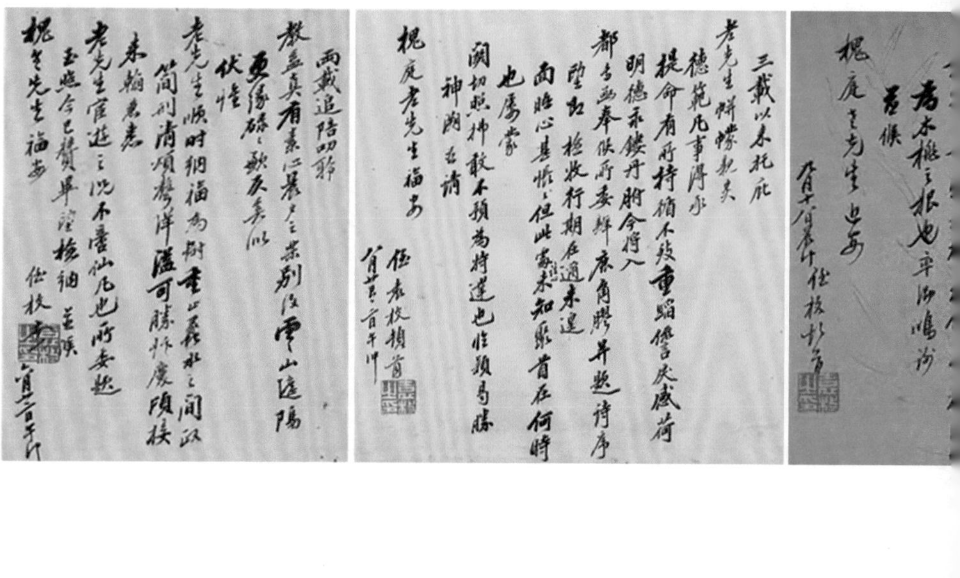

「尺牘」最早是寫在約一尺長的木版或竹簡上，後來成為「書信」之意，亦稱尺素、函牘等。

隨園究竟有何奇風異景值得邀請風骨傲岸的李方膺到此一遊呢？

「隨園」是袁枚在三十二歲，也就是乾隆十三年購得江寧織造隋赫德的「隋園」。曾經風光一時的名園，此時園傾牆頹，百卉蕪謝，袁枚惻然心悲，用三百金買下這座荒廢的名園，經過整修之後，取同音異義，將「隋園」易名為「隨園」。經過建樓、置亭、設屋、造橋整修之後的隨園，因為就勢取景，氣象堂皇，落成時，袁枚曾經感嘆這個名園如此美好，若是當官任職，俗務纏身，只能一個月來一次；如果住在這兒，便可以天天到園中遊賞了。

這就是一種抉擇。仕與隱，一直是中國文人的迴旋曲，擺盪在其中，進憂其君，退憂其民。若要逼問什麼是存在的價值，芸芸眾生之中，有人在政治上逐名追利、有人在商賈間逐盈追潤、有人在市井之間苦辛勞動，這些皆非所欲，那麼存在的價值是什麼呢？人生一世，雖有物質性的部份，就是會老、會朽與花草樹木一般，但是，更有精神性的部份，有靈知、靈覺，不會隨日月起落、花木開謝而無知無感，必要活出不同於花木的生命、不同於飛禽走獸一樣的生命。那麼，袁枚要追求的是什麼呢？

對面仕、隱，必須做出人生的抉擇，激發他辭官念頭的是蘇東坡曾經說過一句話：「古之君子不必仕，不必不仕」，何必拘執在仕或不仕的念頭呢？袁枚對於仕或不仕、居住在這座莊園久或不久，有很深刻體會，他所抱持的態度就是「亦隨之而已」。正是這種隨緣、隨興的態度，才能活得自在自如，不必在官場汲汲營營，亦不必悽悽惶惶於患得患失。仕與隱，二者不可得兼，最後

袁枚之孫袁起所繪的隨園圖，
袁起自幼承繼家法，
隨父袁烺習畫，尤擅山水小景。

做了決定：捨官取園。於是稱病辭官，帶著堂弟及外甥一同移居在隨園之中。

捨官取園，留給自己一個如實自在的人生

袁枚為何要在最青壯的三十三歲辭官呢？此時前途正好，到底什麼原因讓他放下可以青雲直上的機會呢？除了上述的「隨緣」態度之外，還有更具體的理由。他在〈答陶觀察問乞病書〉明確說出：「人有能有不能，而官有可久與不可久」，自己才三十三歲，前途尚好，非有「士不遇」的牢騷，因是忖度整個官場情勢，要為某些大官供奴作僕，實是不甘也不堪：「今強以為能，抑而行之，已四年矣」，忍受這種生活四年有餘，自覺無法再承受了，如此官場生涯，既是不能，就不做了，並非因為官小，也不是不願意為生民謀利效勞，而是不甘委曲求全為人作僕。懷抱利器，想要為百姓效力，卻未能一展長才，僅能做為上司大官差遣的小官，是以「不能也」。

再者，在〈再答陶觀察書〉又說：「嘗謂功業報國，文章亦報國；而文章之著作為尤難」，明確說明自己更有名山大業要去踐履，誠如曹丕所云：「文章者，經國之大業，不朽之盛事」，值得用青壯歲月辭官換得自在書寫的生涯。「立言」雖比起立德、立功有所不同，與其仰人鼻息未能立德、立功，未若退求立言著述。在〈答兩江制府尹公〉也說明非無仕進之心，父親逝世已久，老母七旬，家無昆季孝養，烏鳥私情，退而求息，絕非欲藉山水泉石自鳴其高。

袁枚深有自知之明，既不願在官場委曲求全，且要成就名山著述大業，辭

官之理由，以母老、以病乞、以園成、以著述為名，這些皆是辭退的理由。若因退隱而可以兼顧以上諸項，何樂而不為？

捨官換園，換得的不僅是一園峰岫點綴之幽美，不僅是草木蓊鬱之曠美，不僅是亭台樓閣之旭輝耀光，更多的是可以享受清閒的歲月，不必東西奔走而可以奉養老母，不必勤勉地宵旰從公，而可以在悠然的歲時中，以著述為業，也可因著述而名世。如是，袁枚可以名正言順地以一官易隨園。

離開官場，卸下官職，可以還一個自在的人生。而辭官退隱是放下社會責任避人、避世而去嗎？

不然。他僅是放下官職，並非隱遁在渺無人跡的山林之中，他仍然親力親為奉母至孝，仍然與世人交接往來，二百五十餘篇的尺牘就是與各界友人往來的實證，內容並非不涉世俗的事情；有對於因賭博被捕的剪髮者大發議論；有朋友託賣畫燈之事；有推荐後生晚輩或奇才者；有答友人贈母壽字之事；有大談獄治、吏術者；有談人倫大要者，這些皆豁顯隱而不退，只是換一種方式生活在人世間，與文士仍然熱絡往來，並且教導女弟子寫詩並編輯詩刊等，用優遊的方式活在莊園之中，形成人我互動而非隔絕的情形，塑造出隱退的新形象，以寬廣超越的心態，活在人間，形成既在人間又超脫世俗的方式，悠遊其間。「為己之學」是肯定自我，追求自我價值；「為人之學」是浮沈在別人的肯定之中，袁枚不需要從他人的肯定而肯定自我，自我就是圓滿自足的存有。

相對於袁枚對「隨園」的「隨之而已」的隨興態度，李晴江的「借園」，

也頗有李白浮生若寄的況味，寄寓人世不過是暫時借住而已，則「隨」和「借」正可以看出袁枚和李晴江的生命態度，揭示了對浮遊人世的證悟。二人脾性相合，對人生皆有所體證，莫怪乎袁枚要邀他蒞園一遊。

江山風月無常主，戲招好友暢遊美景

那麼，要如何書寫邀請函，奇傲不羈的李晴江才肯到此一遊呢？文中運用許多幽默諧趣話語逗引他，故稱為「戲招」。從文字中可以看出二人的交好。袁枚寫此信時，李晴江已解官寄居「借園」。生命中有很多不能等待的事情，對於隱居的人而言，什麼才是最重要的事？什麼才是可耽美的事呢？在繁花盛開、姹紫嫣紅的季節裡，良辰美景是不能等待的。袁枚告訴李晴江欣賞美景，要趁早、要及時、要與東風爭速度，不要等花落滿地之後，徒惹神傷了。最值得玩味的是以「落花」和「綠珠」作對照，巧用杜枚的「落花猶似墜樓人」來比喻。盛開的花，也是有生命的，是嬌貴的。懂得欣賞因時而開的花，才懂得珍惜生命中的美好，因為所有的美好皆是短暫留存的，片刻的美好，就是永遠的記憶與回憶了。

除了邀約李晴江到隨園一遊，袁枚還對借園花木非常感興趣，建議他前往合肥之前，何不將花木交給袁枚照養，當成託孤之計，而且贈花如贈妾，不妨將如此好花好景留與他人共賞幾年，如果不信任，也可派一位歌者留著照養。甚至假擬二人對話的方式說：等到你回來了，我可以對你說，花木還是很茂盛

袁枚辭官退隱後與文士仍然熱絡往來，並且教導女弟子寫詩並編輯詩刊等。（清代畫家尤詔、汪恭兩人合作〈隨園湖樓請業圖〉，局部）

美麗而歌者已老了。你也可以回應我說：「樹猶如此，人何以堪」。袁枚扣合情境巧用典故，自我問答，令人發噱。

另外，袁枚對自己的詩歌非常珍愛，從二件事情可以得知。其一是李晴江即將赴合肥，袁枚寫送行詩給李晴江時還要在詩旁作注，因為他知道自己將因詩而名世，趁著寫詩可以自作注，免得勞費後世人考證作注，亦未必正確，並以杜甫和孔巢父二人的交情來比況自己和李晴江的交好。再者，詢問合肥是否有詩人，可以唱和自己的歌作，回程之際即可付印，因為這些詩稿比起羊牛肥肉更輕呢！其實是正言若反，詩歌印刷成書當然比牛羊肉更輕。但是，若從文學價值而言，則物質之輕，焉能比得上文學之重。從來文學的價值是跨越時空、歷久彌新的，不似牛羊之肉，僅是一時一地便可消費之物。幽默地將詩歌與牛羊肉做對照，其實是袁枚對自己詩歌成就的肯定，寄望送行詩交給李晴江之後，能有同好者可以唱和。

「江山風月本無常主，閒者便是主人。」所有的奇山麗水，所有的繁花盛景，皆隨時矗立在眼前，然而，有人視而不見，有人觀而無感，其中的異同，在於是否有無一雙慧眼可以凝視這些日常與我們相翕相合的美景？有無一顆閒賞的心境，可以和這些美景巧然相應相合。唯有「閒」才能悠哉遊哉的欣賞環繞在我們週邊的美景，此所以王維有「人閒桂花落」體悟，一個「閒」字便能打開心靈、打開慧眼去契會周遭美景。袁枚也要李晴江放下忙碌，到隨園暢遊，究竟能否釋放庶務，走此一遭，正考驗著李晴江對惜時、對生命的體悟。

李晴江解官寄居於「借園」。

李晴江像

味濃則厭、趣淡而有味的飲食美學

袁枚一連寫了五封〈答相國〉的信，究竟何事需要如此頻繁且急切的回覆呢？

原來，是袁枚答覆尹相國索食的信函，五封書信各有內容，從求食、拒絕、送食、答謝贈禮、再答贈禮的五封信往來，可以看到二人來往密切以及袁枚對飲食的獨特看法。

第一封信先對尹相國說明飲食調羹製饌之妙，難以衣缽相傳，但是喜愛美味是人心共同，烹飪技術雖在父兄難以移教子弟，所以袁枚說「傳說調羹之妙，衣缽難傳；而易牙知味之稱，古今同嗜。」故而婉轉拒絕尹相國索食。第二封信說明自己對飲食的態度：「詩之不佳，一身失名；味之不佳，一家喪名。」可知袁枚將飲食之名聲比諸詩歌創作，其看重可見一斑，所以遲遲未能輕易備饌，婉拒獻食。第三封信就是選文中所示的內容。

對於尹相國不斷索取美食，可以拒絕一次、二次，再拒絕第三次就是失禮了，此是第三封信，袁枚只好勉為其難的獻上食物並加以說明自己對於獻食的想法。

面對身居高位的尹相國，必然吃慣了奇珍異饌，那麼還有什麼飲饌可以吸引他？有什麼可以讓他欣然入口呢？如何可以出奇制勝，與眾不同？袁枚巧妙用了一個譬喻，說明大富大貴之人畫行樂圖，不畫金几玉床，那樣會顯得俗氣，反而畫上白蘋紅蓼、竹杖芒鞋的畫面，即可顯現行樂的雅趣，故而也以清香雅

李晴江，清代書畫家，擅畫松竹蘭菊，尤長寫梅。為「揚州八怪」之一。

淡之餚獻上，避免味濃生厭，而趣淡反而有味。

袁枚對飲食的看法，是追求自然美學，人為的造作是不美的，過度的裝飾、修整，吃不到食材的原汁原味，並非真正品賞美味，真正的飲食是求雅、淡，不在大魚大肉，而是在乎吃出食材原有的鮮美味道。此次獻食就是以這樣淡雅美學來製饌，這種態度與自己平日寫詩作文也是自出機杼，不屑隨人腳步的情形一樣，飲食也要自出雅淡之趣，不肯隨步他人。

接著再說明製作飲食是本著真、清、香的手法，讓食物的清香可以引發食欲而齒頰生津，食物完成之後迅速完封送到尹相國府上，希望保留香氣不會跑味。這番盡心盡力備饌的心意希望能被察知。同時也揭示「飲食之道，不可以隨眾，尤不可以務名」的觀念，即是要有創意，不要做個隨眾的人，也不要貪求美名，並且指出食材的特色，譬如燕窩海參，自己無味，必以他味為己味，至於雞鴨魚豚是自己本身即有獨特的美味，且能以美味提他物之味，而又不居功。最後，謙遜地說出自己所獻之味道，若不符口味，則請求相國隱惡揚善，猶如久居荒莊之地，若偶有萌芽之草而被樵夫誤踐，則必定寸草不生，猶如自己很少獻食，若品賞不切所望，希望相國勿為宣揚佈示。

袁枚誠惶誠恐獻食，卻又不失諧趣的指出自己飲食的審美趣味。今日的我們，雖看不到獻食的內容，也無法品賞其如何饌製色香味俱全的食物，但是，透過袁枚的第四封信，可以知道相國食後大感滿意，且厚重賞賜廚人備饌之認真與用心，不僅如此，第五封信亦是回覆相國大賞廚師，袁枚代替廚師收此貴

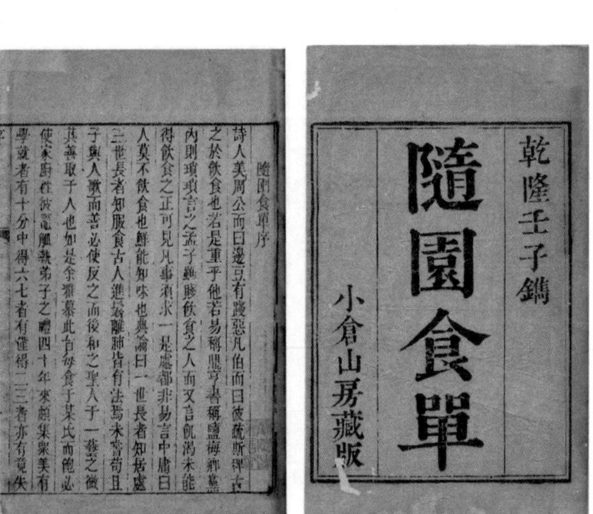

乾隆壬子鐫
隨園食單
小倉山房藏版

隨園食單序

詩人美周公而曰籩豆有踐惡凡伯而曰彼疏斯稗古之於飲食也若是重乎他若易稱鼎亨書稱鹽梅鄉黨內則瑣瑣言之孟子雖賤飲食之人而又言飢渴未能得飲食之正可見凡事須求一是處都非易言中庸曰人莫不飲食也鮮能知味也典論曰一世長者知居處三世長者知服食古人進鬐離肺皆有法焉未嘗苟且子與人歌而善必使反之而後和之聖人于一藝之微其善取于人也如是余雅慕此旨每食于某氏而飽必使家廚往彼灶觚執弟子之禮四十年來頗集眾美有學就者有十分中得六七者有僅得二三者亦有竟失

袁枚對飲食的看法，是追求自然美學。

重賜禮，而略感惴慄不安。

中國人崇尚的是極簡的美學，老子揭示的「大音希聲」、「至味無味」，就是這種藝術境界，將形象與具象的感官層次昇華到化約的美學層次；揭示真正的音樂不是鑼鼓喧天的喧囂吵雜，而是大音希聲，讓你能夠放下一切，用心靈去聆聽，去感受與體會；那麼，飲食也是如此，「味無味」就是超越感官的品賞，提昇到審美的認知。如何讓飽飫山珍海味的舌頭可以吃出一點點不一樣的感覺，一點點濃郁之後的清甜淡雅的感覺呢？袁枚獻食給尹相國，用的策略就是自出機杼。

為什麼要寫《隨園食單》

《隨園食單》不僅是一本體系完整的烹調食譜，同時也隱含了袁枚個人的飲食美學。袁枚為何要寫《隨園食單》呢？他在序中曾說自己非常喜歡美食，只要在某家吃得美食，便使家廚前往學習，積四十年的經驗及記載，「頗集眾美」。再者，《說郛》記載三十多種飲食之書，陳繼儒、李漁也有所論，自己曾親自嘗試，大半是陋儒附會，無可取焉。雖然《中庸》曾說過：「人莫不飲食也，鮮能知味也。」也知道對於飲食之品味，人各有異，猶如「人心不同，各如其面。」飲食雖為小道，為了推己及物，希望將美食分享大家，於是寫了這本《隨園食單》。

全書內容包括十四種食單，首列烹調必須注意及戒忌的事項，再將各種食

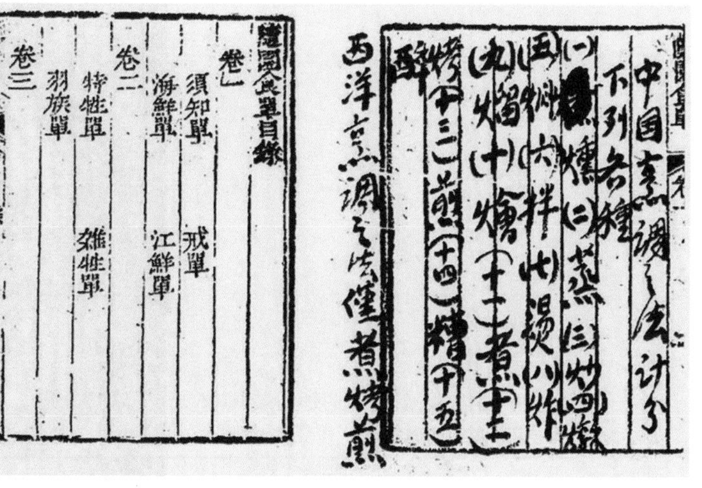
中国烹調之法計分下列各種
西洋烹調之法僅煮烤煎

隨園食單目錄
卷一 須知單 戒單 海鮮單 江鮮單
卷二 特牲單 雜牲單
卷三 羽族單

須知單 學問之道先知而後行飲食亦然作須知單
一先天須知
凡物各有先天如人各有資稟人性下愚雖孔孟教之無益也物性不良雖易牙烹之亦無味也指其大略豬宜皮薄不可腥臊雞宜騸嫩不可老稚鯽魚以扁身白肚為佳烏背者必崛強於盤中鰻魚以湖溪游泳為貴江生者必槎枒其骨節穀餵之鴨其臟肥而白色壅土之筍其

材分門別類進行烹調說明。〈須知單〉從作料、洗刷、火候、遲速、器具等皆非常講究；〈戒單〉說明烹煮應戒事項，包括外加油、火鍋、走油、落套、混濁、苟且等項；這些基本注意事項了解之後，接著再針對各種食材說明料理的方式，包括海鮮、江鮮、特牲（豬肉）、雜牲（牛肉、羊等）肉類的烹調方式，袁枚非常講究不同肉類食材，宜有不同的料理方式；對於羽族類的食材，也有〈羽族單〉撰寫雞、鴨、鵝的烹調方式；魚類又分為有鱗與無鱗二種，有鱗以魚類為主、無鱗類以鰻、甲魚、蝦、蛤蜊、蟹等各種水族食物為主，從這些細微的分類，即可知道袁枚果真積了四十年的功夫，才能將這些品類不一的食材料理方式，一一分門別類甄別異同，處理妥善。

肉類之外，蔬菜、點心、飯粥，亦有所撰，〈雜素菜單〉記載豆腐、豆類、瓜類及各種菜蔬的烹調技巧；〈小菜單〉處理筍、芥頭、乾菜、大頭菜等食材的方式；〈點心單〉包括各種麵食、餛飩、糖餅、饅頭、糕類、粽子等料理；〈飯粥單〉關於飯、粥之烹煮方式；〈茶酒單〉介紹各地之茶酒特色及如何飲用，對於泡茶的水亦非常講究。

全書內容不僅詳載各種食物烹調方式及應戒事項，且將個人對美食的品味寓寄其中，為我們留下了珍貴的清代飲食文化。

對「死生亦大矣」的豁達

《小倉山房尺牘》總共收錄三封寫給房師鄧時敏的信，師生情誼非同小可。

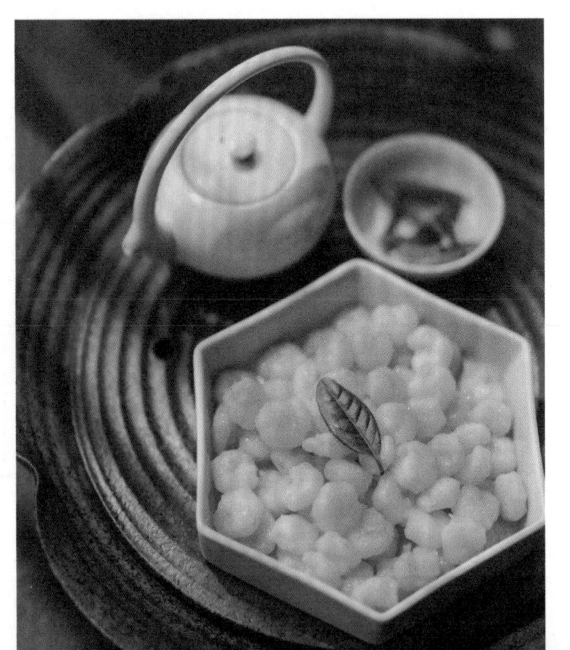

中國人崇尚的是極簡的美學，
老子揭示的「大音希聲」、「至味無味」，
就是這種藝術境界。

第一封信是勸慰鄧時敏莫因兒女早亡而感傷，祈能委懷順化，珍重有用之身。第二封信因鄧時敏稱袁枚與阿廣庭二人為最得力的門生，一文一武，輝耀門庭，袁枚則因隱退山中，謙稱不敢與當代勛臣相提並論，同時也感謝老師對自己知遇愛賞之深情。本文所選是第三封信，帶出了面對死生的人生態度。

袁枚這封信是回覆房師鄧時敏來函，首先對於老師因為秩滿休官將要回歸故鄉四川的消息，初聞但覺驚駭，因為當今之世僅有幾位正義之人，若忽然散去，替蒼生覺得可惜；另一方面卻又替老師感到欣喜，終於可以退歸為樂。其實，曾經在繁華盛世展演人生風華，面對退隱下台，需要什麼樣的轉身風姿，才能雲淡風輕地面對平凡的日常生活呢？曾經位居高位，如何面對退隱之後的澄淡自如呢？從繁華走向冷寂，從官場走向庶民的生活，這種心境的轉折，在袁枚的透視之下，肯定老師不棧戀官場，急流勇退的態度，若是戀棧高爵，早在三十年前就不會告歸請養，何況此時已是六十高齡之人。

接著再續寫二人的因緣，從二十三歲受知於老師，而今已是五十九歲之人了，對於自己退隱太早，深覺有負老師期望，但是飲水思源，仍然感謝今日所有的一切，皆是老師所賜。從今以後，師生二人相距萬里，相見甚難，思之淚如雨下。又想起不久前曾經送師尊尹公入京，即寫下今生來世之緣，料不到今日又要送鄧師歸西蜀，倘若前緣未盡，重逢可敘舊情，若相見甚難，願來生來世再結師弟之情緣。這段文字不僅將二人長達三十餘年的師生情緣寫出來，同時也預為未來作想望之情，寫來款款情深。

鄧時敏，四川省廣安州人，
乾隆元年進士。歷任大理寺正卿，
他生前居住過的舊宅，名叫翰林院子。

然而，前面二段皆是因事而發的情意流露，寫這封信最重要的是老師來信要袁枚預先替他寫墓志。

什麼是墓志呢?它是刻於墓表、或墓壙之內，用來記錄死者生前事蹟或表揚特殊功業，以資感念或紀念。通常墓志以最精簡文字表述死者一生懿行，文末附有銘，以韻文寫成，用以總括收攝死者生前事蹟。鄧師委託袁枚撰寫墓志其器重可見，正呼應前文所言，遜齋先生最得意門生有一文一武二人，文者即是袁枚。為自己預作墓志，需要多大的超然與曠達?直視死亡，是一種毅然決然的勇氣，而每一個人對治的態度各自迥然有別。

面對死亡有二種情境，一種是面對他人的死亡，一種是面對自己的死亡。面對親朋好友師長們死亡或許死生情切，或許「情之所鍾，正在我輩」，面對自己有限人身是一種更深的思慮，有人曠達以對，有人懼生憂死。吞併六國，統一天下，威赫一時的秦始皇，憂心死亡，不止一次追求長生不死之藥，曾派遣徐市帶著數千童男童女入海求仙人;又曾派韓終、侯公、石生求不死之藥;除了秦始皇之外，還有漢武帝也曾建造金銅仙人托著銅盤，立於宮前，承接天露，準備和玉屑磨食，以求長生不死。還有，唐代許多帝王也因溺道煉丹中鉛毒而亡;最終，無論是秦皇、漢武或唐王，追求長生不死者，迄今又有何人果真能夠永生不死呢?漢武帝〈秋風詞〉中的「歡樂極兮哀情多，少壯幾時兮奈老何」，寫出了雄壯威武的帝王，猶且感慨人生哀多歡少，無法抗禦生命中的老、朽與摧殘，那麼面對死亡更有無力回挽的慨嘆了。我們透過李賀詩歌所寫的「茂陵劉郎秋風客」，對於企求長生不死終歸成為陵宮供人憑弔的漢武帝，倍覺諷刺，原來，人生一世僅如秋風過眼、浮生過客而已。

老師要求袁枚寫墓志，顯然已對生死有所了悟，寫或不寫呢？是很掙扎的，既然老師都能如此看淡死生，那麼作為學生，又當如何展現老師一生事跡呢？浮生一世，僅餘一坯土、一塊墓碑，那麼墓志能夠記錄什麼用來彰顯死者的風華歲月或勳功偉業呢？畢竟老師仍然存有為浮生留下一個印記的想望，故而請袁枚代書墓志。

袁枚誠惶誠恐，自覺不可。但是，老師如此器重愛賞，又想起陶淵明曾在生前寫了〈自祭文〉，陶淵明對於死亡有一番體悟：「識運知命，疇能罔眷。余今斯化，可以無恨」，因為識運知命，故而對於死亡可以無憾。司空圖也在生前自營墳墓，遇有佳日，即邀友朋一同在墓壙中飲酒作詩，徘徊其間。司空圖這種逆俗之舉，友人好奇問難，司空圖回應：「生死一致，吾寧暫游此中哉！」生和死是一樣的，只是浮生暫寄在人世間而已。

陶潛和司空圖皆是生前自作此事，當然是可以的，因為他們不忌諱死亡，若是為他人預作墓志、預作弔喪是非禮之舉，何況是門生焉敢預為師尊書寫墓志呢？

袁枚又想起在人生前為人預作傳記者，在歷史上有二個很好的典範，一位是韓愈感於何蕃義正詞嚴斥罵朱泚叛亂，遂預為何蕃的正義風骨寫下傳記。第二位是司馬光有感於范鎮直言進諫的道德典範，也預先立傳。因為有例可循，

圖為清朝嘉慶年間朝廷為表彰鄧時敏的功德而賜造的神道碑。

袁枚也不敢違逆老師之意，不敢寫墓志，卻願意為老師寫下傳記，然又深懼自己無法表揚懿行典範於萬分之一，未能如實將老師的道德、功業、著述表現出來。最後，也替師母寫了墓志。

面對死生，如何勇敢的面對？李白〈春夜宴桃李園序〉：「夫天地者，萬物之逆旅也；光陰者，百代之過客也。」正揭示了我們的存在皆是暫寓人間的過客而已，後之視今，亦猶今之視昔，我們皆是天地的過客而已。鄧時敏預作墓志能夠洞悉有限人生的必然性，而袁枚對於死生亦有另一番有趣且嘲諷的看法。在袁枚四十餘歲時，有相士胡文炳為他算命，說他六十三歲會得子，七十六歲會死亡。果真，六十三歲生得一子，因得子太遲，名為袁遲，但是到了七十六歲的除夕夜仍未死亡，遂有〈除夕告存戲作七絕句〉，其中第六首說：「相術先靈後不靈，此中消息欠分明」用來嘲諷相士，也更相信天假歲月，可以恣肆悠遊人間，於是在母親逝世之後，展開旅遊，甚至七八十歲還遍訪名山勝水，這就是任真自得的袁枚，方能如此曠達面對死生大事而無所憂懼。

以上雖然僅擇三則演繹，頗能看出袁枚尺牘特色，以最簡潔精賅的文字，表達抒情、敘事、議論等內容，既有日常生活之實況摹寫，亦有鞭辟入裡的議論；既見不卑不亢的書寫身份，又能想見其詼諧幽默的人生態度。

隨園舊地早已毀於太平軍，如今是南京師範大學隨園校區校址所在。

肆・再做點補充

「有必不可解之情，而後有必不可朽之詩」的性靈說

袁枚成就多元，無論詩歌、小說、古文、駢文、食譜皆有撰著，尤以詩學成就最大。詩歌與蔣士銓、趙翼並稱「乾嘉三大詩人」，詩論創發「性靈」詩派，與王士禎的「神韻說」、沈德潛的「格調說」、翁方綱的「肌理說」並稱清代四大詩學流派，有《隨園詩話》宣闡學說。袁枚性靈詩說，遠紹梁代的鍾嶸，近承明代的公安三袁「獨抒性靈，不拘格套」之說，揭示詩歌必須寫出自己真實的情感，在回覆程晉芳的〈答程蕺園論詩書〉中說：「且夫詩者，由情生者也，有必不可解之情，而後有必不可朽之詩。」認為詩歌之所由來是因情而生，必定有濃郁深厚不可化解的芳馨悱惻之情，才能寫出不朽之詩歌，其重視真情實感對詩歌創作的重要，由是可知。

曾在〈仿元遺山論詩〉三十八首其一，以幽默含蓄的方式批評翁方綱以考據為詩：「天涯有客號詅（ㄌㄧㄣˊ，巧言吹噓）痴，錯把抄書當作詩。抄到鍾嶸詩品日，該他知道性靈時。」譏嘲沒有才學好誇之人，誤把抄書當成作詩，由詩中可知袁枚的性靈詩說梯接鍾嶸《詩品》所倡導的詩歌應吟詠情性，不重用典，要求自然脣吻等主張。

反對沈德潛「格調」重教化、尊唐抑宋，他在〈答沈大宗伯論詩書〉中指出「至於性情遭際，人人有我在焉」，以回應沈德潛的貴古賤今及推崇漢、魏、

盛唐之詩，認為詩歌是表現個人性情，不必依託於古人之詩作，因為「詩有工拙，而無古今」，甚至提出「未必古人皆工，今人皆拙」的說法。

至於寫作的態度，曾在〈遣興〉詩中說：「愛好由來落筆難，一詩千改始心安。阿婆猶是初笄女，頭未梳成不許看。」道出寫詩求好心切與執著的心態，詩歌千改才心安，若未修改完成不許他人觀看，巧用譬喻，以少女來比喻阿婆梳頭的心情，未梳裝打扮完成，不許他人觀看，對於詩人寫詩求好、求成、求全的心情了然通透。

袁枚〈自題〉詩也指出：「不矜風格守唐風，不和人詩鬥韻工。隨意閒吟沒家數，被人強派樂天翁。」寫出自己創作不拘唐風，不守一格，也不和他人競韻鬥巧，只是隨興吟出自己的性情，卻強被安置成學習白居易的詩風。這樣的說明頗能展現其寫詩的隨興與自在的性情：「但肯尋詩便有詩，靈犀一點是吾師」。

「天地無心而化成」的證悟

袁枚六十三歲時，鍾姓小妾為他生下兒子，晚年得子實屬不易，遂有人問老來生子的妙方。袁枚以〈答人問生子〉回應所問。指出自己老來得子是偶然之事，並且用方望溪與弟子對話，指出生子是與「天理」無涉的「人欲」，再借用方望溪之說法，繼續推理說明「天地無心而化成」的道理，不僅是生子嗣是如此，亦舉例說出顯貴之家，必不相信風水擇吉地而葬。能夠獲得意外之財的人，也不必先占卜而能擁有。能夠享高壽的人，也是從來不服用丹藥。名將之人，也並非善讀兵書的人。這些道理皆是順應自然而能獲得，如果勉力強求必不能有獲，最後還勸朋友，如果此時無子嗣，要當作有子嗣來看待；將來若真有子嗣，也要視如無子嗣，這樣不僅容易生子，也比較容易撫養孩子。這些例子，其實用來證成「天地無心而化成」的道理，因為無心才能有、才能成，若先有欲得之心，往往用心太過，得失心太重，反而不容易獲得。易言之，就是不要有「得」的心，就不會有「失」的心；不要有「得」的壓力，就能順其自然，一切自然，便能輕巧而化成。袁枚用親身經歷來勸慰老年尚未得子之人，不要得失心太重。其實，這是母親教導他的態度，在〈先妣章太孺人行狀〉中說到，晚年抱孫頗遲，人以為憂，母親絕不介意，說：「吾兒居心行事，必當有後，如其無之，則亦命也，吾何容心焉。」如果無後，也是命中註定的，又何必牽掛於懷呢？正是這種態度，讓袁枚不會以六十餘歲仍未能得子而憂，也因為這種寬容、寬心的心態以及從容自在的心情，才能母子皆享有高壽。

從這些內容可知袁枚不信相士、風水之說，而命中有子無子亦無須患得患失，這是很先進的思想，在清代乾嘉時期發言，頗有見地。（林淑貞）◆

10 新詩二首

之一・風景

林亨泰是台灣非常具代表性的前輩詩人。雖然是典型「跨越語言的一代」，但是所有束縛與挑戰，都不曾限制他寫作的才情與熱情，反而被吸收、消融，轉化為更豐富、多元的創作主體。他既有現代主義前衛、實驗的精神，也深蘊樸實、包容的鄉土情懷。而對於漢字形聲義兼具的本質，更有獨到的理解，這使得他的圖象詩獨樹一格，充滿豐盛的寓意與巧思。

壹・作者與出處

林亨泰，一九二四年出生於彰化縣北斗鎮，幼時隨父母遷居各地，七歲才遷回故鄉，就讀北斗公學校。他自小學便喜歡音樂及歌詞，中學高年級開始接觸刊載新文學作品及理論的雜誌《詩與詩論》，遂透過西脇順三郎、春山行夫等人的文章，認識西方新興的文學潮流。隨後林亨泰閱讀橫光利一、川端康成等人作品，對日本「新感覺派」的表現手法跟思想內涵有所理解，並開始嘗試創作日文短詩。一九四六年入台灣省立師範學院（今臺灣師範大學）就讀。受

到政府禁用日文的影響，此時才學習及使用中文的他，成為所謂「跨越語言的一代」代表詩人。

一九四七年經友人朱實介紹進入「銀鈴會」，在顧問楊逵鼓舞下，開始積極於《潮流》、《新生報・橋》副刊發表作品。此時作品有著顯著的現實主義風格，如〈圍牆〉、〈按摩者〉、〈群眾〉、〈鳳凰木〉等，皆顯露出濃厚的社會關懷。銀鈴會是一九四二年由張彥勳、朱實、許世清三人發起的組織，曾發行日文詩刊《邊緣草》，是日治末期難得一見的藝文刊物；國民政府禁用日文後，《邊緣草》被迫停刊，直至一九四八年才以《潮流》復刊。當時以「亨人」為筆名的林亨泰，可謂是從《潮流》開始踏入文壇。可惜銀鈴會因多位成員捲入「四六事件」（國民政府於一九四九年四月六日，派軍警赴臺灣大學與師範學院宿舍大規模逮捕學生，被視為台灣「白色恐怖」之濫觴），被迫中止運作。

一九五〇年，林亨泰自師院教育系畢業，回彰化縣北斗中學任教。一九五三年轉任省立彰化工業學校（今彰化師大附設高工）教師。同年，紀弦創立《現代詩》季刊，並與開始恢復寫作的林亨泰通信。一九五六年紀弦創設「現代派」，林亨泰便是九位籌備委員之一。參加「現代詩社」的林亨泰自此密集發表作品，包含了詩創作與詩評論，尤以推翻傳統的詩形式與概念的「符號詩」受到矚目。在與另一詩社「藍星」的論戰中，林亨泰允為「現代詩社」最重要的一

1949 年時的台灣省立師範學院(現在的國立臺灣師範大學)。

枝筆，曾提出五篇迥異於傳統詩觀念的前衛詩論：〈關於現代派〉、〈中國詩的傳統〉、〈談主知與抒情〉、〈鹹味的詩〉、〈孤獨的位置〉。他藉此一方面替現代派的理念辯護，一方面展現出對現代主義詩學的理解，對台灣現代主義詩創作奠定了理論基礎。

一九六四年他又和陳千武、詹冰、錦連等人創設「笠詩社」，命名取自台灣本地常見的斗笠，詩社成員之創作多偏向現實主義風格。作為首任主編，他初步確立了《笠》詩刊編輯方向，也在刊物上發表多篇對現代詩本質的探討文章。從林亨泰身上可以看到現代主義詩精神，如何落實在以現實為題材的書寫實踐中。他也證明具前衛感、富實驗性的創作，不必然得跟「鄉土」或「本土」對立起來。就像他曾說道：「『現代』」與『鄉土』兩種觀念並不衝突，『現代化』只是世界所有國家共同一致的目標，然而其成果務必讓他落實在自己的『鄉土』上。」從日文跨向中文創作、走過現代又深耕鄉土、參加過「現代詩社」與「笠詩社」、同時寫作詩與詩論……，林亨泰具備眾多雙重身分，不變的是他筆下一貫的冷靜知性與關注現實。著有詩集《靈魂の產聲》（靈魂的啼聲）、《長的咽喉》、《林亨泰詩集》、《跨不過的歷史》等，以及評論集《現代詩的基本精神——論真摯性》，並有十冊《林亨泰全集》。本選所錄之〈風景 No.1〉與〈風景 No.2〉，原刊於一九五九年十月《創世紀》第十二期。

貳・選文與注釋

〈風景No.1〉

農作物　的
旁邊　還有
農作物　的
旁邊　還有
農作物　的
旁邊　還有

陽光陽光曬長了耳朵
陽光陽光曬長了脖子

〈風景 No.2〉

防風林　的
外邊　還有
防風林　的
外邊　還有
防風林　的
外邊　還有

然而海　以及波的羅列
然而海　以及波的羅列

參・可以這樣讀

〈風景 No.1〉與〈風景 No.2〉是林亨泰同一系列之作，可以兩篇併而觀之，亦能各自獨立閱讀。在形式上，兩篇從句法、長短到排列都極為接近，第一段也同樣有重複語詞：「農作物」與「防風林」；「旁邊」和「外邊」；「還有」跟「的」。尤其在「農作物」與「防風林」一句句排列之下，當可帶給讀者強烈的視覺印象與心理衝擊。兩篇的第二段則從句式上相近，延伸為鏡頭角度之推移。〈風景 No.1〉寫道：「陽光陽光曬長了耳朵／陽光陽光曬長了脖子」，光合作用可以讓農作物生長（所以會有橫向的「曬長了耳朵」，或縱向的「曬長了脖子」），鏡頭彷彿往上移動；〈風景 No.2〉中「然而海　以及波的羅列」，相對於鏡頭起點的岸邊，海浪是從近而遠、由內向外的移動。除了相近跟推移，另一個值得注意是兩篇間「旁邊」、「外邊」的對比。〈風景 No.1〉提及，在農作物的「旁邊」還有農作物；〈風景 No.2〉中變成在防風林的「外邊」還有防風林。旁邊是接近而緊密，外邊乃稍遠而疏稀，由此可對比出兩篇中密度跟間距的差別。

作者曾經說過，〈風景 No.2〉這首詩是他從溪湖坐車到二林時，沿途看到一排排的防風林。過了二林以後就是海，可以看到一波波海浪，他坐在急駛的車上，將所看到的情景寫了下來。但讀者在完全不知道此一創作背景下，仍然可以從視覺與聽覺出發，感受到全詩的意境與旨趣。〈風景 No.2〉雖然與〈風

▶「農作物」與「防風林」在一句句排列之下，帶給讀者強烈的視覺印象與心理衝擊。

景No.1〉同樣富有韻律感、適合用朗誦去體會，但〈風景No.2〉更多了一種行動中的速度感，還有海浪般綿延不絕的連續性。末兩句「然而」之後別無他物，只有「海」與「波的羅列」，讓視野拉到極廣至闊之處，詩境更顯大開。兩篇作品都採用極簡的語言與奇特的句構，既像是同一組旋律的多重變奏，也像是同一類物象的迴旋連接。「風景」在詩中不再只是可欣賞的具象事物，反而更被詩人轉譯成饒富視覺美感的圖象符號。

這組詩堪稱是台灣一九五〇年代末期最具前衛實驗精神的詩篇之一，靈感與意象卻都來自台灣本地的自然界。詩中提到的農作物、防風林、海等確實存在，但過往它們都只是被當作「物體」或「客體」，羅列、擺置在風景之中。林亨泰的兩首〈風景〉卻像後期印象派畫家塞尚（Paul Cézanne，一八三九～一九〇六）的繪畫，不是要表現或創作什麼「主題」，而是讓重心從「主題」轉移到「物體」本身。

職是之故，〈風景〉並非對大自然景色的單純模仿或複製，詩人毋寧是想透過農作物、耳朵、脖子、防風林、海等物體本身，來營構出全新的「詩之風景」。為了讓這些物體脫離日常生活下習以為常的樣貌，詩人巧妙利用了字句之間的停頓，希望製造出讓每一物體各自獨立、反慣性認知的效果。譬如〈風景No.2〉首句「防風林　的」，在「防風林」與「的」之間刻意留下空格，宛如樂譜上的休止符，強迫讀者在此停歇。再換一行（也是一種休息）之後，詩人接著寫道：「外邊　還有」，讀者至此又被強迫休息。這些都是詩人有意識的設

後期印象派畫家塞尚（Paul Cézanne）的繪畫，不是要表現或創作什麼「主題」，而是讓重心從「主題」轉移到「物體」本身。

計，除了利用停頓或休息來創造特殊的語言節奏，更是要讓「農作物」、「防風林」、「海」等物體脫離日常軌道與慣性認知。連詩中「的」、「還有」、「然而」跟「以及」，都用前或後的強迫停歇，讓它們從原來的連接作用，演變為可以獨立存在的語詞。詩人可以說是用大量的空格停歇，在兩篇〈風景〉上創造出比外在自然，更為新鮮、奇特的想像風景。除了前述詞語之間的停歇，還可注意到觀看視點的移動。在畫家塞尚的作品中，觀看事物的視點總是不斷在流動。詩人林亨泰的兩篇〈風景〉，觀看物體的視點也像透過車窗看出去，總是在移動之中——從不斷向前行駛的車裡向外看，農作物、防風林、海與波浪，一個接一個出現，再一個接一個消失。

肆．再做點補充

漢字的形體是方塊字，詹冰、林亨泰與白萩，皆為擅長以此特色來從事圖象詩創作的台灣詩人。其中林亨泰源於對立體主義等新興藝術風潮的理解，具有高度的知性探索及實驗精神，且能注意到文字之視覺與聽覺傳達效果，讓他成為最早從事符號詩與圖象詩創作的重要詩人。像是這首〈房屋〉：

笑了

齒齒

齒齒

齒齒

齒齒

哭了

窗窗

窗窗

窗窗

窗窗

紀弦在〈談林亨泰的詩〉中如此評述〈房屋〉：「這是『看』的，不是『聽』的。這是訴諸『視覺』的，不是訴諸『聽覺』的……八個『齒』字的排列，可說是關上了百葉窗時的房屋，八個『窗』字的排列，可說是打開了百葉窗的房屋，至於『齒』所象徵的『笑了』和『窗』所象徵的『哭了』，豈不是除了他們本來的意味之外，還可以看作是房屋的煙囪嗎？總之，作為一首符號詩的〈房屋〉就是房屋，用眼睛去理解吧！」

或者換一個角度，「笑了」是露齒而笑，「哭了」是關窗而泣。倘若依此解釋，詩人所寫的就不僅是物，而是人與人之間的互動相處，乃至溝通狀況。這樣的〈房屋〉當然具有生命力及現實感，是藉物在寫人。

林亨泰另一首常被討論的符號詩是〈車禍〉：

車・車●車●
來了
快
把我把　　我把我
速●●

我徹底的Kiiiii
↖　↗
心
↙　↘
死了

詩人首先利用「車」與「●」兩者由小至大的變化，創造出一台車從遠而近、急速奔馳的視覺感。接下來的「快」與「速」以線條分隔呈現，一方面暗示了速度之快難以捕捉，另一方面也顯現出這個車速下撞擊到「我」，車輛打滑乃至人的旋轉（詩中被割裂的「把我」）。末段遭逢車禍致死的我，四分五裂之狀。「Kiiiii」可以是「Kill」的特意變造，因為面臨突如其來的死，連被殺一字都說不完整；當然也可以是模擬長長的煞車聲，儘管尖銳、刺耳，卻仍然無法挽回一場悲劇。選擇用「心」往各個方向噴射出去，比常見的「血」噴射出去更令人有感。把「心」放大字級，成為全詩之冠，也凸現出那種身體分裂、甚至碎裂的慘狀。相較於前述各句的動態、撞擊與分裂，最後一句「死了」二字，反倒刻意出以平淡語調。敘述者「我」既蒙此劫，也只能接受造化作弄，安於上天安排了。

林亨泰是敏銳於思辨，以知性見長的詩人。他歷經日本統治台灣、「銀鈴會」事件、白色恐怖氛圍等不同時期，面對歷史中一再重複的立場對峙，兩方陣營間的彼此仇恨，當然深有所感。一九六二年他完成《非情之歌》系列作，其中〈作品第三十四〉是這麼寫的：

為的什麼啊？／白的你／恨／為的什麼啊？／黑的你／恨／在可愛的清晨裡
／你們對立著／在莊嚴的黃昏裡／你們對立著／清晨流出的淚滴／溼遍了山
河／黃昏流出的血液／染紅了海空

詩人特意選用「白」與「黑」的對立來觀看世界。

所謂「非情」來自日文，意指冷酷無情或麻木不仁，詩人特意選用「白」與「黑」的對立來觀看世界，目的卻是要借這兩種顏色的互相憎恨及無休止對抗，來質疑這樣的對立之必要性何在？林亨泰採冷語批判，看似句句無情，卻是更見用情。但詩人還是保留了相當的想像空間，供不同背景、世代、經驗的讀者，各自填入對「黑」或「白」的想像與指涉。

林亨泰第一本詩集命名為《靈魂の產聲》，因為其中收錄了詩人青春時的詩與夢，宛如是他靈魂的初啼聲。一九九二年他曾發表一篇〈「詩永不滅」論〉，其中寫道：「只要有一個詩人不放棄寫詩，詩永遠是不會滅亡的。」林亨泰確實以詩創作和詩評論，雙軌實踐著自己的「詩永不滅」之說。從戰前的「銀鈴會」到戰後的「現代詩社」，再到共同創辦「笠詩社」，學者呂興昌便指出：林亨泰的詩路歷程可謂是「始於批判、走過現代、定位本土」。（楊宗翰）◆

之二・麥堅利堡

羅門是六〇年代台灣重要的現代詩人，
擅長都市書寫以及現代心靈的探索。
他一生像唐吉軻德一樣，熱情地投入創作、思考與宣揚，
為幽微、感性的現代詩壇添加了鮮明的知性與哲學元素。
這首〈麥堅利堡〉發表於一九六二年，
情感深厚、氣勢雄渾，是他的巔峰之作，
也是迄今難以超越的戰爭主題的經典。

壹・作者與出處

羅門是臺灣重要而特殊的前輩詩人，本名韓仁存，一九二八年出生於海南文昌，一九四八年就讀杭州筧橋空軍官校，一九四九年隨校來台。一九五四年發表處女作〈加力布露斯〉於「現代詩」，受到詩壇矚目，次年加入藍星詩社，開始了他全心投入的詩人生涯。二〇一七年病逝於北投的道生長照中心。

藍星詩社是余光中、鐘鼎文、夏菁等人於一九五四年創辦的，主張發展個性、提倡中華文化，也比較認同新詩是「縱的繼承」，

和主張「橫的移植」的現代詩社分庭抗禮。在藍星詩社裡，羅門積極發光發熱，成為最具代表性的詩人，並擔任過社長。（該社元老還有余光中、覃子豪、鍾鼎文等，但是覃早逝，余光中則更為超越，較少與詩社作連結）羅門的性格浪漫、熱情而堅持，一九五五年和同負盛名的女詩人蓉子結婚後，以台北泰順街住家「燈屋」為中心，活躍於詩壇，結交當代文藝人士，提攜年輕創作者，被視為當時最傑出的「文學伉儷」、「中國詩壇的勃朗寧夫婦」。對於詩及藝術的熱情使他感到：「生命太短了，我只能以藝術作為我的精神的事業。」於一九七七年辭去所有工作，以致力於詩美學的追求。晚年性格轉趨褊急，但這些都無損於他作為一個優秀詩人的評價。

羅門的創作風格，顯現出一個全心專注於詩藝的靈魂靈敏的觀察、不懈的思索以及熱切的表達。他的文字生動、意象鮮活、極富創意，並蘊有比例極高的理念、哲思與各種意見，像一個熱忱的先知或傳教士，不停向人述說他的觀點與發現。但是他關心的議題，特別是那些抽象、遙遠的詩學或尺度極為龐大的美學建構，並不見得是其他人最為迫切、關心的議題；因此他主要的貢獻與影響力還是來自於書寫都會文明與心靈探索的創作。

著有詩集《曙光》、《死亡之塔》、《羅門詩選》以及《羅門創作大系》十卷等。

貳・選文與注釋

超過偉大的
是人類對偉大已感到茫然

戰爭坐在此哭誰
它的笑聲　曾使七萬個靈魂[1]陷落在比睡眠還深的地帶
太陽已冷　星月已冷　太平洋的浪被炮火煮開也都冷了
史密斯　威廉斯[2]　煙花節光榮伸不出手來接你們回家
你們的名字運回故鄉　比入冬的海水還冷
在死亡的喧噪裏　你們的無救　上帝的手呢
血已把偉大的紀念沖洗了出來
戰爭都哭了　偉大它為什麼不笑

1　七萬個靈魂：作者認為在太平洋戰爭中，美國有七萬多名官兵陣亡。

2　史密斯 威廉斯：陣亡官兵的名字，這裏用作全體陣亡官兵的代表。

七萬朵十字花　圍成園　排成林　繞成百合的村[3]
在風中不動　在雨裏也不動
沉默給馬尼拉海灣[4]看　蒼白給遊客們的照相機看
史密斯　威廉斯　在死亡紊亂的鏡面上　我只想知道
　那裡是你們童幼時眼睛常去玩的地方
　　那地方藏有春日的錄音帶與彩色的幻燈片

麥堅利堡[5]　鳥都不叫了　樹葉也怕動
凡是聲音都會使這裡的靜默受擊出血
空間與空間絕緣　時間逃離鐘錶
這裏比灰暗的天地線還少說話　永恆無聲
美麗的無音房　死者的花園　活人的風景區

3　百合的村：百合在形象、顏色、意義上與十字架近似，有聖潔、高貴之意。

4　馬尼拉海灣：菲律賓馬尼拉市郊的海灣。

5　麥堅利堡：位於菲律賓首都馬尼拉近郊叫波尼法索堡（Fort Bonifacio）的軍事基地，舊稱「麥堅利堡」。這裏有一個叫「馬尼拉美國公墓」的地方，也就是作者憑弔的現場。

神來過　敬仰來過　汽車與都市也都來過
而史密斯　威廉斯　你們是不來也不去了
靜止如取下擺心的錶面　看不清歲月的臉
在日光的夜裡　星滅的晚上
你們的盲睛不分季節地睡著
睡醒了一個死不透[6]的世界
睡熟了麥堅利堡綠得格外憂鬱的草場

死神將聖品擠滿在嘶喊的大理石上
給昇滿的星條旗[7]看　給不朽看　給雲看
麥堅利堡是浪花已塑成碑林的陸上太平洋
一幅悲天泣地的大浮彫　掛入死亡最黑的背景

6　睡醒了一個死不透：這是一個弔詭的技法，將不相容的睡與醒並置，投射了作者對死者的想像。

7　星條旗：美國國旗。

七萬個故事焚毀於白色不安的顫慄
史密斯　威廉斯　當落日燒紅滿野芒果林於昏暮
神都將急急離去　星也落盡
你們是那裡也不去了
太平洋陰森的海底是沒有門的

註：麥堅利堡（Fort Mckinly）是紀念第二次大戰期間七萬美軍在太平洋地區戰亡；美國人在菲律賓的馬尼拉城郊，以七萬座大理石十字架，分別刻著死者的出生地與名字，非常壯觀也非常淒慘地排列在空曠的綠坡上，展覽著太平洋悲壯的戰況，以及人類悲慘的命運，七萬個彩色的故事，是被死亡永遠埋住了，這個世界在都市喧噪的射程之外，這裡的空靈有著偉大與不安的顫慄，山林的鳥被嚇住都不叫了。靜得多麼可怕，靜得連上帝都感到寂寞不敢留下；馬尼拉海灣在遠處閃目，芒果林與鳳凰木連綿遍野，景色美得太過憂傷。天藍，旗動，令人肅然起敬；天黑，旗靜，周圍便黯然無聲，被死亡的陰影重壓著……作者本人最近因公赴菲，曾與菲作家施穎洲、亞薇及畫家朱一雄家人往遊此地，並站在史密斯、威廉斯的十字架前拍照。

參・可以這樣讀

戰爭都哭了，偉大它為什麼還不笑？

羅門寫於一九六二年的代表作〈麥堅利堡〉，即使放在百花齊放的六〇年代詩壇，也足以讓其他傑出詩人變得謙虛。這首劇力萬鈞的詩作，展現出恢闊的視野、宏大的格局與深沉的省思，不但得到國內外許多詩人及評論者的讚美，羅門本人對此詩也極為重視，認為這首詩確定了他「個人的創作觀與特殊的風格」，在「整個創作生命架構與心靈歷程上凸現了至為重大的意義」。在自編的《羅門創作大系》裡，還單獨有一本《麥堅利堡特輯》。

麥堅利堡（Fort Mckinley）坐落於菲律賓首都馬尼拉近郊一處安靜優美的海灣。這裏豎立著一萬七千二百〇六座刻著死者姓名及生辰的白色十字架，以紀念在太平洋戰爭陣亡的美國官兵。其實美軍在太平洋戰爭中死亡人數超過十萬（有十點八萬至十五萬的各種數字），而這裏雖是埋葬二戰時期陣亡美軍最多的公墓，但應為一萬七千多，不確定作者七萬的數字從何而來。菲律賓和美國一直有著特殊、緊密的關係，因為在一八九八美西戰爭、一八九九美菲戰爭之後，它便成為美國在亞洲主要的殖民地。當珍珠港事變迅速把美國帶進亞洲這一側的第二次世界大戰，菲律賓很快成為太平洋戰爭的重要戰場。日軍於一九四二趕走了當時的美國遠東軍總司令麥克阿瑟——他著名的宣示「我將回來」，便是那時提出的。一九四五年日本投降，麥克阿瑟和美國如願重返菲律

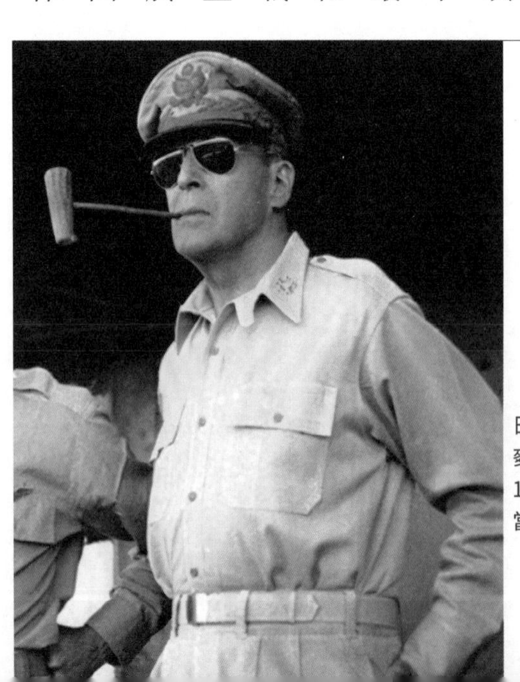

日軍於 1942 年趕走了當時的美國遠東軍總司令麥克阿瑟——他著名的宣示「我將回來」，便是那時提出的。1945 年日本投降，麥克阿瑟和美國如願重返菲律賓——當然，是在付出極大的代價以後。

麥堅利堡（Fort Mckinley）坐落於菲律賓首都馬尼拉近郊一處安靜優美的海灣。

賓——當然，是在付出極大的代價以後。於是菲律賓和夏威夷一樣，保留了美軍在太平洋戰爭極為重要的記憶。

羅門是臺灣老牌詩社之一的「藍星詩社」主要代表詩人。他才華洋溢，活躍熱情，滿口廣東腔的國語，在各種文藝場合高談闊論，宛如現代詩的傳教士。與其他早期詩人較不一樣的背景，包括他讀過空軍官校，受訓於美國，任職於民航局，還踢過足球，生活與作品帶著較鮮明的國際與都會性格。他熱愛現代藝術並且參與頗深，除了各式評論之外，曾用不同材質設計許多燈飾，在台北泰順街自宅打造出頗有名氣的「燈屋」。他對於詩創作有著極為崇高的想像，試圖在藝術中追求永恆的價值，近似貝多芬雄渾浪漫的美學（在《第九日底流》有一首長達一百五十行的同名長詩，便是詠歎貝多芬的〈第9號交響曲〉）或尼采的悲劇哲學，因此作品中充滿獨創的理念與哲思，常常有逸出現實生活規格的關懷與追索。這一崇尚壯美、追求永恆的傾向，在書寫〈麥堅利堡〉這類型的題材時，便如同八大行星連成一線，觸發出燦爛的化學反應。

〈麥堅利堡〉分三大段落來嗟嘆戰爭的殘酷、墓園的寂靜與死者的悲涼。堅實的節奏與華麗如賦格的語言，堆疊出史詩般的力量，並以沉痛的叩問貫穿全詩，近似〈國殤〉的悲壯、〈天問〉的質疑，造就這擲地有聲的作品。

「超過偉大的，是人類對偉大已感到茫然」的「偉大」反思

作者以簡短的引詩直點出「反思偉大」的題旨之後，在本詩第一大段的開

「比睡眠還深的地帶」，同時具備了神秘而令人敬畏的「死亡」與「海底」的多重指涉。

頭，就出人意表地以一句充滿懸疑與玄機的話語，勾起讀者的好奇：「戰爭坐在此哭誰？」神來之筆的「擬人化」(Personification) 為抽象的戰爭賦予了死神與人類的雙重性，讓我們凜然感受到一個巨大如命運的陰影端坐在彼。更離奇的是，這個像神一樣的存在竟然在哭泣。這不尋常的哭泣，預示著一件即使死神都無法承受的悲劇：死亡，無數生靈累積而成的，巨大的死亡。

第二句，緊接著以「他的笑聲／曾使七萬個靈魂陷落在比睡眠還深的地帶」形成「哭」與「笑」、「今」與「昔」的對比，並順勢開啓了悲劇的回顧。這裡的幾句話都是十分動人的隱喻，特別是「比睡眠還深的地帶」，同時具備了神秘而令人敬畏的「死亡」與「海底」的多重指涉。

接下來的一整個段落，羅門用各種精彩的句式，向讀者呈現了教科書般的詩作技法。首先，是充滿感官衝擊與誇飾效應 (Hyperbole) 的動詞，例如用沸騰的意象表達了炮火的猛烈，連地球上最大水體的太平洋都被「煮」開，生動呈現出波濤的洶湧以及海戰的慘烈，同時也刻劃出想像中目擊者的沉痛與驚悚。緊接著，像和熟識的友人對話一般，他以對白體召喚出一些個別美軍的名字。這是詩創作中「反概念化」特質的發揮，透過「史密斯」、「威廉斯」這些具體名字，把讀者對死者的感受，由抽象的、龐大的數字，轉化為有血、有肉、有名字的個人。

姓名是一種神奇的象徵符號，在我們的直覺裡，人或者任何個體有了姓名，就代表他是獨立的、有主體或有靈魂的存在。對於這樣的心理聯繫，我們在許

在二戰期間菲律賓的雷伊泰島海戰中，遭到日機重創的美軍航空母艦普林斯頓號。

多故事中可以看到更強烈的能量，例如：《西遊記》中孫悟空只要應答了姓或名就掙不出紫金紅葫蘆的吸引；《封神榜》裡頭與姓名有關的法術更多，例如「六魂幡」、「喚名墜馬」等。在文學表現上，被姓名勾勒出來的個體，是提喻（Synecdoche，以局部代表全體）的延伸應用，像某種抽象屬性的象徵一樣，在戰爭或各種巨大事件的表現裡，如果把特寫鏡頭聚焦於個別人物的遭遇、生平或家庭等元素，就讓觀者有了情感與想像投射的具體對象，從而對整個事件產生更切身的理解與共鳴。也因此，在接下來的詩行裡，設想中史密斯、威廉斯的童年記憶，像是「在死亡紊亂的鏡面上／我只想知道／哪裡是你們童幼時眼睛常去玩的地方／那地方藏有春日的錄音帶與彩色的幻燈片」，以及長眠於此地的孤獨與冷清，例如「你們是不來也不去了／靜止如取下擺心的錶面／看不清歲月的臉／在日光的夜裡／星滅的晚上／你們的盲睛不分季節地睡著」便持續被鋪陳出來，也包括之前的「你們的名字運回故鄉」。「名字運回故鄉」還帶著錯置的技巧，它是「標誌名字的屍體或靈柩被運回故鄉」的簡省，由於比喻上喻詞與喻體的性質相互作用的結果，讓「名字」也有了「擬人」的性格，從而產生超現實的況味。

如果熟悉美國六、七〇年代搖滾民謠的朋友，看到羅門這首詩的戲劇性情節，特別是以刻板印象中的姓名與美式生活來具體化陣亡軍人的表現手法，應該很容易想起一九六五年小克勞德．普特曼著名的反戰歌曲：Green green grass of home（〈綠草如茵的家園〉）。它主要描寫的，是一個陣亡的越戰美軍被運回家鄉埋葬，並設想記憶中親愛的家人與愛人都過來接他。這首歌的震撼力來自於非常戲劇化的構思：前半段給人一種回鄉時溫馨的感覺與甜美的回憶，後半段卻是一個大逆轉（Plot twist），出人意表的結局，原來回鄉的不是活蹦亂跳的第一人稱，而是一具由神父引導運回來的冰冷屍體。羅門近似的戰歿者觀點的想像先於這首歌曲發表，是非常難得的。

生動、準確而極富創意的動詞使用，大概是羅門在這首詩或其他作品中的最高成就。他在創作大系的總序〈我的詩觀與創作歷程〉中談到「詩語言新性能的探索」，提及「詩人能切實把握詩語言新的性能與現代感，即是抓住詩語言『入場券』、靠近『現代人生存場景』的最前排優先的位置」，並以「咖啡把你沖入最寂寞的下午」這句子為例，說到動詞採用沖咖啡的「沖」字，「既可使語言的動感與動速同現代人生命與機械文明活動的外在環境之動感與動速相一致，又可同古詩『黃河之水天上來』緣發與直感性的詩貌相應對」，他深知「詩人破格（Poetic license）」反常規的書寫特權，靈活運用了誇飾、變質、各式比喻、擬人化以及表現主義的主觀手法，透過一個個出乎意料卻貼切精準的動詞，把原本尋常的句子裝上了讓想像力風馳電掣的馬達，讓讀者感受到前所未有的感官刺激與心智衝擊。這也正是現代主義詩作最具辨識性的元素——廣義「意象（Imagery）」經營的豐富展示。除了前述「哭」、「笑」、「煮」等動詞被安置於未曾有過的位置，而起了不曾預期的「畫龍點睛」效果之外，其它許多句子也因動詞的創意嫁接而鮮活起來。像「血把偉大的紀念沖洗了出來」這句話，「沖」又有了截然不同於「沖咖啡」的「沖」字的表現功能；由於「沖

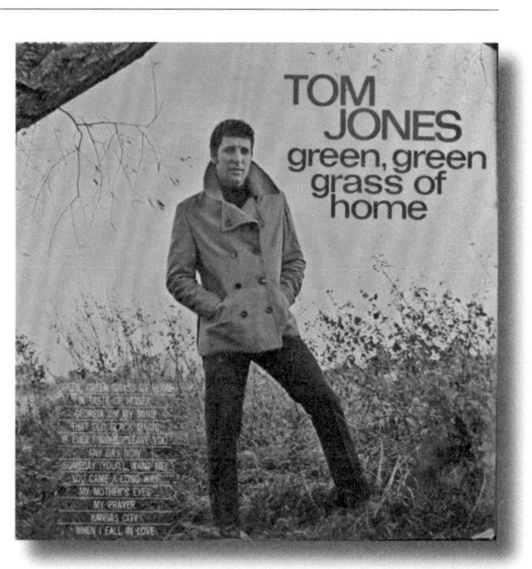

Green green grass of home（綠草如茵的家園）於 1965 年推出，它主要描寫的，是一個陣亡的越戰美軍被運回家鄉埋葬的想像場景。

洗」這原本用於攝影專業的動作，讓血的性質產生質變，除了讓「偉大」顯影，並創造出怵目驚心的「血流漂杵」意象，以達到他渴望表現的「戰慄」之外，也瀰漫著某種怪誕、荒謬的超現實氛圍。

這一節詩還有另一個更著名的句子：「戰爭都哭了，偉大它為什麼還不笑？」在這裡，第二個神級元素也被擬人化了！那就是「偉大」。「戰爭都哭了」表達戰爭的殘酷與戰死者的無告，連戰爭本身都忍不住落淚，可是「偉大」為什麼還不笑？在這裡，羅門以這個語氣上看似理所當然的問句，把「偉大」形容成一個等著被鉅大傷亡取悅的君王，間接則告訴我們：有些人認為視死如歸是偉大的，或戰爭是通往偉大的必經之路。所以戰爭必須哭，偉大才會笑。必須萬骨枯，或有無數生命作為獻祭，偉大才會滿意。這正是標準的反諷（Irony），詩人在此質疑、指控的，是「戰爭」，尤其是為戰爭添上光環的「偉大」。相較於詩人更重視的「死亡的恐怖」、「精神不安的戰慄」、「人類內在性靈沉痛的嘶喊」，那些崇高的字眼如「偉大」、「不朽」便被超越與掩蓋了！甚至是空洞、不值得的。設問句的威力，可見一斑。

接下來的一段，是墓園現場的描述。不同於華人對墓園的想像，西方的墓園是相對整齊、潔淨、安詳的。與它最相關的詞彙，可能是靜穆、懷念、神秘與永恆。我們可以從法國著名象徵派詩人梵樂希（Paul Valéry）招牌作品〈海濱墓園〉看出端倪：

這片平靜的屋頂上有白鴿蕩漾，
他透過松林和墳塚，悸動而閃亮。
公正的「中午」在那裡用火焰織成
大海，大海啊永遠在重新開始！

英國在十八世紀中葉甚至還出現過「墓園詩派」。我們可以這樣認為，在西方文明裡，和時間及大自然靜穆相處的，墓碑林立的墓園，可能是一個不錯的，思考死亡與神祕、永恆與超越、以及人類各種終極議題的場景。在此，羅門對墓園的描述也不遑多讓。一開始他延續著擬人化技巧，把這些壯觀的墓碑，肅穆地呈現在讀者眼前，並加上「被看」、「給……看」等無奈、被動的位置：

七萬多十字花　圍成園　排成林　繞成百合的村
在風中不動　在雨裡也不動
沉默給馬尼拉海灣看　蒼白給遊客們的照相機看

緊接著下一段所描述的：

麥堅利堡　鳥都不叫了　樹葉也怕動
凡是聲音都會使這裡的靜默受擊出血
這裡比灰暗的天地線還少說話　永恆無聲
美麗的無音房　死者的花園　活人的風景區

這些段落傳達了三層以上的訊息。最明顯的，自然是表達墓園本質上的，或者聽覺上的靜謐。不過，這種靜更是屬於死亡的、心理上的靜，像照片一樣，冰冷不動、沒有生命，像墓碑一樣石化了的靜。甚至是，因為受過巨大的創痛，而再也受不了丁點的打擾與波瀾、吹彈可破的安息，那麼，這種靜，其實是一種哀傷至極的狀態。

在這樣的情境下，作者並沒停止對這表面上被崇高化的死亡繼續表示某種「惋惜」或「不值」，透過生者的「主動」與死者的「被動」、透過墓園的「靜」與遊客的「動」，創造出和憑弔的心情極不協調的畫面，來狙擊某種被「慣性」所歌頌的價值——「死亡」這一沉痛事實根本不會被「偉大」、「不朽」或「憑弔」稀釋或美化！還有什麼比無知、庸俗、對崇高無感，與傷痛無關的觀光客，更能作為對比的呢？他們帶著一時好奇或敬意，背著相機，坐著汽車來來去去——但是：

史密斯　威廉斯　你們是不來也不去了

只能不分季節的睡著，一動也不動，成為一個全然的「對象」，讓人致哀、頂禮、參觀拍照，讓旗幟看、讓不朽看、讓雲看……最後，當落日燒紅滿野芒果林，來此哀悼的神也將匆忙離去。當然，「史密斯 威廉斯 你們是不來也不去了」

自始至終，被此間墓園深深觸動的詩人企圖要表達的，就是透過對死者內在的投射、想像與同理心，把死亡，死亡不可逆的特質具體化、現實化，並經由種種對比，讓讀者來切身感受。這種態度的憑弔刻意呈現出無法減緩的沉痛，

◀戰火中夷為斷垣殘壁的城市。

和一般在古戰場的緬懷與回顧，或賦予意義與評價的歌詠並不相同。死亡就是死亡，既不會被生者或外界打擾，也不會被同情安慰、被偉大加冕。

純粹而鮮明的「現代」性格

不同於許多現代詩人著重在語法或修辭上嘗試種種書寫技巧，羅門是真正地用心思考關於「現代」的精神與特質。他在作品中反覆探討的，常常都是現代人類普遍面臨的議題，例如現代人的審美經驗、官能體驗與價值失落，例如都市文明的特有現象、異化或疏離，就這點而言，羅門的現代性格是更為純粹而鮮明的。戰爭主題也是其中之一。現代主義在二十世紀的盛行跟兩次世界大戰的殘酷與荒謬是分不開的，人類的理性、傳統的觀念還有種種價值都被重新深刻地反省。人類戰爭的歷史雖然很長，但除了中國古詩外，常都會被各自的國家、民族合理化、英雄化、光榮化，必須等到個人主義成熟、人道主義興起，尤其是某種客觀主義或國際主義的普遍化，鮮明、具體的反戰思想才能抬頭。

這首詩傳達出反戰的訊息最主要的線索是，戰爭所歌頌的正義、偉大與不朽，在此都被略過或化解掉了！只有死亡是真實的，其他的光榮、讚美與感激，都是不持久的。在漫天炮火中、在無盡的殺戮與傷痛中，每個戰士的第一身份都是有血有肉的平凡人，都是有父母妻小的人子、人夫、人父，如果可能，人人都想平安回家、共享天倫，沒有人願意戰死沙場的。雖然戰爭可能有許多理由，但是戰爭的本質，就是要以人類最懼怕的事物去屈服敵對的人類。如今，

戰爭雖已遠去，戰果雖已確定，但是和平與光榮都不會長久，只有死亡永不改變。透過時空的再現、意象的鋪陳、主旋律的複沓，羅門成功地在文字上打造出與麥堅利堡同等深刻雄偉的豐碑。像崔顥的〈黃鶴樓〉一樣，以後的作者，包括羅門自己，也很難在相同的題材上複製這樣的成就了！

用「現代主義」來涵括的各式歐美前衛文學藝術思潮與主張，從十九世紀下半葉開始蓬勃發展。他們彼此之間有很大的差異與矛盾，但大致說來，共同創造或遺傳了現代主義的四大基因，即：實驗與原創的精神、象徵的深化與活用、意識（和潛意識）的發掘與表現、存在的困境與生命意義的探索。狹義或準確地來說，帶有這四種基因或受其影響的新詩，就是所謂「現代詩」。

現代主義的這些特質，也形成某種文學創作上的典範，具有明顯的國際主義傾向，他們所提倡的觀念與詞彙，也成了全世界現代主義者共同的語言。在政治氛圍保守、肅殺的五、六〇年代，臺灣的創作者可以自由揮灑的現實議題有限，許多人便走向廣闊遙遠的世界或幽深曲折的內在心靈。雖然關於他們自己民族的戰爭與苦難在時空上更近，卻只能超越或逃避自身的環境，忘情地將自我投射在虛構或遙遠的偉大場景裡頭，創作、思索、參與著現代主義運動。要一直等到七〇年代的「現代詩論戰」、「鄉土文學論戰」，「現實」與「現代」之間才得到充分的照應與平衡。但是不可否認的是，在這之前，臺灣的文學界也因為透過了個人在創作上的實踐與思索，早於整個社會或時代，深化、熟悉了許多現代文明的本質與普世價值。

肆・再做點補充：羅門的都市詩

現代詩的都會性格早在波特萊爾的時代就開始展現了。早期各種前衛的文藝思潮或運動，與當時西歐的現實生活環境是息息相關的，因為價值的斷裂與生活經驗的衝擊，是現代主義運動最大的動能與動機。而這些新興的現象、個體的遭遇、思潮的碰撞，只可能發生在都市裏。

不像其它抽象的哲學或理念，表現都市文明的文學作品，都必須來自真實生活的體驗與省察。因此，也不是每個地方的現代主義者都即時有足夠的都市生活經驗與心智來寫作都市詩。就此而言，華人詩壇要等到一九六〇年代羅門的大量書寫才讓都市詩有了鮮明的面貌是可以理解的。甚至，一直到二十一世紀的此刻，羅門可能還是最具鮮明意識專注於都市主題的詩人。他在〈都市與都市詩〉一文裡提到「都市文明之所以也成為我詩創作一個重大的主題，主要是因為都市文明製造『物慾』與『性慾』的兩項特產，大量暢銷在人類生存的都市空間，將大多數人追擊在物慾與性慾的形而下世界裡，日漸成為精神空虛、心靈空洞的文明動物」，不過他並非對都市文明持全面批判的態度，而是以深刻的了解與洞察去關注它，正如他所說的，一個活在都市裡的詩人，怎麼可能對都市文明的種種困境與問題「視而不見、無動於衷」？

早在一九六一年，羅門就寫下了長詩〈都市之死〉，這也是他的都市詩中最具開創性、代表性的作品。不過在那首詩裡頭，都市還是被視為某種現代文明的

羅門是最具鮮明意識專注於都市主題的詩人。

象徵、新的現象或潮流。之後的都市詩則越寫越熟練、深入，少了早期疏於剪裁的繁複排比，而更具都市風的簡潔有力。以下這首詩就是一個例子：

〈都市・方形的存在〉

天空溺死在方形的市井裡
山水枯死在方形的鋁窗外
眼睛該怎麼辦呢

眼睛從車裡
　方形的窗
　　看出去
立刻被高樓一排排
　　　方形的窗
　　　　看回來

眼睛從屋裡
　方形的窗
　　看出去
立又被公寓一排排

極簡的幾何圖形來代表都市空間的構成元素。

方形的窗
　看回來
眼睛看不出去
窗又一個個瞎在
　方形的牆上
便只好在餐桌上
　在麻將桌上
　找方形的窗
找來找去　最後
　全都從電視機
　方形的窗裡
逃走

作者以極簡的幾何圖形來代表都市空間的構成元素，同時以外型近似的窗來象徵都市生活的局限、封閉、空洞、張望、窺視與鉅量重複，十分生動地表現出現代都市的單調、冷漠、不人性、不自然，也傳達出生活在其中的人心中的茫然。

（羅智成）◆

11 東方主義 節選

我們觀察、感受、評價、應對生活周圍所有事物或對象，都有一個主體。所謂「主體性」則彰顯出這個主體的獨立性、特殊性甚至存在的價值。但是主體性的建立是一個複雜的過程，受到自我的認識、內在的渴望與外在環境深刻的影響。面對更強勢的文明甚至個人意志、觀點的影響時，民族或個人的主體性就會受到扭曲，甚至消失而不自知。這也是近代以來，除了少數西方列強之外，許多國家、民族的困惑、窘迫處境。唯有找回自身原本的文化淵源，確定認同的價值，深化自我意識、不停的反省加上客觀的認知，才能經由對話、抵抗與調整，逐步建立起真正的、適切的主體性。

和歐洲文明緊鄰，並恩恩怨怨相處千百年的中東地區，在被西方侵略、殖民與統治的漫長時間裡，無論是政治、社會或文化的主體性都受到極大的壓制，只有靠著回教信仰與傳統文化艱困地抵抗著。即使如此，他們也已失去了對於自身處境以及更多議題的話語權。出生於耶路撒冷的巴勒斯坦著名學者愛德華．薩伊德，在一九七八年代發表了《東方主義》，立刻發聾振聵，引起國際學界與政界高度關注。他一方面直指西方人過度的自我中心以及耽溺於對東方世界（近東）的誤解與自欺；一方面喚醒亞非拉地區更多被殖民過的人民，重新審視自我認知裡種種被「東方主義」欺瞞、制約的虛假基因，更開啟了後殖民論述波濤壯闊的新思潮。身為華人，在百年國恥之後仍不能從文化層面深刻反思、理解薩伊德的啟發，或困處於自卑與自大，或無感於「東方主義」對國人主體性的長遠制約，使我們倍感憂慮，特別在此介紹這部知性感性兼具的經典名作。

壹・作者與出處

愛德華・瓦迪厄・薩依德（Edward Wadie Said），一九三五年十一月一日出生在耶路撒冷，他的父親是成功的巴勒斯坦商人，早年因參與遠征軍而擁有美國公民身份。母親是出生在拿撒勒的黎巴嫩人，也是一位虔誠的基督徒。薩依德早年因父親的事業移居開羅，童年到青少年時期過著埃及與巴勒斯坦兩地旅居的往返生活。一九四八年以色列建國，猶太民兵以武力占領約旦河以西，數以百萬計的巴勒斯坦人死於戰火，老弱婦孺皆被驅逐出境，遠離世代居住的故土家園。

薩依德的父母十分重視他的教育，年幼的薩依德很早就被送入開羅當地的英式學校就讀，但他卻始終坦言自己是「格格不入」的次等公民。他在《鄉關何處》中述及往事，說自己無論是衣著、口音與交遊，始終很難消融那條「無形的界線」。薩依德講述自己有一回在學校門口正準備離開，卻被管事的門房攔住大聲斥喝，並警告他說：「阿拉伯人不准來這裡」。薩依德說他終生無法忘懷那樣的經驗，一如他所持的美國護照上的家族姓氏「愛德華．瓦迪厄」一樣，這是父親刻意融合英文與阿拉伯語所獨創，但薩依德卻說，那姓氏的存在恰巧提醒他：無論是在英屬殖民地的埃及，或是多年後的旅美定居，他都注定「永遠不屬於這裡」。一九五三年，薩依德順利進入美國普林斯頓大學，取得學士學位後又轉往哈佛大學獲得博士學位。畢業後他在哥倫比亞大學擔任英語文學和比較文學教授，並曾執教於約翰霍普金斯大學、哈佛大學和耶魯大學。筆耕不輟，直到二〇〇三年血癌病逝為止。

薩依德是二十世紀最重要的文學理論家之一，同時精通阿拉伯語、英語及法語，被譽為美國最具影響力之學術明星，與喬姆斯基（Noam Chomsky）齊名。他的《東方主義》至今仍影響文化界、文學與美學等各種學術領域範疇。薩依德雄辯滔滔，多才多藝，不但擁有豐富的學識，同時兼有樂評家、歌劇學者和鋼琴家等多重身份。他家世不凡，才華洋溢，卻始終不忘知識份子對國家的責任，以良知之筆為流離至世界各地的巴勒斯坦難民發聲，是公認具有世界級影響力的文學兼文化評論者。曾獲美國全國書評國家獎、美國紐約客雜誌最佳書獎等，著有《東方主義》、《知識分子論》、《文化與帝國主義》、《鄉關何處》、《權力、政治與文化：薩依德訪談錄》、《遮蔽的伊斯蘭：西方媒體眼中的穆斯林世界》、《薩依德的流亡者之書：最後一片天空消失之後的巴勒斯坦》、《佛洛伊德與非歐裔》、《世界，文本，批評者》等十七種。他的影響力遍及中東、非洲、南亞甚至是中美洲與亞洲，為長期遭受西方強權支配的國家指出一條民族自決之路。

他的代表作《東方主義》被視為後殖民理論的奠基之作，儘管這本書在完成後一度命運多舛，甚至連一份適當的出版合約都無法洽談成功，幾經波折才問世，最終受到各方的關注與國際學界重視。《東方主義》曾被翻譯為二十多國不同語言，引起廣泛迴響，從而提醒世人重新思考西方論述者對東方的「誤讀」與刻板印象。選文提到的夏多布里昂遊記，正是傳達西方中心主義、貶低東方的代表，其所描述的東方近乎想像，是西方強權國家為了經濟利益所發展出來的論述。反之，薩伊德鼓舞非西方國家反思受壓迫之處境，擺脫歷史宿命，確認自身價值，朝向真正自由世界邁進。本文選自《東方主義》，愛德華．薩依德著，王志宏、王淑燕等譯，立緒文化事業有限公司二〇〇一年出版。

貳．選文與注釋

對夏多布里昂[1]如此寶貴組構的人物來說，東方就像殘破的畫面，亟待恢復舊觀。東方的阿拉伯被他說成：「像一個文明人又墮落到野蠻狀態。」難怪那時當他聽到阿拉伯人講法文時，他覺得像《魯賓遜漂流記》（Robinson Crusoe）中的主角，第一次聽到他的鸚鵡說話一樣興奮。的確，東方世界有像伯利恆（Bethlehem）[2]那樣的地方（但夏多布里昂把伯利恆的字源完全弄錯了）。在那裡，歐洲人發現和自己文化相近之處，但相似處既少且遠，他說他邂逅東方的每一個地方，阿拉伯的文明都如此低下、野蠻、反面，只得再去征服他們。他爭論說，十字軍並不是侵略，只是奧圖曼帝國[3]入侵歐洲時的一個對照。此外，他還說，無論古代或現代的十字軍都不是侵略，十字軍提出的問題，超越了一般死亡的問題：

十字軍不只傳達上帝的神聖意旨，更重要的是：教世人認知何者終究獲勝。是人類文明的仇敵（當然是指伊斯蘭教）這個野蠻的體制，將人類帶往無知、暴政、奴役，或是另一種文明，將遠古的睿智在現代人身上喚醒，並去除低劣的奴性？

此處是首度有深意地提及一個觀念，此一觀念在歐洲著述之中獲致了一個幾乎是無法忍受、近乎不用腦筋的權威，也就是歐洲得教導東方自由的意義，這「自由的真諦」的主題，是夏多布里昂和他之後的作家所深信的：每一個東方人，特

1 夏多布里昂：法國盛名的浪漫主義作家，在所著《旅程：從巴黎到耶路撒冷》中處處流露對東方的偏見。他是薩伊德所批判，對東方具有偏頗成見的代表作家之一。

2 伯利恆：坐落在距今耶路撒冷以南，相傳是基督耶穌誕生之地。

3 奧圖曼帝國：十二世紀時由奧圖曼土耳其人建立，以伊斯蘭教為國教。

別是穆斯林，完全是無知的：

> 東方人全然不知自由，也不知分寸。暴力就是他們的神祇，因為久無外來征服者，替天行道，所以東方社會有兵無將、有民無法、有家無父。

早在一八一〇年，我們就發現一種歐洲的言論，類似一九一〇年克羅莫的說法，認為東方需要被征服，而且絲毫不覺矛盾，因為西方不是征服東方，而是帶來自由。夏多布里昂傳達一個基督教傳教士的浪漫救贖想法，要去拯救已死的東方，喚醒其生機潛力。只有歐洲人可以看透無生命、退化表面下的東方。對西方旅居者來說，必須以舊約[4]與四大福音[5]當作守則，才能在巴勒斯坦保住靈命。只有如此，他們才能超越已明顯退化了的現代東方。然而夏多布里昂對他的遊記，無法反映出現代東方的真實面貌和他自己的宿命，根本不覺諷刺。他真正在乎的只是，東方如何對他發生影響，異國如何容許他的靈魂探險，如何讓他展現自我，發揮他的觀念、期待。他所關心的自由，不過是他本身如何從東方的種種浪費之中解脫。

能夠成全他的自由舒展之領域，就是直接回到想像和想像詮釋的範圍。他以帝國自我為中心，重新編排、設計東方，真正的東方描述遂被刪除了，而且對此權力並不隱瞞。如果說在藍尼的書中，東方是帝國主義的自我消匿，以便展現真實世界的細節；那麼夏多布里昂的帝國主義的自我則消融在作者自創的想像領域

4 舊約：泛指舊約《聖經》，又稱《塔納赫》或希伯來聖經。

5 四大福音：分別是〈馬太福音〉、〈路加福音〉、〈馬可福音〉與〈約翰福音〉，內容為記載耶穌相關事蹟，為成書年代不詳。

中，藉此再生，意識變得更強，更能玩味帝國的權力及其解釋方式。

> 旅行到裘地[6]，最初是一股巨大的厭倦襲上心頭，然後，當我穿過一個個寂寥的地方，空間在我面前無限延伸，逐漸地，厭倦感消失了，反而感到一股神秘的恐怖。這種恐怖不會壓抑人的靈魂，反而會激發人鼓起勇氣，個人之天生才情為之昂揚。鬼斧神工的土地，放眼所及，均展現各種奇觀：陽光炙人、鷹翅驚拍，粟不結種、《聖經》中的詩篇、情景無不在此印證。每一個名字都包含一個祕密，每一個洞穴都宣示未來，每一座山峰之頂，也都保留了先知的口音。在已枯涸乾燥的急流中、在崩裂的巨岩、在地靈人傑的陵寢前，上帝必定在這些地方說過話。沙漠似乎被恐懼震懾得瘖啞了，可謂尚未能打破沈寂，因為它聽過永恆之聲。

此段落所顯出的思考過程頗具啟發，一種巴斯卡哲學家式[7]的敬畏恐懼(Pascalian terror) 不僅沒有減少作者的自信，還奇蹟似地刺激他的自信。荒涼的景觀屹立，宛如彩繪文本，展現其風貌，亟待堅強、又再鞏固的自我去加以審視。夏多布里昂已超越了失魂落魄的東方現實，因此得以屹立於前，形成原創的關係。文末，他已不像個現代人，反而像個先知，恍如與上帝同在……。

夏多布里昂企圖消解東方，他不只挪用東方，而且再現東方，代表東方發言，不是在歷史上，而是在歷史之外發言，在無垠的時間層面，呈現一個全然被治癒的世界。在這個新世界，人與土地、天與人合一。因此，在他東方視野的中心點

6 裘地：古代以色列王國與猶大王國所在地，現今為以色列管轄之約旦河西岸。

7 巴斯卡哲學家：巴斯卡為十六世紀法國知名的哲學家與科學家，因神祕體驗而投入宗教哲學之寫作。

耶路撒冷，也是他朝聖之旅的終極點，他和他的東方徹底和解了，猶太人、基督徒、穆斯林、希臘人、波斯人、羅馬人，乃至法國人，達到超越古今的大和解。他為猶太人的歷史困境所感動，不過，他認定猶太人也只是用來闡揚他的通盤觀點，而且猶太人進一步充當必要的刺痛因素，好讓他的基督教史觀得以翻身。他說：神已挑好新的選民，而猶太人並沒入圍。

不過，對於疆界的現實，他做了部份妥協。如果耶路撒冷是他預定的化外之旅最後一站，埃及則提供他政治補遺的材料。他對埃及的概念，很恰當地補充了他東方朝聖之旅所見所聞。壯闊的尼羅河三角洲打動心扉，使他如此主張：

> 記憶所及，只有偉大的祖國能與這一片壯闊的平原相配，我目睹了嶄新文明里程的種種遺跡，是法國的天才將此一文明帶入尼羅河岸。

然而上述這些想法，都以一種鄉愁的模式呈現，夏多布里昂相信，他的作品可以為法國扳回一城，法國未能治理埃及，即意謂埃及少了自由的政府統轄快樂的人民。此外，就精神層次而言，在耶路撒冷之後，埃及不過是一個反高潮。在他對埃及這個令人憂心的國度發表政治評論後，夏多布里昂用一個例行的問題自問，歷史的發展如何造成「差異」？他說穆斯林是一群墮落、愚蠢的暴民，他們何德何能，居然可住在同一塊土地上，以前那裡住過完全不同的主人翁，他們讓布羅多德[8]及迪多若斯[9]留下深刻的印象。

8 布羅多德：西元前五世紀的古希臘作家，曾旅行各地，將所見聞之紀錄寫成《歷史》一書。

9 迪多若斯：西元前一世紀的古希臘作家與歷史學家。

這是他對埃及最適合的臨別贈言。離開埃及，他去突尼斯，看過迦太基遺址[10]，最後回到家。但他臨別埃及前，最後一件事是：由於只能遙望金字塔，他不辭麻煩，派人去金字塔，把他的名字——夏多布里昂，刻在石頭上，他說，這個多此一舉，是為了增加我們的讀者福祉：「我們要完成一個虔誠的朝聖者的每一個小小的義務。」我們對他犯旅遊者的通病（在旅遊古蹟刻名），照說應不以為意。然而，從他的《旅程：從巴黎到耶路撒冷》最後一頁看來，這段話比乍看之下時顯得更加重要。他說他回顧二十年來在東方浪跡，研究東方「所有的冒險和挫折、悲傷」，他發現，在他寫過的每一本書，幾乎都像輓歌式的，是他生命中自我主體存在的一種延伸，以他這樣沒有成家、未來也不太可能成家的男人來說，他發現自己不再年輕。他說如果老天要他長眠，他答應要將自己餘生獻身給國家，他將沈默地奉獻，為「我的祖國立碑」。不過他所能留給世上的，只有他的作品，如果他的名字流傳下去，那麼作品已綽綽有餘，如果名聲不再，那作品就多此一舉了。

這些卷尾語，使我們想起夏多布里昂在金字塔刻名字的興趣和動機。我們已了解，他那自我中心的東方回憶錄，提供給我們的只是：作者持續展現、永不疲倦的自我演現經驗，對他而言，寫作是彰顯生命的行動。他活過的每一地方、經歷過的每一事物，即使是遙遠的埃及石頭，也一定要由他留下生命記錄。

10 迦太基遺址：西元前八世紀遺留下來的古城遺跡，由當時的腓尼基人所建立，位於現今位於突尼西亞，被聯合國文教組織列為世界文化遺產。

參・可以這樣讀

苦難見證者之書：《東方主義》

人們都說，他擁有一雙深邃的巴勒斯坦眼睛。

他自己也這樣覺得，離開家園多年以後，他又再度回到黃沙遍野的戰爭煙硝之地，站在這片他與同胞們流離受苦的殘破家園，他流下無聲的淚水。因為，他也是那百萬離散的無家之人的其中之一，和他們擁有相似的黑髮與深邃眼眸，身上流著相同的血液。

他是薩依德。

《東方主義》是薩依德最重要的代表作，這是一部必須以薩依德作為故事開端的書，更是成千上萬巴勒斯坦難民流離失所，乃至全世界至今仍困於中東戰火的苦難見證者之書。如果不是薩依德切身之痛，《東方主義》一書或許根本不會誕生。翻開《東方主義》，讀者很難不折服於薩依德的滔滔雄辯，如同一位學識豐沛的演說者，以最犀利言詞細數西方作家們如何以精緻的文筆再現「東方」，哪怕他們筆下的描述其實是近乎「想像」。薩依德亦曾發出「予豈好辯哉」的感慨，身為西方世界裡「永遠的異鄉人」，薩依德必須以良知見證亡國的苦難，用鋒利的言詞讓世人理解，儘管最初不過是一點微小異樣的眼光，但最終都可能製造出誤解與禍端，釀成歷史悲劇。關於基督與伊斯蘭文明的衝突是段很長的故事，但《東方主義》帶讀者瀏覽最初那個故事交會的起點：西

薩依德見證了成千上萬巴勒斯坦難民流離失所，乃至全世界至今仍困於中東戰火的苦難。

方人帶著疲憊的眼神踏上神秘的阿拉伯半島的那一刻，海風炎炎，無數身著伊斯蘭世界傳統裝束罩袍的男男女女，他們緩慢游移，在西方人的眼底，倒映著屬於異國幾何花紋圖騰的身影。這是與西方文明截然不同的世界，是宗教、生活風俗乃至價值觀完全屬於「東方」的世界。薩依德說，「東方主義」（或譯作東方學）是西方強權國家為了經濟利益而發展出來解釋「東方」的一系列論述，藉此合理化殖民統治的正當性。十八世紀西方海權擴張，許多西方作家在描述「東方」時，經常帶著偏見，將東方視為文化落後的蠻荒之地，薩依德將這類學者或作家統稱為「東方主義者」。

西方作家以「東方」為題材書寫之遊記或見聞，諸如海伯洛、克羅莫、福樓拜、勞倫斯等人，皆有相關作品。但薩依德卻發現，儘管這些西方作家才華洋溢，或曾旅居東方，宣稱自己如何理解當地文化，甚至親身學習阿拉伯語言，絕大多數仍無法擺脫用西方人的「優越觀點」訴說「東方」。這些旅居東方的西方人，不自覺帶著「西方人的視角」解釋一切旅途中所見所感。書中所強調的「東方主義」，正是薩依德獨創的批評術語，用來解釋關於「東方」的偏見論述。附帶一提，文中提到的「東方」，並非一般概念上的亞洲或印度等「遠東」地區，而是指與西方比鄰的「近東」，泛指鄰近歐洲的地中海東部沿岸地區，包括非洲東北部和亞洲西南部。

所以回頭說說薩依德在選文開篇提到的夏多布里昂是誰？他也是東方主義代表作家之一，但站在薩依德的對立面，從陳舊而帶有批判性的「東方」印象

讀者在西方文學作品中經常會看見，對「東方」異國情調的刻板描寫。

出發。這位被法國文學史大書特書的浪漫主義作家，在他的作品《旅程：從巴黎到耶路撒冷》一書，完全不假思索流露出對東方的偏見。在夏多布里昂眼中，「東方」毫無可取，是落後且充滿異教徒的蠻荒之地。夏多布里昂前往阿拉伯半島的耶路撒冷朝聖之旅，照理來說應當充滿謙卑，體驗當地人文風情，從而感受到聖城之旅的終極意義，但實際上他卻與普通遊客並無二致。一路上他叨叨絮絮，喋喋不休，毫不掩飾以自身「眼光」評斷所有令他不順眼的事物，他對伊斯蘭教的生活與信仰沒甚麼好感，認為這種文化需要被「去除」，是人類文明的仇敵，所以他宣稱十字軍東征絕對不算是侵略，而是為了回應奧圖曼帝國當年的戰爭作為，拯救伊斯蘭統治下可憐的人們，喚醒現代人的睿智與去除奴性。夏多布里昂一再強調以下的觀點：東方人不知何謂自由，需要「外來的征服者」破除社會舊習，只有西方人才能拯救「他們」。

讓薩依德發出深沉感慨的，正是讀者經常會在西方文學作品中所見刻板的「東方」描寫：瀰漫著異國情調、略帶感傷的沙漠小市集、被人遺忘的古蹟、邪惡的商人、神秘面紗與妖嬈女子，以及永遠平庸懶散、落後、不思進步的普通人。但丁史詩《地獄》裡的穆罕默德，被作家描寫成滿口謊言且永遠被關在地獄的「狡詐商人」，他的末日審判排在最後，被魔鬼一刀切開且刨成碎片。福樓拜小說中在街道上裸奔的阿拉伯男人，以及屢屢誇張描述的東方奇異世界：棒打奴隸、充滿謊言、古怪的風俗與伊斯蘭怪癖、以及勞倫斯口中「缺乏道德」的阿拉伯人，全都屬於此類。夏多布里昂也不例外，他以嘲諷的語氣說：

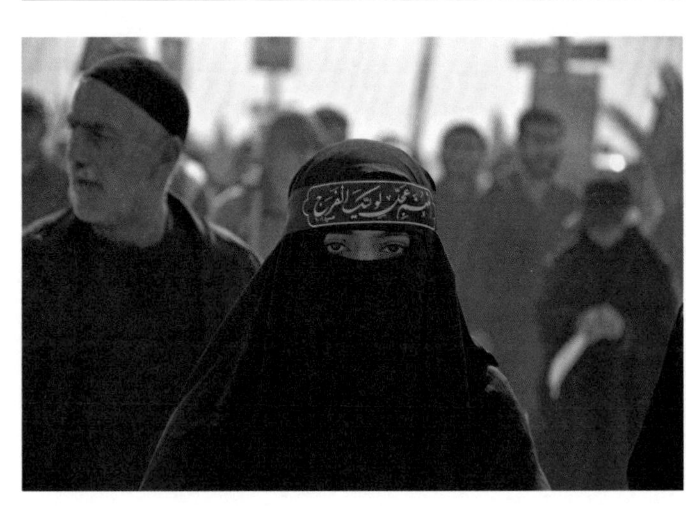

在夏多布里昂眼中，「東方」毫無可取，是落後且充滿異教徒的蠻荒之地。

「東方人全然不知自由，也不知分寸。暴力就是他們的神祇，因為久無外來征服者，替天行道，所以東方社會有兵無將、有民無法、有家無父。」這種主觀的評斷，在他的遊記中俯拾即是。原因很簡單——「說故事」的人永遠是「西方人」。夏多布里昂因狂熱國族情懷流露的「敘事觀點」與其他的西方作家並無二致。在他心中，只有偉大的「法國」，也就是他本人的祖國，才能與眼前這片壯闊的景致相匹配，因為這裡的文明與種種遺跡都是偉大的法國天才帶入尼羅河岸的，西方就是文明的代表，是使世界更美好的完美理想，無論是宗教、政治、生活習俗或法律，唯有西方可以帶給人類光明的希望。薩依德一方面帶領讀者思考西方作家如何說「東方」的故事，另一方面，他也強調寫作《東方主義》的目的，不是為了挑起事端，相反的，他是以「傷者的誓約」和「苦難者記錄」的心情從事寫作，重新思索西方人筆下的「東方」觀念。

薩伊德批判「帝國之眼」凝視下的東方觀點

為什麼要重新檢視、思索「東方」觀點？薩依德在《東方主義》提到了另一個例子：一位名叫威廉．羅伯森．史密斯的學者，一八八〇進入沙烏地阿拉伯的城市漢志遊歷，這座向來被視為阿拉伯聖地的沙漠之城，以古老的城牆與歷史的絢爛文明迎接史密斯時，卻得到了以下的回報：一個西方旅人對阿拉伯人的不友善眼光。史密斯口中的伊斯蘭世界全是一群「不思進取」的阿拉伯人：討厭旅行的舟車勞頓，動不動就抱怨肚子餓或疲倦，一下駱駝就馬上想蹲在毯

十八世紀以降西方作家筆下對東方的描述，哪怕是諸多名之為「遊記」與「見聞」的紀實類文學，大都充滿了偏執、歧視與錯待。

子上抽菸喝飲料，簡直無法勸他們從事其他的活動。

然而，史密斯完全沒有提到他指的阿拉伯人究竟是誰？年紀多大？社會階層如何？再仔細推敲，倘若他口中所描述的阿拉伯人正是被他雇用進入沙漠搬運行李的底層勞動者，那麼他們怎麼可能會有史密斯的閒情逸致？他們得早起晚睡，權充嚮導，全心照看旅客的起居和飲食，甚至還得為駱駝尋找沙漠中的水源地，如同螞蟻搬運貨物緩慢馱運，哪來閒工夫好整以暇地成天東瞧西看？史密斯以鄙夷的眼光回應旅程中為他提供勞動服務的旅伴們，別無他由，只因他們非我族類，全都是土生土長的東方人。

史密斯與夏多布里昂究竟是用甚麼態度凝視「東方」？答案很簡單，就是種族與宗教歧視的「眼鏡」。這可不是一副普通的「眼鏡」，而是充滿了偏執、歧視與錯待，並將東方視為毫無價值的化外之地。薩依德道出西方人以「帝國之眼」凝視他國文化的關鍵，指出所有的事物在此「凝視」下的變形與扭曲。薩依德所言並非空穴來風，只要稍加檢視西方文學傳統，十八世紀以降西方作家筆下對東方的描述，哪怕是諸多名之為「遊記」與「見聞」的紀實類文學，絕大多數都是如此。西方作家對東方充滿主觀強烈的個人評斷，有時甚至帶有「想像」的成份。他們筆下的「東方人」，往往是根據自身喜好「詮釋」出來的，跟真實的狀況頗異其趣。薩依德將這樣的詮釋稱之為「重新編排」，按照自己的偏好來「定義」與「誤解」東方，並善用此類「以訛傳訛」的手法，製造東方文化需要全面被改造與「拯救」的假象，以合理化對東方國家所施行的經濟

西方作家對東方充滿主觀強烈的個人評斷，有時甚至帶有「想像」的成份。他們筆下的「東方人」，往往是根據自身喜好「詮釋」出來的。

掠奪與政治支配。

薩依德筆鋒一轉，再讓讀者細看夏多布里昂是如何根據自己的「帝國之眼」去「觀看」這趟朝聖之旅，並且隨心所欲的挪移自己的「感動」或「憎惡」標準。夏多布里昂眼中的這片沙漠惡地，到處充滿不知感恩與懶散的東方人，但旅行到袞地，他又忽然被眼前的景象感動莫名，為某些神秘的個人宗教體驗而震懾不已，他忽然覺得神蹟無所不在，如同頓悟真理的先知，不再將眼前的景物看作窮山惡水，而是體驗到前所未有的感動：「在已枯涸乾燥的急流中、在崩裂的巨岩、在地靈人傑的陵寢前，上帝必定在這些地方說過話。沙漠似乎被恐懼震懾得瘖啞了，可謂尚未能打破沉寂，因為它聽過永恆之聲。」

夏多布里昂這段描述簡直令讀者啼笑皆非，眼前這片沙漠明明就跟他先前百般嫌棄的伊斯蘭「窮山惡水」是同一個地方，為何此時又成了他接受「天啟」與感動的泉源？薩依德玩味的說，這位作家興起的「巴斯卡式哲學家」敬畏恐懼，對於突如其來的個人神秘體驗趨之若鶩，忽然間他竟超越了先前令他失魂落魄的東方，被折磨的內心已然得到淨化，恍如與上帝同在。薩依德說，夏多布里昂挪用東方並使之「再現」，但這個再現的東方根本就是他的幻想。他如此大言不慚代表東方發言，一會兒沿途瑣碎埋怨，一會兒又若有體會，宣揚自己朝聖之途的內在心靈全然被治癒：天人合一。他在耶路撒冷感受到自己與心中的「東方」徹底和解了，基督徒、穆斯林、希臘人、波斯人、羅馬人，乃至法國人，在他心中突然達到古今和諧。但猶太人依然排除在外，因為夏多布里

夏多布里昂「再現」的東方，是他的幻想。

昂心中的上帝跟猶太教的是「兩個上帝」。薩依德莞爾的說，夏多布里昂神來一筆的宗教體驗「大和解」想像，還真是「天賦非凡」。因為本質上他既沒有真正和伊斯蘭世界和解，也沒有理解朝聖的意義。他充滿偏見，無論是從旅途的一開始，或是最終，他仍是那個對「東方」充滿偏見與厭惡的西方人。

走筆至此，不難發現這個充滿宗教狂熱且在心中高唱偉哉祖國的西方人，與任何令人熟悉的民族或宗教狂熱份子並無二致，他心心念念當時的「埃及」未能幸運被法國統治，而是被英國託管，對此表達強烈的惋惜與憐憫，甚至到了最後，他帝國主義的哀愁仍不放過埃及的一草一木，堅持「凡走過必留下痕跡」。薩依德幽默的描述夏多布里昂送給埃及最後「臨別的禮物」：既不是歌詠讚頌，也不是豐厚的家私，而是不辭麻煩的派人去將自己的名字「刻在金字塔的石頭上」，並且語帶得意的說：「我們要完成一個虔誠的朝聖者的每一個小小的義務。」再也沒有比這更令人發噱的「多此一舉」，這位浪漫成性的作家夏多布里昂先生，竟以三流觀光客的「刻字」對待偉大的埃及尼羅河古文明，甚至洋洋得意，認為自己的作為近乎恩賜。薩依德說，對夏多布里昂而言，朝聖之旅不過就是一種「表演」，用來展現他過度膨脹的自我，那寫作呢？則是為了彰顯他生命的行動。薩依德說，「行動」並不等同「意義」，那些可憐的埃及石頭被他留下生命的「行動」，不過是為了他個人的虛榮，除此之外毫無意義。

夏多布里昂的朝聖之旅成為一則「以帝國之眼觀看東方」隱喻，身為一個西方人，他心中的東方其實一點都不神聖。他對東方的「觀看」，實際上只是一種

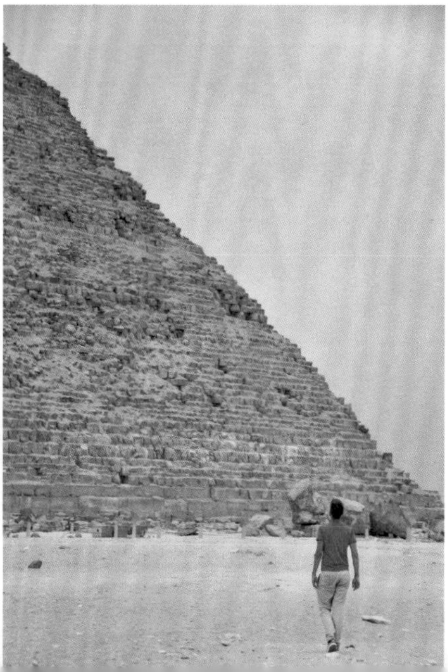

夏多布里昂的朝聖之旅成為一則「以帝國之眼觀看東方」的隱喻。

「審視」，帶有批評與先入為主的「評斷」。一如薩依德刻意在《東方主義》英文原文書籍封面那張著名的歷史畫「戲蛇人」(The Snake Charmer)，畫面中的戲蛇人赤裸站在一位身著華麗服飾的富豪主人面前，將幾乎超過自己身形的巨蟒纏繞在身上，以極端危險的方式掐住蛇的咽喉，向上高舉，企圖為眼前的觀眾們拿出看家本領，一旁年老的吹笛者極瘦弱，雙膝盤坐，以佝僂微弱的身軀奮力鼓起雙頰，樂音繚繞，蛇的姿態宛如魅惑的舞者。然而，這不只是畫家筆下的中東世界，更是絕大多數西方人心中想像的阿拉伯世界。「獵奇」與「偏執」就是西方人戴上的「眼鏡」，在這副眼鏡之下，觀看者與被觀看者也一如畫中的主人與奴隸，只能永遠活在被迫討好與無法自由的處境之下。喬治．歐威爾曾在〈馬拉卡治〉談到東方人，用來說明薩依德口中的東方主義者很適切，頗能彰顯西方人在觀看東方人時的文化心理狀態：「他們真的和你一樣是人類嗎？他們有名字嗎？或者他們只是一堆難以區分的棕色物質，就像蜜蜂或昆蟲一樣難分彼此？他們在地球上出現，流汗或挨餓幾年，然後就重新沒入無名墳塚」。

沒有名字、臉孔模糊的阿拉伯人形象

薩依德的同情與關懷是什麼？

對西方人而言，身處東方的阿拉伯人彷彿沒有「名字」，他們的存在就是一張模糊的黃色的臉孔，或者如同好萊塢電影經常描述的：嗜殺成性與頑強卑劣。電影裡阿拉伯人扮演的角色不是搶匪就是海盜，再不然就是騙子，或者聖

「戲蛇人」的詭異景象常是絕大多數西方人心中想像的阿拉伯世界。

戰的宗教狂熱份子，他們出現時總是結黨成群，穿戴傳統的頭巾與阿拉伯式罩袍，他們被塑造成殺人狂或激進份子，用黑色的瞳仁對著銀幕說阿拉伯語，而通俗電影中的阿拉伯人通常都是一個模樣：表情猙獰，口裡總是出現誇張的台詞：「幫我解決他！」強盜、劫機者、恐怖份子，通常是阿拉伯人在通俗影視中被賦予的形象，然而，真正「恐怖」的是，觀眾不假思索就相信電影扮演的阿拉伯人等同於真實世界。但是，歷史現況中的阿拉伯半島並不全然等同這類通俗影視中所描寫的。

經常被塑造成「邪惡」與「頑強」的阿拉伯人，自從十八世紀以來，絕大部份都活在被戰爭摧毀的「恐怖煉獄」。石油天然資源非但沒有為他們帶來幸福，反而成為血腥衝突與經濟掠奪的重要戰場。國與國之間相互征伐、內戰頻繁，再加上西方外來政權的政治干預，埃及、約旦、敘利亞、黎巴嫩、伊朗、伊拉克甚至阿富汗，這些阿拉伯半島上的國家幾乎無一倖免。戰火連綿，人禍不斷，這些現實中的「恐怖」極少被媒體所揭露，甚至見諸文字。薩伊德說，西方從來沒有真正「傾聽」過東方的聲音，因此作為見證者，作為失去國土的難民之一，他必須將一切公諸於世，讓世人知曉伊斯蘭世界的真實情況，期待有一天，阿拉伯世界的苦難得以結束，東方與西方能夠真正平等的「對話」。

因此，薩依德的《東方主義》絕對不只是一本「純然」教導我們怎麼閱讀西方文學筆下「東方」的文學理論書籍，這是一本血淚之書，是成千上萬無家可歸與悽慘苟活之人的見證之書。薩依德以其無比的耐心，抽絲剝繭，為讀者

電影裡阿拉伯人經常被成見塑造成「邪惡」與「恐怖」的形象。

講述關於西方最初「異樣的眼光」。倘或可以穿越無辜死傷的百萬屍首與斷垣殘壁的時空佈景，回到歷史的起點，人們或許有機會看見最初的「發生」。薩依德邀請讀者回顧十八世紀的東西方的歷史交會點，引領讀者明白戰爭的野火燎原與人間煉獄，最初不過是一點「偏見」與「傲慢」，便讓手上拿著武器的人如此理所當然任意支配。而受苦的那方一旦認同了他人眼中的偏見，就很難有機會改變。他們或將選擇以更極端的暴力加以反抗，肉身搏擊，一齣齣的悲劇於是不停輪迴，此起彼落。

生命的存在價值不應當根據任何外在條件：無論是宗教、財富、權勢、膚色、種族或社會階級，全都不應該成為彼此錯待的理由，因為「非我族類」的標籤與眼光，終將製造更多的仇恨。被仇恨扭曲的心靈足以毀滅一切，包括無辜者在內，無人倖免。歷史上因仇恨所引發的戰爭，不計其數，這些苦難如輪迴般因陳相循，無家可歸之人最終被迫以肉身殺戮復仇。但誰該為歷史負責呢？或者該問，誰能真正為歷史負責？夏多布里昂刻在埃及金字塔上的名字或許使人覺得可笑，但這隱喻如果再往真實世界偏移一點，阿拉伯半島上無數的屍體，血流成河，斷肢殘骨，那些人類殘忍與殺戮的歷史之牆又是誰砌的？是誰在他人的國土與淚水上鐫刻野心勃勃的慾望？

夏多布里昂的作為不啻是西方政治強權的暴行隱喻，與其他諸多「描寫東方」的西方作家一樣，夏多布里昂的中東經驗從來就不出自「理解」，而是將個人的「偉大想像」鐫刻在他人的國土之上。地理上的「東方」與「西方」不

歷史上因仇恨所引發的戰爭，不計其數，。

該是阻絕人類互信互愛的關鍵，人心的「偏見」與「慾望」才是那道隱形的牆，這座牆橫亙在「我們」和「他者」之間，使人陷入孤絕與封閉，最終變成一頭野獸，相互撕咬，毀滅一切。《東方主義》中夏多布里昂的旅途目的是「朝聖」，但朝聖的本質難道不是通往心靈？沒有人可為過度膨脹的慾望而對他人橫征暴斂，所有的宗教都不該將異教徒視為敵人，無論是真主阿拉，或是上帝，從未教導人們殘忍行事或自私，這是利慾薰心的野心家假托造物之名的殺戮罪愆，是使所有人被仇恨綑縛的歷史根源。薩依德說，《東方主義》的寫作並不是為了消除東西方差異或挑起敵對意識，他真正期待的是，希望東、西方幾世紀以來敵對、戰爭與帝國控制或衝突，能夠以一種新的方式被思考，更希望這本書能帶領讀者明白人文研究的終極「理想」：超越思想的箝制，明白我們所處的世界多元文化的本質，並且永遠記取教訓：人類的歷史是由人類製造出來的。

肆．再做點補充：用「巴勒斯坦的眼睛」看巴勒斯坦人

薩依德所屬的國家巴勒斯坦的命運，在中東地區的慘況堪稱是箇中翹楚。一次大戰結束後，巴勒斯坦於一九一八年首先被英國占領，一九二〇年國際聯盟委託英國管轄巴勒斯坦地區，託管的範圍以今天的約旦河為界，劃分為東部和西部，東部由阿拉伯人佔領，西部則由英國管理，當時猶太人不過佔巴勒斯坦地區人口百分之十左右。一九四八英美聯合支持以色列復國，錫安主義興起，以色列刻意違反聯合國協定國土公約計畫，不在地圖上標示清楚的地界，強行

掠奪原本世代屬於巴勒斯坦人民的約旦河西岸，造成無數的難民流離失所。

在漫長的以阿衝突裏，我們透過西方媒體的眼鏡學到的，是巴解恐怖份子的殘酷和對無辜者的殺戮，卻不知軍事上具絕對優勢的以色列，對於手無寸鐵的巴勒斯坦平民也有非常殘忍的作為，而且幾乎無視於聯合國的規範。

二〇〇八年十二月，巴勒斯坦舉行選舉，哈瑪斯政權透過合法程序勝選，以色列卻違反聯合國停火協議，使用化學武器夜以繼日轟炸迦薩，連醫院和百姓村落都遭受波及。這些化學武器包括了一種叫 DIME 的金屬炸藥，它造成的傷口與尋常砲彈截然不同，會使倖存者體內留存大量化學殘餘物，引發肌肉癌變，後遺症伴隨終生，即使截肢亦無法根除。

巴勒斯坦人因以色列建國而失去國土，殘存的巴人分散在以色列占領區而成為次等公民，或者流亡至埃及、黎巴嫩、敘利亞、阿富汗與世界各地。幸運如薩依德，因為父親是成功的商人，有能力輾轉從埃及逃亡至美國，在他鄉落地生根，但他的故事是成千上萬巴勒斯坦難民少數中的少數，戰火的摧殘使得巴勒斯坦遍地死傷，百萬人無家可歸，飢寒交迫，進退無路，這其實已不是戰爭，而是更接近種族滅絕。巴勒斯坦與以色列至今仍橫亙著一道著名的邊界之牆，世人稱為「種族滅絕之牆」，該建築是由美軍設計與監造，地下工程最深可達四十五公尺。長達七百公里，銅牆鐵壁槍砲不侵，阻絕巴勒斯坦運送食品與醫療物資。該牆完工後，巴勒斯坦人出入約旦河以西必須通過重重的軍事檢查哨，遭受各種刁難。即將臨盆的婦女、因重症而急需醫療資源的傷患或孩童，

在以巴衝突中，遭到以色列狂轟濫炸的迦薩地區。

有時還沒來得及通過檢查哨，早已因漫長的延誤而危及生命。這座牆以特殊戰略高科技著稱，可引海水灌入迦薩，破壞原本的地下運輸坑道，鹽化土壤，使「殘餘」在以巴邊界的巴勒斯坦難民難以為生。

一個國家或民族的發展應該建立在摧毀另一個國家上嗎？仇恨只會製造更多的仇恨，毀滅更多無辜的家庭。薩依德一九九〇年與攝影師約翰摩爾前往黎巴嫩北部，眼見四處鐵絲網阻絕的城牆，城牆外圍一個又一個的難民營，破敗的帳篷，缺乏水源灌溉的乾裂土地，用撿拾來的零碎物搭起臨時居所。薩依德說，他從來就無法行雲流水訴說巴勒斯坦的故事，因為這個故事也是他自己的傷痕。摧毀，重建，再摧毀，然後流離，就是巴勒斯坦的民族命運。薩依德說，成為見證者，就是用「巴勒斯坦的眼睛」去看巴勒斯坦人，並且將一切訴諸文字，提醒世人正視巴勒斯坦問題，因為暴行從未真正止息。一如巴勒斯坦詩人戴維爾所言：巴勒斯坦人的後代終將「回歸」，哪怕如同傾倒的莊園，悲劇裡的詩句，他們的故事終將永遠留在世人心中，永誌不渝。

（江江明）◆

面對以巴邊界的「種族滅絕之牆」，用希伯來語，阿拉伯語和英語寫著「通向和平的道路」。

12 大海浮夢 節選

廣受矚目，來自蘭嶼的達悟族作家夏曼・藍波安，他所扮演的角色好像是族人與其它世界的文化橋樑。《大海浮夢》亦如預期地深刻、深情表達出海洋民族特有的視野、專長與生活態度。他的知識淵博、歷練豐富、中文書寫熟練老到，並揚溢著原住民特有的語法與表達，因此作品十分引人入勝。而在輕鬆、幽默的字裡行間，我們依然會凜然感受到來自弱勢文化的知識分子，如何堅持並豐富族群文化主體性的努力與成就。

壹・作者與出處

夏曼・藍波安是臺灣最受矚目的原住民作家之一，一九五七年出生，蘭嶼達悟族人。有別於多數原住民作家的山林書寫，自稱是現代版的愚／漁夫的夏曼・藍波安，則是以蘭嶼這座島嶼和海洋潮聲為題材，自詡「把活的海洋轉換成一本書」。「海洋」，是夏曼・藍波安一貫書寫的主題與重要場景，但同時也作為一種逃逸與回家的路徑。「何時回來呢?他找得到回家的海嗎？——這種尋索式的基調，似乎是他一切創作的起點。

夏曼．藍波安就讀臺東高中時，因抗拒傳統漢族為主的同化價值觀，拒絕公費保送師範大學，其後離家遠赴臺北，歷經工廠作業員、貨運捆工、染織工、建築工地四年的勞力生活，半工半讀考上淡江大學法文系。後來又取得清華大學人類學研究所碩士。從漢名「施努來」、族名「切格瓦」，到「Syaman Rapongan」，這段「恢復我們的名字」的歷程，同時也銘刻了他十六歲離鄉，經過自我放逐、困惑求索與生存反思；而後三十二歲返回祖島，回歸傳統部落文化與原始文明的生命原鄉。夏曼．藍波安志在洗刷「退化的人」、「被漢化的人」、「面孔朝向臺灣」的污名，在歷經考驗後，終於獲得族老的肯定：「真高興，你沒有放棄傳統的工作」，成為真正的達悟族男子。

夏曼．藍波安以寫作為職志，融文學與人類學於一爐，曾多次參與原住民運動，爭取捍衛部落傳統文化的發言權，近期則投入海洋科技與海洋文學，成立「島嶼民族科學工作坊」社團。藉由書寫與行動的合一實踐，寫出一本本冷海情深的散文和小說，展現了海洋民族獵魚家族的故事。

第一本創作《八代灣的神話》，用族語方言捕捉了初民傳說故事，榮獲中研院史語所母語創作獎，其後陸續出版多書，頻獲各類獎項，並分別外譯成韓文、日文。《黑色的翅膀》寫飛魚神與達悟

蘭嶼舊稱紅頭嶼，日本時代被列為人類學研究區域，禁止一般人入島開發。

族的動人情節；《海浪的記憶》藉側寫有生命、能記憶的海，來傳述祖輩面對海洋試煉時的勇敢與謙遜；《老海人》則寫出部落老、中、青三位邊緣人，既是海神鍾愛的藍海勇士，也是被惡靈劫擄的陸地浪子；《天空的眼睛》以浪人鰺作為敘事者，用混語載記達悟詩歌與神話語言；《安洛米恩之死》是致敬與悼念從現實生活中節節敗退的航海家族裔之死；《航海家的臉》和《大海浮夢》則延續海洋與島嶼、傳統與現代、達悟人與漢人、部落與文明之間的雙主軸辯證，特別是針對資本主義與漢化教育的創傷，而寓寄文化的悲情與抵抗。在詩意的筆調中，可以讀出抒情底下所蘊藏抗議的一種擴張，那是攸關他在現代性進入小島之後的審視與省思。

長篇自傳體小說《大海浮夢》，記述二〇〇四年至南太平洋拉洛東咖啡島、斐濟，以及二〇〇五年與日人山本良行、印尼航海專家等搭仿古船，環行太平洋的海洋書寫。根植島嶼，同時放眼與域外民族互相連接的共同譜系，使此書的書寫位置帶有超越達悟族視角，而廓及泛太平洋南島原住民族的宏大史觀。全書概分〈飢餓的童年〉、〈放浪南太平洋〉、〈航海摩鹿加海峽〉、〈尋覓島嶼符碼〉四章。敘事以〈飢餓的童年〉為開篇，而終止於「我感覺我好飢餓」的收梢語，顯見敘事主脈絡是「飢餓」，然而除了直指邊陲島嶼族民在殖民性與現代性的雙重宰制下，為了求溫飽、養家的粗礪挫傷與生存危機外，「飢餓」更代表達悟民族對於部落傳統精神、文化傳承的匱乏、飢渴與祈求。至於書名「大海浮夢」的釋義，則交錯顯現在各章，如第三章敘及與山本先生開展共榮共生的大計畫，即是為了實現祖輩血脈留下航海夢想的理念；此外在小說終卷之際，也再度申明在達悟民族的海洋流動舞臺上，表演生態環境信仰的劇本，是持續發酵的大海浮夢。

揚帆出海，望向世界，或者是登陸定居，回歸部落，在書中已然統合為一種「移動與復返的鄉愁」，既閃動著兒時憧憬移動的夢想，也疊合了自己與父祖部落傳統文化連結的元素！本選文選自聯經出版社二〇一八年出版的《大海浮夢》。

貳・選文與注釋

命運的旅行似乎在我小四，約是十歲，在黑夜來臨的時候，我的夢想就開始旅行了。在夢境裡的黑夜，希望夢想成真裡的影像，也似乎只對南太平洋、大洋洲的許多小島，情有獨鍾。其實這樣的夢寐，你我他、她，想起來在這星球有人類居住的任何一角，都有它的相似性，有夢是件好事，而且我認為，那般的夢想其實陪伴著我們長大的。

我們從小每天的第一眼、最後的一閉都是海洋，他的潮汐大小變幻，勾畫了我本性的浪漫與懶散，而冬季時的海洋，他的寧靜在我小時候的感官，也比我那個記憶裡的外祖母更慈悲、慈祥，並多了暗灰的蒼涼，那汪洋影像的變幻幾乎就是刻在自己成長的記憶裡。……

我的祖先自稱Ta-u（達悟族），說是這個島嶼是有「人」住的意思，所以這個小島的原始名字是Pongso no Ta-u（人之島），說明這是外來民族沒有來之前的主權宣示，我們小小民族在航海移動實現占有的島嶼，這種以自己的語言來宣示島嶼主權，傳統海域，無關於列強帝國擴充版圖的政經目的。……

後來小叔公唱了一首短詩，被流傳。歌詞原意是：

讓我們在舒夫特海域
製作竹子的圍籬
好讓臺灣來的貨輪無法進入
稻米與麵粉來自遠方的島嶼
遠方的事物不比冷泉的芋頭好吃
但願島嶼的人有所認知

（臺灣來的貨輪的螺旋激起波浪，讓我們的海洋有了噪音，機械船將帶來許多外邦人，他們將來會掠奪我們的土地，帶來的稻米、麵粉將來回研磨我們的水芋田，我們的孩子因而開始吃外來的事物，而不會再與島嶼的土地親近，祖先的努力將成為荒涼的島嶼，讓我們拒絕外邦人的船，努力經營我們的田地，我這樣說是擔憂我們將失去島嶼的所有。）……

其實在那陌生的島國，偶遇布拉特、陳船長，以及那些大陸來的小男孩，在我個人旅行的命格裡，顯然有許多事是我不可預期的。嚴格說來，我特別的喜歡、關注在區域生態的努力生存的少數族群、社會的邊緣人，他們的一言一行牽動著我的心脈。我與他們非親非故的，他們都同時與我建立很美的友誼，這個感想也是沒有預期到的。陳船長的一番話語，我感受到自己懸在被遺棄與被撿起來的飄浮幻覺，那種幻覺是隻影的旅人到陌生的國度常出現的潛在意識，而黑夜海洋的風聲，宛如是自己沉思的源頭，讓我在異國旅遊很自在。……

再次回到蘭嶼的家，在飛魚的季節達悟男人屬於海洋，這個時候，我才真實的感覺我實體的存在，這些暫時的結果，像一片欖仁樹葉的提早掉落在清澈的溪流，隨著潺潺而曲折的溪水流動，如是預言自己命格的不確定性，注定魂的漂泊，神遊在浩瀚的大海，在無人的空間，彼時又在應驗了自己兒時夢境裡的幻覺，好像曾經有過的情境，就像電影裡「似曾相識」的劇本。

聽聞如此環繞臺灣的旅途到了四月底增加了一項往南洋印尼的旅程，一位小企業家陳先生，她說服我說：

「去印尼看看那艘船吧！順便讓你們用蘭嶼雕飾船的圖騰雕刻那一艘船，讓你們民族的特殊圖案在南太平洋被看見。」……

第五天的時候，兩位印尼記者問我，說：

「你為何不怕太陽曬？」

「習慣了，」我如此回答。

一九八九年，我全家回蘭嶼定居，父親為了我們的回家，為我造了艘拼板船，說是達悟男人應有的生存條件，累積成熟男性尊嚴的獵魚工具。當時我的部落只有兩艘機動船，部落的人當時還非常盛行使用拼板船獵魚，尤其是飛魚季節，所以我部落灘頭還有三十艘的拼板船，與我兒時的記憶差不多的船數，族人依循傳統獵魚的次序還非常穩固，也就是傳統獵魚的規範還很完整，對我而言，這是我的幸運，還來得及實現我兒時獵捕鬼頭刀魚的夢想，構成我現在取之不盡的思維泉源，也是讓我深深體悟到「傳統生活美學」與環境生態時序相融合的島國民族智慧的可貴，此生活學習的過程，也讓我見識到許多現代性的便利引進，是各個民族隱性破壞「傳統生活美學」的來源，在「便利」下分化、解構民族的生活節奏、價值秩序，脫序在默默進行。……

母親阻止我去臺東念書的武器，只有眼淚，以及藍海的美麗，彼時我內心裡只有離開小島，離開小島的夢想，老人家們用盡對我的勸阻，說盡我們島嶼的美好，釣鬼頭刀魚十足勇士的故事，在我耳膜裡被當作是蜜蜂的語言，我只有一個念頭「我要離開蘭嶼」，「我要離開蘭嶼」。走了一小時的路程，我們一行人終於到了椰油碼頭。

椰油碼頭是極為簡易的新興港口，它的竣工，以及飛機場正式宣示蘭嶼島不再是達悟人的祖島，它已成為名副其實的被殖民的島嶼了，外來物資的運送也向島嶼祖魂宣示，芋頭、地瓜、山藥將退為我民族的副食角色，而菸絲與酒精也將是腐化我民族海洋性格的主力凶手，這似乎是全世界所有島嶼民族，在港口竣工之後，我們共通的無法規避的，隨著文明進化的厄運與人為災難，在可預知的未來，我們將是它的子民，無需臺灣的一槍一彈，我們就已俯首稱臣了。

碼頭邊貨輪的卸貨區占滿了外來物資，還有武裝勇士，武士們個個面容僵硬似是木偶般的握著驅除惡靈的長柄木刀，原初豐腴的社會已確定沒有回頭的旅程，接受外來物資如是不可抗拒的海嘯般的恐怖，島嶼民族將來勢必面對被文明統整等等饑餓，是可預見的明天。……

在山林環境，因為自己需要造船才可以依據民族科學的招飛魚祭儀，出海獵捕飛魚，而要獵捕飛魚、海洋裡的一般魚類，就必須造船，這似乎是生態永續的循環概念，是生存倫理，「不會造船等同於低等男人」，父親的話，正在說明那個「男人」無法理解人是環境生態的物種之一，就像山林的樹、海裡的魚都會死亡、腐爛，肉體（包括樹肉、魚肉）回歸為土壤之前，每個物種都依其智慧、環境之差異建立不同生態類科的生態習性，民族的文化內容，因此生態物種的成長，如吃風面的樹、深谷陰暗裡的樹的肉質之堅實、鬆軟有差異，人類成長學習過程也都浮現素質的好壞一樣。於是又說，「魚類（樹木）不可能飛到你家屋院」，你得必須親自去伐木勞動、游海獵魚，這是「肉」腐爛之前，生態物種因生存延續，提供互利互惠，達悟人因而以「儀式文化」體現對生態物種的敬愛，你不造船，你就很難理解樹身的美感，魚身的優雅，以及不解生態圈的智慧就是路旁的雜草、低等的人類。……

島嶼環境的整體原來就由其自然環境、我們人類無法理解的孕育過程，爾後航海島民的巧遇它而進駐，島民透過無數個世代經營失敗，篳路藍縷的轉換共生策略衍生出的環境信仰，面對海洋，其與月亮的潮差臍帶發展出漁獵家族的社會，大船的下海儀式，並非是「驅魔」為唯一的詮釋，那是局外人幼稚的便利解釋，族老們身軀展現的肌理條紋是波浪的橫紋，吼出的聲音是間歇性的海震。此時的島嶼環境正在被政府自訂的土地政策，以及現代貪婪的族人解構島嶼島民共生循環的正義所侵擾，東清部落自主抵抗七號地被解編，他們抗爭儀式如是照片中的耆老，那股有氣質又優雅放射出的是我們對島嶼土地的珍愛，民族在現實時間對政府的抗爭行動是為了維繫我們民族的幸福指數。島嶼民族科學工作坊設立的基礎就是此等觀念與行動，你們的支持就是我們繼續保有「野性氣質」對環境真愛的護島軸輪，畢竟我們所面對已經不是只有傳統儀式的延續，更多的是現代性文明如蛀蟲似的從我們內部啃食野性純度的善良基因。照片是我們反思的有力證據。

前人們走了，帶著他們被野性環境馴化的完美儀態，身軀歸為土壤（不要死在臺灣），化成林木再生的有機養分，我則划著我自造的木船在夜航，……我感覺我好飢餓。

參．可以這樣讀

說故事的人

我來自於在中心的邊緣作家，我必須放逐自己，走出家屋去尋找某些事件，來激發想像，……天天下海抓魚的人，總有一次會抓到一片魚鱗，經常移動的心思與身體，才有食物可吃，也才有故事可說。

班雅明在那篇有名的〈說故事的人〉文章中，曾提及傳統說故事的人有兩類，一是遠行之人，例如航海漂游，浪跡天涯的水手，他會從遠方帶回許多的域外傳聞；一是蟄居一鄉的人，像是那些安居在地方上的農人，熟悉本鄉本地的歷史掌故和文化傳統。每個時代每個地區都各自會產生講某一類故事的族群，但夏曼．藍波安所講述的故事，則統合了以上兩種講故事的類型：來自遙遠地方和湮遠年代的故事。前者照映出「離開」後與遠方諸島嶼住民相遇的海洋漂流故事，後者則證諸「歸返」後尋覓祖居地島嶼歷史密碼的心路歷程。

《大海浮夢》以「蘭嶼」此一具有獨特文化的特殊地點作為輻輳，提供講述「望向多邊」的故事。第一章〈飢餓的童年〉，以童年夢想旅行，作為敘事的啟動。眺望遠方的想像，先是來自海洋與地圖的浪漫召喚，但想要離開蘭嶼，看見世界的雄心壯遊，則主要是身處邊緣之境，卻被迫面對外力威脅下的一種頹敗與戰慄的「飢餓感」：「你們，怎麼還在穿丁字褲上學呢？」「你們吃過米嗎？」當大島與小島相遇後，即迸發了以國家之名，而行殖民壓迫與佔有之實的支配性霸權結構。政治力的威嚇與土地權的轉讓，使原始豐饒的島嶼，已不再能保有世代安居漁獵耕稼的海島樂園；而漸被漢化與西化等外來文明統整後的達悟民族心靈，也同樣淪覆於「迷失」、「轉換」與「馴化」的貧窮與飢餓狀態。由是而觀，「飢餓」顯然不單指物質性的匱缺或肚皮挨餓，而是形成全面「潰敗」的一種「飢餓圖騰」。

第二章〈放浪南太平洋〉、第三章〈航海摩鹿加海峽〉，即是透過洋海旅行，連結其他大洋和海島的族群故事，而以各種綿密交錯的敘述，重新省思民族身分的諸多議題。夏曼．藍波安二〇〇四年十二月開始為期三個月的南太平洋浪遊，是緣於前一年同一月份間竟遭逢三位至親（大哥、母親與父親）同時辭世的巨大殤慟，適值文建會策畫「全球視野文學創作培育計畫」活動，鼓勵臺灣作家赴海外從事文學創作，夏曼．藍波安因藉此「自我放逐」，來療癒生命的震顫與創痕。遠航返鄉未久，二〇〇五年五月復又投入由印尼華僑資助、日人山本良行主導規畫古老風帆船航海之旅。從蘇拉威西島南部啟航，跨越赤道的航線，同樣也是一條南島民族祖先曾經追逐與移動的路徑。

孤舟汪洋，增廣見「海」，是另類烏托邦的想像！遙遠的國度與空間的距離，無法阻隔同樣吃檳榔，擁有共通語言，與大洋洲島民的熟識親切感。藉由「你的祖先是我們祖先遠親」、「臺灣是我們母親來的地方」，這些因洋流臍帶而完成血緣認證的南島族人，有著相似的長相、膚色、語言與文化習慣，除了再次映證了「海洋是共同祖先追尋太陽升起的地方的捷徑」（意謂東經一八〇度先看見太陽，西經〇度則先遇見月亮，以此而畫出完整的大洋洲版圖），也得以正本清源，重新釐清以太平洋東西經一八〇度為中心的世界地圖觀。

從「沒有國界疆域的水世界」，而引渡出「假如海洋是個國家」的命題，顯然延伸出把民族身分和始源地點進行整合，去其固著性與政治性的疆界畫定，而重新繪製另一種共同譜系認知地圖的想像，易言之，即是以文化、語言、血緣基因相似的親切感，來取代以祖國或宗教信仰，作為認同的依據。此外，透過庫克群島國與英帝國的關係，也平行比勘了蘭嶼與臺灣的不平等關係，夏曼·藍波安亟亟於告訴讀者的是，同為文明化末梢的大洋洲島民，也同樣遭逢了無法擁有島嶼環境權與生態永續權的歷史現場，甚至也共歷了淪為核爆試驗場或核廢料貯放場的文明浩劫。所謂政客與科技的殖民島嶼，正是世界原住民族共同面對的殘酷歷史與現實。

除了針對跨國原住民族經驗與政治霸權困境的沈重論述外，夏曼·藍波安兩度大航海歷險記，也敘說了海洋的野性知識如何造就海人浪人的故事。分別來自日本、臺灣、大陸、印尼的追浪男人或男孩，各有各的生命故事，但這些海外漁夫的漂泊源頭，同樣是攸關經濟收入短缺，急欲脫離貧窮的漁民工生活血淚史。然而以「命運的旅行」作為起點的遠洋的男人，也終因海上生活的歷練，而造就了強悍與英勇。

小說中陳船長所提點「讓海神知道你們來了」的真理，正呼應了夏曼·藍波安另作《海浪的記憶》中的核心要義：「海浪是有記憶的，有生命的，……，

海洋既承載船上的人，也蘊蓄他們內在的祖靈信仰。

但海能記得你的人，海神也聞得出你的體味。」海既是有情緒的水，亙古以來海洋上的亡魂比魚鱗鱗片還多，所以討海人要對汪洋或浮屍說話，對應於達悟語所演繹的「黑夜海洋的風聲」，即意指在海上說的語言，不同於口語，因而名之為「風的語言」，如是在海上說「惡靈」聽不懂但「善靈」卻聽得懂的語言，方能確保平安滿載而歸。

海洋既承載船上的人，也蘊蓄他們內在的祖靈信仰：「我的航海祖先們，求您們與我同行，這是您們曾經航海過的海洋。」藉此達悟祖輩航海者話語與習俗的呈現，小說第四章〈尋覓島嶼符碼〉，即是夏曼．藍波安試圖召喚並復振已遭受漢化與現代化的碰撞拉扯後的祖先文化傳統。所謂島嶼密碼，概指父祖輩留給後人的生活智慧、島嶼知識，及其與環境自然相容的密碼。此民族與自然環境之間的共生密碼，上自族人語彙、生活哲學、海洋影像、山林伐木、划船漁獵等等，無一不是島嶼密碼。從環境與島語文明中，學習自然秩序，付諸生活的實踐，而以「身體語言」去感悟野性空間的符碼。達悟人也藉由「身體展演」的儀式文化，體現對生態物種的敬愛，這種傳統生活美學與環境生態時序的相融合，並進而發明成為島嶼民族科學的知識與智慧，包括依循生態現象的歲時祭儀與生活作息。例如達悟人將一年區分為飛魚季、飛魚漁撈結束、等待飛魚等三個季節，且每一天的夜，都有她特有的名字，藉此夜曆來觀測月亮圓缺與洋流潮汐的關係，進而掌握魚族浮沈與食餌時辰。海洋民族科學概念中的「順時」與「逆時」知識網絡，也顯現在與達悟相似的卡洛琳群島族民所

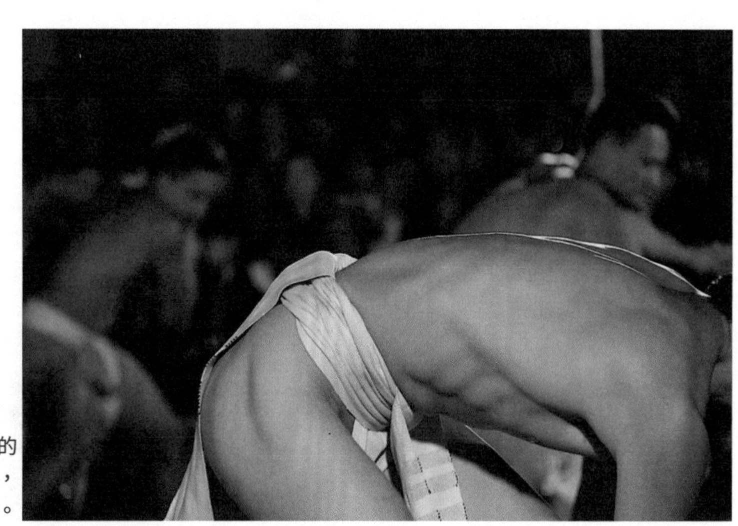

以「命運的旅行」作為起點的遠洋男人，也終因海上生活的歷練，造就了強悍與英勇。

發展的二十八個「風的名字」，諸如此類，經由分梳細緻的原住民族的自然常識，幾近於現代航海圖的知識學門。因此惟有返回祖島，順服於島嶼的傳統，「經由父母的再教育，波濤的再淬鍊」，才能取得達悟族民的尊嚴。

就此而論，夏曼．藍波安所採取鑄造原住民的身分，顯然不是充當外部人、專家引導式的角色，而是真正的回歸部落，扮演一個文化內部者的角色與位置。他以具有達悟民族的本色為傲，頗為自豪：「現在族人一談到夏曼．藍波安，就知道我會抓鬼頭刀魚，也是一個潛水射魚的高手。」透過身體的展演，結合學習而來的現代知識與在地知識，書寫海洋與人文的故事，這是夏曼．藍波安作為訴說自我與達悟人故事的大使命。

讓我們再回到班雅明的論點並以此向夏曼．藍波安致意：「如是觀之，講故事的人便加入了導師和智者的行列。……他的天資是能敘述他的一生，他的獨特之處是能鋪陳他的整個生命。講故事者是一個讓其生命之燈蕊由他的故事的柔和燭光徐徐燃盡的人。」夏曼．藍波安走向山林，躍入海洋，並娓娓道來：「這些大自然所有的元素，構成了我小說裡非常重要的核心。」收攬風、雲、雨、太陽、海浪，包覆了在地生態、傳說故事與生活美學。這是夏曼．藍波安的文學書寫，也是達悟人的自然生態觀，更是海洋民族的科學知識。

夏曼．藍波安
不只會抓鬼頭刀魚，
也是個潛水射魚的高手。

是太陽下山或太陽下海？

一四九二年，哥倫布說是「發現新大陸」，這是人類文明史上最大的謬論，正常人的說法應該說是：美洲大陸「發現哥倫布」，……美洲大陸原來就是在那兒，原來就有不同種族的原住民族世居於美洲大陸。

在閱讀夏曼・藍波安述說島嶼海洋的故事中，必然無法略去作品中許多濃稠情緒的釋放與審視現代文明後的沉痛與批判。當大島與小島相遇，漢人與達悟人的移動會晤時，已然昭顯出蘭嶼作為與臺灣的分割對照，是如何承受透過政治性（中心之外的邊陲小島）、社會學式（進步對照中的落後貧窮）、軍事性（軍警囚犯移駐地、將山林海域，收歸國有與海疆）、文化性（文明躍進下的野蠻人）、意識形態（漢人單一史觀與價值觀）或想像式（有別於臺灣本島的異國情調）的臣屬性形塑，而使蘭嶼一步步接受「描述」、「管理」、「教導」與「安頓」，甚至生產出一種官方版的原住民性，以及類近東方主義式的「蘭嶼論述」。這種在諸歷史之間的原住民族及其社會文化，向來都被視為是一種「同時但非同步」的存在現象，即使現今熱烈浮現「原民現身」或「自豪原住民」的運動，也無法平撫原住民族從以前迄今的抵抗經驗，及其為文化存續而奮鬥的悲憤！

夏曼・藍波安借兩個事例討論，一是太陽下山與太陽下海的辯證，二是針對「哥倫布發現新大陸」的翻案。小說例舉許多非漢族學童在語文教育課堂上，必須被迫學習認同漢族英雄被美化的一元史觀。不獨歷史教材如此，原住族民

夏曼・藍波安在述說島嶼海洋的故事中，
充滿了許多濃稠情緒的釋放與
審視現代文明後的沈痛與批判。

來自生活實證的自然經驗，也遭否定，例如考試必得填答「太陽下山」，才是標準答案，卻輕忽了島童生活經驗中日日目睹「太陽下海」的視覺答案。這是對他人經驗的無法企及與蔑視，尤有甚者，「太陽下海」常被作為負面的答案。而他則提出地球自轉定理，來說明太陽永遠就在它的位置上，本無下海或下山的事實。

作者的父親一再強調「念漢人的書，你不會認識我們的祖先、我們的島嶼、海洋。」所以父親的初衷，就是建造一艘船讓他了解在「山林與波濤」是「島嶼與汪洋」共生的延伸概念，要他在山林伐木、汪洋划船獵魚，以此持之以恆的過程成長、成熟，虛心體悟「人與環境所有的生態物種都是相互共生的，有生命的物種，沒有誰主宰誰的平等信仰。」因此夏曼．藍波安正本清源，為蘭嶼「正名」為「pongso nu Ta-u」（人之島、祖島），並糾舉出臺灣政府更名為「蘭花之島」或日人所稱之「Yami」（雅美），是為殖民者展現其統治的便利記號，也是根除在地性的策略。藉此昭告蘭嶼是我達悟祖先發現的島，既非日人，也非漢人發現的島嶼。夏曼．藍波安的敘事姿態，推衍出一種民族身分的聲稱，清楚表明了「原民化」身分政治的一種認同。

所謂「原住（原生）」（indigenous），意謂「從裡面誕生或產生者」，強調的是原生性，是土生土長。這個在地性極強的字眼，已被用來泛指世界各地那些被稱為「原初社會」、「土著社會」、或「部落社會」的人類社會。「原住」一詞的內涵因此被形構和大小群體在多樣性的社會脈絡中來使用，以此強調自

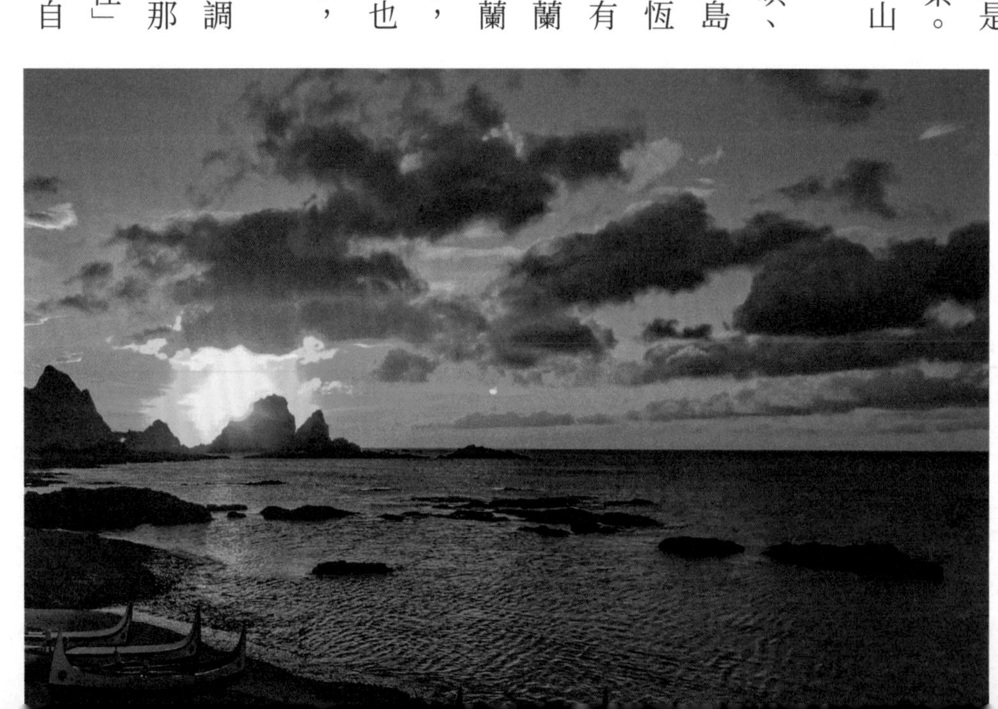

己在時間上的「居先性」，對土地的扎根相對更深。就上述援借詹姆斯．克里弗德之論，顯而易見夏曼．藍波安所強調島嶼的命名權，以及「大洋洲數不清的島嶼是歐洲人忽然看見的，但不是他們發現的島嶼」，其藉書寫告白與表態的，正是一種原住民族「居先性」和「所有權」的強力宣告。

自豪原住民的邊陲詩學寫作

> 我的文學作品，有很多的劇情是人、海洋、魚類連續性的連結，……評論家刻意忽視「魚類」的實存，魚類被達悟人擬人化，不符合一般人只知道吃魚肉的線性軌跡，不想理解魚類也具有「人性」的一面，這是一般的人對魚類沒有「感情」所致，是消費生態者，而非敬重生態者。

在《復返：21 世紀成為原住民》書中，克里弗德歸結原住民族的身分認同，計有五大要素：與土地環境的聯繫、分享共同歷史和連續性、復振族語方言、自給自足的維生方式，以及重視親屬關係。《大海浮夢》所表呈的原住民身分認同，也大致趨近於此。其中與土地的聯繫、重視親屬關係和振興族語方言，尤其有精彩的書寫表現。

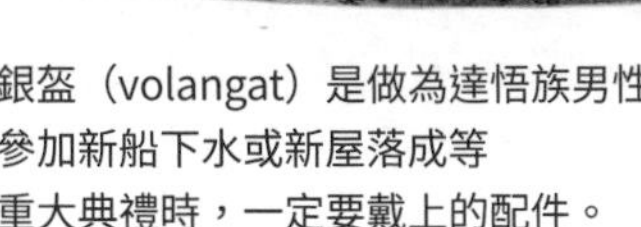

銀盔（volangat）是做為達悟族男性參加新船下水或新屋落成等重大典禮時，一定要戴上的配件。

▶島嶼生活，日日目睹「太陽下海」。

禱語，是達悟人的詩詞語彙，是特有的民族文學，也是民族集體統整性的環境信仰。夏曼．藍波安曾使用沿襲自族老父輩感悟環境靈性存在，而展開與自然生態界對話的祝禱語，來表現原住民族的一種宇宙信仰：

在這兒我伐木的工作要暫時結束了
我靈魂的祖先在這兒
你們打開你們的力氣給我
你們在這個島嶼這個民族的孫子我
讓我如白鰭鰹鳥似的輕盈飛翔
在我回程的旅途中
我們因而一起扛回我的木頭
龍骨將在未來的日子在汪洋航海
如天神的指令追尋給我們的飛魚群象＊

作為達悟人曾經存在的心智系統與文化型態的「禱詞」，原是用於傳統慶典祭儀，在小說中則以「生態環境禱詞」為多。這種富於想像性與人性化的環境生態觀，除了將生態物種擬人化，並視之為吾人日常生活的重要成員外；兼也把自己的身靈予以物種化，藉此達到的境界，即是棄置自己的理性層面，以祛除恐懼的預感。透過與樹魂、植物、芋頭、地瓜、飛魚、汪洋、斧頭等物種的說話禱語：「你們是我們的禮物，也是你們讓我們跟土地親近」，來表達對萬物品類的感恩之心，同時也參與並理解父輩與環境精靈對話的歷史時空感。

＊夏曼．藍波安在《大海浮夢》中，這段禱詞係以族語標音文字與漢字並置的混語方式呈現：

Komavus o panengehan ko jiya
ta
Yinyou a ineinapu namen no
kakwa ya
A oyanyo ni paziwang o
wowyouwya tnyou ji yaken a
Apo nyou do karawan ya do
pongso ta yalcyakmei ko ayayi
no ipasalaw a somalap
Do paninidan ko do rarahan ko a
Ori ompawan nyou o cinengeh
kwa
Ta tahatahangen ta do
omalumirem a wawa
Kumala sira pineiziwang ni
omima among no rayoun

「我靈魂的祖先在這兒」，也是《大海浮夢》重要的文脈之一。回溯過往的歷史，是為了親近祖先的生命體驗，即使在域外的大海漂流之旅，也可以看到夏曼・藍波安書寫中一再將父祖的經驗、觀念，視為後代族裔的精神起點。民族與自然環境之間是一組共生密碼，後裔與祖靈的同在，則是另一組重要的共生密碼。夏曼・藍波安在另一篇〈把身體帶到海上來，成為島嶼的男人〉文中，提及島上的人稱呼彼此，一定會附帶孩子或孫子的名字，例如稱呼某人是：「孩子的媽媽」、「孫子的祖母」，而不會直呼其名，因為「要尊重他們是有孩子的人」。在《大海浮夢》中也可以看到諸如此類「我們孫子們的父親去了哪兒?」的話語。

生命的本質是一種參與一道悠遠長流而往前遞進的感受，而這種感受必然要通過世代命脈的線性臍連來表現，以「孫子的父親」來取代「兒子」之意，此稱之為「血液的語言」。小說中的夏曼・藍波安，出生後的命名是 si cigewat（希・切格瓦），其後第二個名字則是 si nuzai（譯音漢名施努來）等到有了孩子「希・藍波安（Xi Rapongan）」之後，才算是擁有真正的名字「夏曼・藍波安」。夏曼，代表「父親」之意，意即是「藍波安的父親」；來日若升格為祖父，名字再改易為「夏本・藍波安」。達悟族的「親從子名制」，交織了子息孫輩是父親生命的一種延續關係；「命名」，因而也象徵「得到島嶼祖魂的讚美」！

藉「生態環境禱詞」，來表達對萬物品類的感恩之心，同時也參與並理解父輩與環境精靈對話的歷史時空感。

以海加持，而將潮汐結合人體的修辭語，
被放進日常的語詞中。

相較於閱讀一般中文文學，夏曼．藍波安用以展現本族群體的心靈與存在證據的書寫語彙，因具有獨特的文法、結構與邏輯，或許看似「怪怪的中文」，卻別有陌生化的美學呈現。達悟民族的語彙，頗多取材於日常生活的情態與耳聞目睹的周遭物象擬態。如敘及邀約大伯來分享魚獵收穫時，大伯的致謝語是：「和我一起成長的兩位弟弟，謝謝我們的魚」；又或者是「老人的魚線已經不長了」（意謂在世的時間已經不多了），或「願你，我的孩子的智慧加一瓢海水」、「我的肚皮已經滿潮了」等等。藉魚引喻生命或向魚銘謝，或以海加持，而將潮汐結合人體的修辭語，於焉浮現族人生命依存的「大海」，已自然而然地被放進日常語的世界中。

特有的語感語彙，也表現在對於生活細微處的有情觀察與親切扣連，例如將「焚燒開墾整地」，說成「與土地打架締約」，可謂寫真了住民與土地之歌；面對颱風駭浪時，則名為「是宇宙間的惡靈饑餓時的邪惡腸胃」。凡此，皆見物我之間，並非是以人為主體的單向道強勢宰制，而是轉易為人與萬物平等位階的關係。類此擬人化的修辭語彙，大都以動態詞性，來反照萬物的主體性，尚有「被暴風雨、艷陽天咬傷」、「不要被爆炸的太陽燃燒臀部」（有日上三竿的意味）等。又如當切格瓦要離開蘭嶼時，所形容的情境：「我流著腳底的淚，同時頭頂也在流淚水」，此外，就天體而發，描繪黑夜星空之美的「天空的眼睛」，則是銘刻了島嶼沒有電的一種古老情境。這些具有觀物的美學視野，同樣是由物的主體位置出發。

又如「靈魂先前的肉體」，即指稱肉身已退場而靈性始終在場的「祖先」；「海洋的鱗片」，則是引喻為眾多的飛魚；這些美麗的借代詞，既詩意又有物體意象，是可以輕易捕捉的想像畫面。誠如作者所言：「民族的造船語言，將如波浪般回到舌尖成為日常語彙。」詩意而抒情的語彙與筆調，把蘭嶼族人的生活形態和生命形式，作了最完美的綰結與統一。在自然生態界裡，任何事物之間都存在著關聯性，無法獨立於其他而存在，因此「自然」是生命之網，有著無限的因與果的巨長鏈條。清新而寫實的達悟語彙，最耐人尋味之處，就在於直指人是「自然之子」。

詩意而抒情的語彙，
把蘭嶼族人的生活形態和生命形式，
作了最完美的綰結與統一。

肆・再做點補充：山海芳華的原住民文學

我們的歌是環境給的，歌詞是許多樹林、許多飛魚所耕種的……，天空的眼睛陶冶我們的性情，祭典儀式修正我們的心智，波濤訓練我們求生意志的續航力，太陽是我們的醫生，讓我們流汗。

原住民書寫中，最重要的議題即是「認同感」，他們在烙印著先人屐痕的土地上，採集記錄湮遠祖輩的生活事跡，也在家鄉人事風物中尋獲部落「神話」或「祖靈」的信仰。

「大地」對原住民而言，是山水和鳴的自然鄉土，也是可見的符號或標記。以拓拔斯・塔瑪匹瑪〈最後的獵人〉一文為例，內容探討族群的不平等權力結構、相異文化碰觸時的齟齬，以及狩獵書寫的多重意涵等等，其中關鎖情節推進，同時兼具小說主人翁比雅日撤退與前進的「獵場／森林」，所具有「部落鄉土」的實質意涵，並帶有祖先創造世界的圖騰場景，頗值得探究。來自山林野性的呼喚，讓比雅日遠離山底下的擾擾攘攘，而復返於這片幽靜而壯麗的山林家園。透過作者大篇幅的山林紀事，除了展演綠色劇場裡最活躍的動植物生態外，在森林中也浮現了部落歷史的時間取向：布農族觀看月亮的曆法、打耳祭的成年禮、祖先拓跋斯的故事、森林大地的催眠、追躡夢境的暗示，以及比雅日時時懸念的未來的後裔想像等等。森林，因此是祖靈律法、夢境、狩獵傳統、我們和子孫……，仍存活於其中的一處部落鄉土空間。

◀「大地」對原住民而言，是山水和鳴的自然鄉土，也是可見的符號或標記。

奉守族人的禁忌，遵循祖先的步伐，不僅增強了原住民對部落文化的認同感，也鼓舞他們對地方的忠貞和警覺。霍斯陸曼．伐伐〈生之祭〉，即是透過新生命的誕生、命名儀典，來衍說布農族群的文化薪傳，並展布族群的生命觀與宇宙觀。文中敘及將新生兒胎衣埋在大樹底下，藉由每一株「生命樹」都代表著一位族人，來教導對土地的綠色思維與綠色關懷，除了抽繹出土地和生命信仰是如此的緊密連結，也帶出重建人與自然的本原性生態關聯。

然而再美好的鄉土，總也有遠離家園的時候，夏曼．藍波安《天空的眼睛》即刻繪「離散達悟人」的故事，前半段以浪人鰺作為敘事者，用混語並置翻譯的達悟詩歌和神話敘事，揭開了海洋鄉土視景；後半段敘及女兒移居都會卻命喪異鄉的悲劇，透過蘭嶼、臺灣兩個世界的相遇，敘事轉向年輕世代原住民面臨轉化性的存續課題，但夏曼．藍波安歌頌的顯然還是水世界的鄉土：「你家的庭院假如是海洋的話，是巨大的浪人鰺，魚類經常遊玩的地方，也如你家大船底是魚類在海洋的棲息地……。」山海鄉土自然景觀顯然並未退位為文本中的背景，而是成為一個可信的敘述視角與故事的前景。

原民作家具有「個人／部落／族群」認同化的自然鄉土書寫，展現獨特環境地理與極具特色的生活圈，作品大致是用腳定義地理，用眼觀察地景，用心感悟「個人生命故事」與「部落滄桑歷史」，其所繪製的山海空間，趨近於對自然的全景俯視，除了與山林星辰、海洋潮汐進行深情對話，提供認識臺灣鄉土的另一視角外，也展示了殊異的自然鄉土裡的生命景觀。

（陳惠齡）◆

13 真臘風土記 節選

即使相較於傳說中的世界七奇，
隱藏在中南半島森林深處的吳哥窟，也絕對不遑多讓。
他的面積廣大、規模驚人、建築美學與藝術成就更令人肅然起敬。
這座被叢林掩蓋數百年的全世界最大的寺廟，
多年來持續在傳說中現身，或偶爾被觸及，但是它真正的
生活實況、它的全盛時期，外界迄今只有一個人親眼目擊
並留下紀錄，那就是元朝使者周達觀。他據此寫出的《真臘風土記》
不但把高棉當時的輝煌文明帶入信史裡頭，
法文譯本於一八一九年出版後，更引起廣泛的關注，
進而促成了一八六〇年代法國人對吳哥窟的「再發現」。

壹·作者與出處

歷史，雖然可以記載文明的進程，卻無法細緻刻畫庶民的日常生活。《真臘風土記》詳實記錄了十三世紀真臘的風俗民情，從中國人的視角，看到盛極一時的吳哥王朝真實面貌，透過「他者」的視角，為我們揭開神秘文明古國的輝煌盛世。

《真臘風土記》作者是元朝周達觀，《元史》無傳，未能詳知其生平，僅知其號為草庭逸民，是浙江溫州人，曾於元朝成宗元貞乙未（一二九五）年奉命跟隨招諭使團前往真臘，於丙申年（一二九六）三月從溫州出發，在真臘停留了十一個月之後，到了大德丁酉（一二九七）年六月始返航，八月抵達浙江四明。

這位曾經奉命出使的周達觀，史傳無隻字片句記載其生平，應無顯赫仕宦或功蹟可以表述。根據《四庫全書總目》記載，周達觀完成《真臘風土記》之後，曾經將書拿給吾邱衍看，所以吾邱衍的《竹素山房詩集》有題詩三首，再從吾邱衍的墓誌銘可知他卒於至大四年（一三一二），依此推算，該書應完成於周達觀歸來的一二九七年至吾邱衍卒年的一三一二年之間。

再根據周達觀曾經為林坤《誠齋雜記》作序，署為：「丙戌嘉平望日，永嘉周達觀撰」可稍微將周達觀生存年代標示出來。文中的「丙戌」是至元六年（一三四六）年，而林坤的書中也曾引用〈城廓〉一段文字，因此，大約可以推算周達觀為林坤作序，距離真臘返國已有五十年之久，那麼周達觀奉諭出使應是年少之時。然而，周達觀的身份是商人、儒生，或是奉使派遣的官吏，迄今說法仍然莫衷一是，目前留存的資料，僅能勾勒出他活動的時間，從一二九五年出使到一三四六年寫序這段期間，其餘皆付之闕如，使他的影像在歷史中模糊不清。

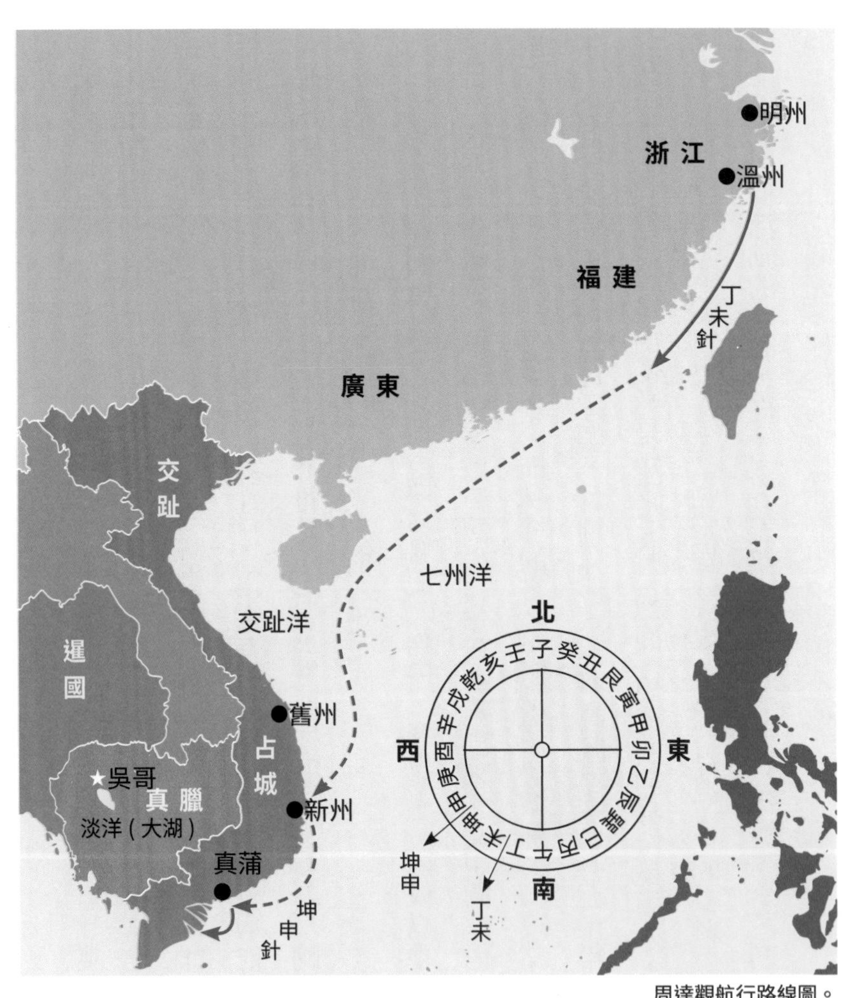

周達觀航行路線圖。

真臘，就是現在的柬埔寨（舊稱高棉），在元代稱為真臘，在三國時期稱為扶南。吳國曾派遣朱應、康泰出使扶南，有《扶南異物志》，然而該書已亡佚。另外，在《隋書》、《唐書》、《宋史》

皆有真臘傳，然敘寫卻非常的簡約。元朝曾經派遣使節前進南海招撫真臘，而在《元史》之中卻不曾為真臘立傳，目前僅存周達觀《真臘風土記》一書詳載該國的風土民情。

由於中國典籍多如浩瀚大海，《真臘風土記》不過是一本記錄異邦風土的小書，在元代不僅未被重視，到了清朝，這本書仍然沒有引起很大的關注，僅在《四庫全書總目》有短近二百六十八字的勾勒介紹，稱其書「文義頗為賅贍」、「本末詳具，猶可以補其佚闕」，簡約說明該書可補史傳之缺的優點而已。

《真臘風土記》是目前保存吳哥王朝最詳細的史料，雖有元刻本及元抄本，皆無可考。今日所傳的明刻本、明抄本因輯入叢書才得以保存下來。該書詳記真臘風土、地理、名物、生活、經濟及各項文化活動，目前柬埔寨只要是關於吳哥王國的導覽手冊，大都會引用《真臘風土記》的內容，甚至研究柬埔寨的重要典籍亦會提及周達觀的《真臘風土記》，該書成為了解真臘的重要文獻之一。

《真臘風土記》全書共四十一篇，約八千五百字，詳載真臘的歷史文化及風土民情，是今日考察真臘國的重要文獻。本文選擇〈總敘〉及〈城廓〉二篇。〈總敘〉可視為全書的序言，說明撰寫該書的原由，以及出使真臘及航線進出的過程；〈城廓〉則詳載十三世紀真臘都城重要的建築群。

貳・選文與注釋

〈總敘〉

真臘國[1]或稱占臘[2]，其國自稱曰甘孛智[3]。今聖朝按西番經[4]，名其國曰澉浦只[5]，蓋亦甘孛智之近音也。

自溫州開洋[6]，行丁未針[7]。歷閩、廣海外諸州港口，過七洲洋[8]，經交趾洋[9]到占城[10]。又自占城順風可半月到真蒲[11]，乃其境也。

1 真臘國：即今之柬埔寨。真臘，是 Siem Reap 音譯，今譯作暹粒，是柬埔寨金邊湖北岸一省，也是省會之名，故都吳哥在該省會附近。真臘一名，始見於《隋書》，曾於元朝大業十三年（約西元六一六至六一七）入貢。

2 占臘：與「真臘」同音異譯。

3 甘孛智：柬埔寨同音異譯。

4 西番經：指西藏的佛家經典。西番：元明時期稱吐番為西番，就是今天的西藏，崇奉佛教。

5 澉浦只：與甘孛智、柬埔寨同音異譯。

6 開洋：原指船隻啟碇，航行海洋，此指港口通航。

7 丁未針：方位在西南南的方向。古代羅盤以天干、地支、八卦表示方位，以地支「子」為正北方，其餘順時針等距排序，「丁未針」，羅盤針指在丁未之間。

8 七洲洋：又作七州洋，指海南島東北岸的海域，因七洲山而命名。

9 交趾洋：在今東京灣及越南中部濱海的海域。古代有交趾國，因之命名。交趾後名為安南，在今越南北部。

又自真蒲行坤申針[12]，過崑崙洋[13]，入港。港凡數十，惟第四港可入，其餘悉以沙淺故不通巨舟。然而彌望皆修藤古木，黃沙白葦，倉卒未易辨認，故舟人以尋港為難事。

自港口西北行，順水可半月，抵其地曰查南[14]，乃其屬郡也。又自查南換小舟[15]，順水可十餘日，過半路村、佛村，渡淡洋[16]，可抵其地曰「干傍」[17]，取城五十里[18]。

10 占城：在交趾的南部，約今之越南中部的平定，當時為國都。元代曾設行省，又作占婆、占波、林邑等名。

11 真蒲：又作占浦，位於湄公河口北岸，在今之頭頓地區。

12 坤申針：方位在西南偏西。

13 崑崙洋：因崑崙山得名，位於湄公河東南約九十公里的海域。

14 查南：金邊湖入洞里薩河的 kompong Chnang，今譯作磅清揚。Kompong 就是「堤岸」或「碼頭」，Chnang 就是「查南」。

15 自查南換小舟：因洞里薩湖入湖的查南（磅清揚）水淺，須換小舟方得通行。

16 淡洋：金邊湖，音譯為洞里薩湖。

17 干傍：地名。干傍為 Kompong 譯音，原在柬語作「堤岸」或「碼頭」是通稱，此專指一地之名。

18 取城五十里：從碼頭到都城五十里路。取：即趨，去、往的意思。

按《諸番志》[19]稱其地廣七千里，其國北抵占城半月路[20]，西南距暹羅[21]半月程，南距番禺十日程[22]，其東則大海也。舊為通商來往之國。聖朝誕膺天命[23]，奄有四海[24]，唆都元帥之置省占城也，嘗遣一虎符萬戶、一金牌千戶[25]，同到本國，竟為拘執不返[26]。

元貞之乙未[27]六月，聖天子遣使招諭[28]，俾余從行[29]。以次年丙申二月離明州，二十日自溫州港口開洋，三月十五日抵占城。中途逆風不利，秋七月始至，遂得臣服。至大德丁酉[30]六月回舟，八月十二日抵四明泊岸。其風土國事之詳，雖不能盡知，然其大略亦可見矣。

19 諸番志：又作《諸蕃志》，是南宋泉州市舶司提舉趙汝适在寶慶元年（西元一二二五年）撰寫。全書分上下卷，卷上志國，卷下志物，內含一百五十八個國家和地區之風土名物，是趙汝适聽聞商人記錄下來，非親自到訪。

20 其國北抵占城半月路：從國都向北走，須半個月才能抵達占城。國：指國都。半月路：指半個月的路程。

21 暹羅：暹國，即今之泰國。

22 南距番禺十日程：距離南邊的國界番禺有十天路程。

23 聖朝誕膺天命：元朝皇權是上天授予的。

24 奄有四海：指皇朝擁有天下。古代認為中國四周環海，因而稱四方為「四海」，泛指天下各處。奄：覆蓋、涵蓋。

25 一虎符萬戶，一金牌千戶：指佩帶虎符的三品官和金牌的四品軍官。元代官制，軍官萬戶佩虎符，約三品官；千戶佩金符，約四品官。虎符、金牌：皆是古代掌管軍隊的虎形兵符、金牌。

26 拘執不返：抓住不放回去。

27 元貞之乙未：指元貞元年（西元一二九五年）。

28 招諭：奉天子的諭旨進行招撫。

29 俾余從行：派我一同出使。俾：使。

30 大德丁酉：指大德元年（西元一二九七年）。

〈城廓〉

州城[31]周圍可二十里，有五門，門各兩重。惟東向開二門[32]，餘向皆一門。

城之外巨濠[33]，濠之上通衢大道。橋之兩傍各有石神五十四枚，如石將軍之狀，甚巨而獰，五門皆相似。橋之欄皆石為之，鑿為蛇形，蛇皆七頭[34]。五十四神皆以手拔蛇，有不容其走逸[35]之勢。

城門之上有大石佛頭三，面向四方。中置其一，飾之以金。門之兩旁，鑿石為象形。城皆疊石為之，高可二丈。石甚周密堅固，且不生繁草，卻無女牆[36]。

31 州城：指真臘的國都吳哥城，在今暹粒市附近。州城：指國都。

32 東向開二門：吳哥城以巴戎廟（Bayon）為中心，東西、南北兩條大道將全城分為田字型，王宮在巴戎廟北，位南北大道西側，宮前築大道向東，與巴戎廟前的東向大道平行，直達城的東牆，所以東向開二個門。宮前大道今稱勝利大道，城門作勝利門。

33 巨濠：指吳哥城大的護城河。河寬約百公尺，橋廣十五公尺，兩旁列石像高兩尺半，門左列阿修羅（Asura），面目猙獰，門右列戴弗達（Tevoda），面容安祥。

34 皆七頭：七頭蛇，名那伽（Naga），是神話中的蛇王。佛教以牠作為佛的護衛，印度教以牠象徵生命之源。其頭有五、七、九、十一之異，吳哥城是七頭蛇，古代柬埔寨的宮殿多以牠的形狀作為欄飾。

35 走逸：逃亡、逃跑。

36 女牆：城牆上面呈凹凸形狀的矮牆，缺口多作射孔，可用於禦敵。女：小也。

城之上，間或種桄榔木[37]，比比皆空屋；其內向[38]如坡子[39]，厚可十餘丈。坡上皆有大門，夜閉早開，亦有監門者[40]，惟狗不許入門，曾受斬趾刑人亦不許入門。

其城甚方整，四方各有石塔一座。當國之中，有金塔一座，傍有石塔二十餘座。石屋百餘間。東向金橋一所，金獅子二枚，列於橋之左右；金佛八身，列於石屋之下。

37 桄榔木：又稱鐵木，狀似棕櫚，木質堅重。

38 內向：向內的一邊。

39 坡子：斜坡。

40 監門者：守護城門的人。

金塔之北可一里許，有銅塔一座，比金塔更高，望之鬱然[41]，其下亦有石屋十數間。又其北一里許，則國主之廬[42]也，其寢室又有金塔一座焉。所以舶商自來有「富貴真臘」之褒者，想為此也。

石塔在南門外半里餘，俗傳魯班[43]一夜造成。魯班墓在南門外一里許，周圍可十里，石屋數百間。

東池在城東十里，周圍可百里，中有石塔石屋。塔之中有臥銅佛[44]一身，臍中常有水流出。味如中國酒，易醉人。

北池在城北五里，中有金方塔一座，石屋數間。金獅子、金佛、銅象、銅牛、銅馬之屬皆有之。

41 鬱然：高大的樣子。

42 國主之廬：國王的宮殿，位在巴戎廟北。

43 魯班：春秋時魯國的巧匠，這兒借指印度教神話中的大匠毘濕跋加摩。

44 臥銅佛：指銅製的臥佛，是佛陀涅槃時的形象。由臥佛可知吳哥的宗教信仰已由印度教逐漸改信大乘佛教。吳哥石壁遺跡常有表現印度教中詩的故事，而斂眉垂目微笑的佛像則是佛教信仰，二者交融互現在遺跡之中。

參・可以這樣讀

吳哥王朝與風土記的加乘效應

為何《真臘風土記》會引起法國人關注呢？

十五至十七世紀是歐洲人向世界探尋的大航海時期，法國也有探險家向北美、亞洲前進，尋找新的航線及貿易對象。到了十九世紀，英國、法國、荷蘭主導了大西洋的經濟活動，隨著地理大發現以及新航線的開發，法國也逐漸向東方前進，開發新殖民地。

法國在展開航海霸權的過程中，曾經統治柬埔寨將近九十年（一八六七至一九五三），深入了解該國風俗是當務之急。《真臘風土記》這本書雖然並未在我國引起關注，卻在十九世紀引起法國人注意。西元一八一九年法國雷慕沙（A. Femusat）將《真臘風土記》翻譯成法文後，引起大家的注視，雖然對真臘古都是否存在仍有存疑，但是卻引發一些人的好奇與興趣，開始尋訪書中所記載的王朝。一九〇二年法人伯希和（P.Pelliot）重新譯注《真臘風土記》，並於一九二〇年重新訂正舊譯，成為目前研究柬埔寨最重要的譯注。該書是法國人理解柬埔寨的重要記載，因為該書詳實記錄十三世紀的真臘風俗民情，吸引法國人注目，也因此讓這本書的價值陡然上升，成為研究柬埔寨吳哥王朝重要的典籍。

《真臘風土記》與吳哥遺跡互為主體，也互為客體。互相扮演重要的揭開者角色，這就是加乘效應。因為《真臘風土記》的記載，成就吳哥王朝遺跡被

《真臘風土記》成就了吳哥王朝遺跡被揭開的契機。

揭開的契機；而吳哥王朝被發現，才讓《真臘風土記》的價值與意義被關注。一本被我國忽視的域外風土書籍，因法國人的翻譯才逐漸被注視，也因此而發現被熱帶雨林覆蓋四百年的吳哥王朝，揭開輝煌鼎盛的真臘王國，而沒沒無聞的周達觀也因為《真臘風土記》，永遠被銘刻在柬埔寨歷史文明中。

今天，我們得以透過周達觀的觀看與記錄，客觀地審視十三世紀曾經光輝燦爛王朝的歷史、文化、人文與風土民情。這是歷史的偶然？抑是歷史的必然呢？同樣是記載異國的風土記，《真臘風土記》和《馬可波羅遊記》所引起的效應不同。《馬可波羅遊記》成於西元一二九八至一二九九年間，打開西方對東方的想像與視野，文中記載東方各國的政治社會情況、風俗民情、宗教信仰、風物土產、奇聞逸事等，引發歐洲人探訪東方的動機。而周達觀也曾於一二九六至一二九七年到訪真臘，書中描寫逸聞奇事並未引起普遍的關注，直到十九世紀才引起法國人注意，賦予這部書重要的歷史價值。

出使始末及航線進出的〈總敘〉

〈總敘〉一篇是全書的總序，也是周達觀記錄奉旨出使真臘的由來、航線等，詳細說明如何進入真臘國的經過以及國家的異名及譯名。「真臘」又稱作「占臘」，真臘人自稱「甘孛智」，西藏的《西番經》稱作「澉浦只」皆是音近之譯名。

如何從我國的溫州前進真臘呢？文中詳細說明奉命出使的行駛路線圖。

出使航線從溫州出發，往西南海域前進，經過福建、廣東，再經海南島東岸及附島各港口，由海南島東北的七洲洋再經越南北部海域之後，抵交趾國（今之越南）的占城。交趾就是古代的安南國，在今越南北部。再由占城沿湄南河進入吳哥。這樣細緻描摹進出航線，讓後世的我們得以知道十三世紀中國與南海各國之間的航海動線。

為何要前進真臘國呢？周達觀詳載遣使招諭的始末及期程。

中國元朝是由蒙古建國，王朝鼎盛時期曾橫跨歐亞二洲，連中南半島都在遣使招諭的範圍，為了宣揚國威，曾經派遣唆都元師在占城設置行省，又派遣三品和四品軍官二名駐守真臘，後來二位軍官被拘執無法回返，這次派遣使節除了有招撫作用之外，也有一探真臘國情的意味。

此趟行程，大抵是元代成宗元貞元年（一二九五）六月開始招募籌備前往真臘，元貞二年（一二九六）二月從明州轉溫州，三月從溫州港口出發，三月十五日抵達占城，因逆風不順，秋天的七月才抵達真臘，到了大德丁酉（一二九七）年的六月返程，迄八月二日返抵國門。周達觀在真臘停留了十一個月，觀察並體驗該國的風土民情，遂將見聞記錄成文。

扶南在六世紀以後稱為真臘，周達觀到訪時的都城在今吳哥（Angkor），所謂的「吳哥」是柬埔寨「都城」、「首都」之意。吳哥王朝是指以吳哥為首都的真臘，約從六世紀到十五世紀之久。曾經作為國都的吳哥城，為何湮滅在莽林中長達四世紀之久呢？

◀莽林中的古廟遺跡。

中南半島的高棉地區出現扶南王國，大約在一世紀到六世紀（五五〇年），此時海外貿易非常發達，迄六世紀扶南北方出現真臘王國，併吞扶南，成為真臘，到八世紀真臘王國分裂成水真臘與陸真臘，持續一世紀之後，闍耶跋摩二世統一分裂的真臘，開創以吳哥為國都的王朝，大約是西元八〇二年到一四一三年為全盛時期。暹羅（泰國）在一四三一年入侵真臘，真臘被打敗乃遷都金邊，吳哥便逐漸被荒棄在熱帶雨林之中。

攸關吳哥城荒沒的傳說有三，一說是暹羅入侵吳哥之後進行大屠殺，全城覆滅，遂成廢城。二說是戰後發生大瘟疫，絕無倖存者。三說是當地鬧鬼，致吳哥逐漸被廢棄而湮滅不聞。此中雖有當地佛教徒住在廟旁寮房可就近朝拜，然而遺跡仍未被世人關注，從此都城吳哥淪為廢墟，逐漸被叢林蔓草覆蓋。

荒廢了近四百年之後的吳哥王朝如何被發現呢？

一八一九年《真臘風土記》被譯為法文時，大家對於吳哥古都的存在仍抱持懷疑態度。十九世紀中葉法國侵佔越南後，勢力範圍擴及中南半島，並對當地進行研究，引發法人興起尋找此一王朝遺跡的念想，一八五〇年傳教士查爾斯．布耶沃（Charles Bouillevaux）看過廢墟一隅；一八六一年生物學家亨利．莫索（Henri Mouthor）漫遊吳哥，無意中發現莽林中的古廟遺跡，才掀開這個幾乎被歷史淹沒的國都吳哥面紗。翌年發表遊記，引起大家的關注，終於將這座被熱帶雨林掩沒達四世紀之久的吳哥王朝遺跡，重現世人的眼中，不僅讓歷史文明再現，也讓《真臘風土記》的重要性重新被關注。

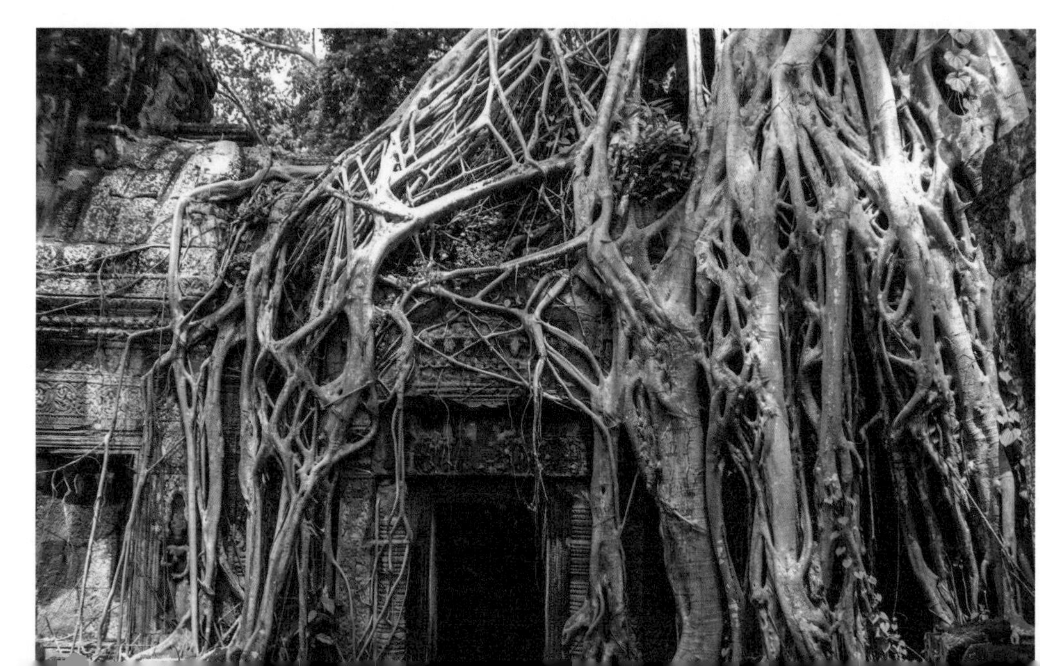

記載吳哥繁華盛世的〈城廓〉

〈城廓〉講述真臘國都的建築方位與各種門、寺、塔、雕像等規模與建制。周達觀稱為「州城」實即真臘的國都，今稱作吳哥城（大吳哥），大約位於今日暹羅市附近。此一吳哥建築群是真臘國君闍耶跋摩七世（Jayavarman Ⅶ，約西元一一八一至一二二〇在位）規畫建造而成。周達觀在西元一二九六年抵達真臘時，當時被招撫的國君為蘇耳因陀羅跋摩（Sridravarman，約一二九五至一三〇七年在位），距離該城建制已歷七、八十年或有百年之久了。雖然如此，整個建築群仍保有王國繁華的風貌，也是周達觀筆下所描摹的國都。

元代度量衡與今制不同，再加上周達觀是否很精確丈量城廓未可得知，然而，今日所見之大吳哥城的方位及城廓大小一如文中所述。亦即荒廢在雨林中達四百年之久的吳哥王朝建築群，歷經法國人及聯合國教科文組織重新修復之後，仍可見原貌與周氏所見大致相同。

◎雄奇宏偉的大吳哥國都

柬埔寨寺廟建築的特色，必定建築高塔，而高塔必定建築圍牆環繞四周，牆外則有巨濠以隔阻凡俗，象徵這是眾神的淨土，不得冒犯褻瀆。

整個國都的建造呈田字型，以巴戎寺（Bayon，一作巴揚寺）為中心點，由東西、南北二條主要大道分割成四個方域。東、西、南、北各有一個大門，唯宮前東向又築一條大道稱為勝利大道，與東向大道平行，直達城東，該城門因此

稱為勝利門，使得東邊的城牆有二個城門，二條通往巴戎寺的幹道。

整座都城建造的非常方正，四方各有一座石塔，位於都城正中間有一座金塔，旁邊有二十多座的石塔，還有石屋一百多間，這就是巴戎寺的建築群。金塔是廟的主塔，高約四十五公尺，周圍的石塔環繞金塔，依次降低，每座塔身都有分視四方的四座佛面組合而成。這些大大小小的佛像，遠近高低各自呈示不同的視角，從四面八方用最美麗的微笑向大家打招呼，微笑成為吳哥最美的圖騰，溫柔和善的微笑，據說是國王的面容，閉目定靜觀想，似乎了悟世態，正以微笑渡化從四面八方而來的芸芸眾生。

巴戎寺的正門是東向，前有大池，池上有石橋，接上東向大道，這是所謂的「東向金橋」，雖然目前僅剩遺跡任人憑弔，仍可以想見當年絡繹人潮的盛況。

而整座巴戎寺最吸引人的地方除了召喚大家的微笑之外，就是長廊的浮雕，長達千餘公尺栩栩如生的雕刻，示現真臘王國精製的藝術文明，也將歷史戰爭、生活百態、神話傳說以維妙維肖的雕刻展演在眼前，讓我們驚詫千餘年前的藝術如許精美可觀。

城門上方建有三個實心塔的三尊佛頭神像，中間是最高的主塔，有一尊雙面佛頭，可以前後（內外）觀看，離地高度約有二十公尺，佛像的冠飾就是塔頂。至於左右兩邊的佛塔比主塔略低，佛頭面向左右而觀，這樣就有三座佛像居高臨下觀看四方。

城門的兩旁有石刻的大象首像，大象的長鼻垂地作成扱取蓮花的形狀，整

自空中俯瞰
格局方正，
高塔聳立，
莊嚴神聖的
吳哥窟建築。

個城牆都是用堅固的岩石堆疊而成，高約二丈，牆石周密不生寸草，也沒有建置掩蔽的牆垛。靠近城牆有斜坡，上面種有鐵木，坡的厚度有十餘丈，坡頂寬約二十五公尺，登城的坡上設有大門，也有守門的護衛，白天打開，晚上關閉，一般庶民可以自由出入，只有曾經受趾刑的人和狗不能進入門內。

城牆外圍有護城河，橋上的兩旁立有石神像共有五十四尊，五個城門設置一致，橋的左列神像是阿修羅（Asura），面目猙獰，右列神像是戴弗達（Tevoda），容貌安詳。石橋的欄干鑿為七頭蛇，名為那伽（Naga），作為欄干的裝飾。五十四尊石製的神像都作勢半蹲，且都用雙手拔持蛇身，最前面石神抱持蛇頸，高度比其他諸神為高，頭上還有一個小頭。眾神持蛇，制服牠不得逃逸。那伽是神話中的蛇王，牠的頭傳說有五、七、九或十一之異，真臘宮殿寺廟多用蛇王形狀作為欄飾。

為何有眾神持蛇的石雕呢？相傳是宣揚印度神話「攪動乳海」的故事，善神與惡神為求長生不死，共同約定攪動乳海以求得長生不死的甘露，他們將須彌山當作攪動乳海的大杵，而纏繞在須彌山上的巨蛇作為攪繩，眾神分別抓住蛇首蛇身蛇尾，輪流撥動巨蛇纏山為杵的方式，一同攪拌乳海，以此故事為發想，所以闌飾石刻氣勢磅礡地呈現這個神話故事的圖像片段。

另外，在巴旁寺北方約一里處是國王的御苑，王宮位於御苑之中，御苑王宮氣象富貴，稱為天宮，大約建於北宋初年（約十世紀），中有金塔，基座有三層，高十二公尺。是真臘王國的都城吳哥特別吸引人的景點。

▲大橋的兩側各有石雕神像五十四座。

◀那伽是神話中的蛇王，牠的頭傳說有五、七、九或十一之異。

大大小小佛像的微笑，遠近高低各自呈示不同的視角，成為吳哥最美的圖騰。

往來的貿易商人有所謂的「富貴真臘」，大概是指進入真臘國都之後，先看到巴戎寺有金塔、銅塔的建築，再向北行到巴旁寺，寺中也建有金塔，再北行到王宮，也有一座金塔，而且王宮的正室用鉛作瓦，其餘雖是土瓦，也都是採用黃色系，這些金碧輝煌的建築群，呈現吳哥王朝的富貴氣象。周達觀十三世紀末奉諭到訪真臘，仍是真臘王國鼎盛未衰之際，故能品賞寺廟建築雄奇之美。

◎國王的陵廟：小吳哥的魯班墓

根據真臘王國的傳統，每位國王終其一生，皆會建造自己的陵寢，而且會愈建愈壯麗浩瀚，以展現國力。

都城南門外一里的地方有一座魯班墓，方圓有十里之廣，建有石屋數百間，此即現在被稱為小吳哥，也是保存最完整的古建築之一。為何稱小吳哥為陵廟呢？因為真臘的寺門皆是東向，僅此寺門向西，有日落西山之義，且印度教或佛教皆有朝西為往生極樂世界之義。因此，這座小吳哥就是一座陵廟，安葬蘇利雅跋摩二世（Suryavarman II，或譯作蘇利亞華曼）。

這座陵廟建於國王在位時（西元一一一三至一一五〇），死後亦葬於其中。整座寺門向西，寺外有巨濠作為隔絕聖俗之屏障，濠寬約兩百公尺，環寺而建，順著巨濠繞行一圈，大約十里，濠上有石橋寬約十五公尺，兩旁石欄仍以巨蛇作為雕飾，蛇首向西高舉約四公尺高，現在仍然留存半斜面。整座陵廟建有九塔，其中有五塔建在頂層，中間的主塔約有四十二公尺高，高聳如入雲端，奇偉雄壯。

◀周達觀說：「金塔之北可一里許，有銅塔一座，比金塔更高，望之鬱然。」

柬埔寨流傳許多傳說，其中，對於魯班墓（小吳哥）一夜造成的傳說，眾說紛紜：其一，相傳古時有惡道和國王鬥法，相約勝者為王，國王向天地祝禱，獲得天神幫助，一夜之間造成魯班墓，惡道知難而退。其二，有位女神擅自採摘某位華人花園中的花六朵，天帝因陀羅罰女神做為華人妻子六年，後來生有一子，該子尋母遍歷苦辛，天帝乃命其在眾神樂土之中學習建築，成為人間的巨匠，這座寺廟就是他所建造完成的。

有關一夜造成建築的傳說，還有周達觀記載了巴亨山上石塔一夜造成的故事。究竟是周達觀敘寫巴亨山石塔的傳聞，抑是魯班墓一夜造成的傳說正確呢？不得而知。另外，還有一種說法是：巴亨山石塔荒頹殘破之後，便轉為魯班墓一夜造成的傳說。這些流傳不一的版本，讓十三世紀的宏偉建築倍增神秘與神奇性。

◎氣勢雄偉的銅塔與石塔

金塔的北邊二百公尺，稍微偏西的地方還有一座更高的銅塔，其下周邊也有石屋十數間，這就是巴旁寺（Baphuon），大約建於北宋嘉祐年間（西元約一〇六〇年），也是面向東方。原來塔高有五十公尺，現在已略有坍頹，它的設計屬於金字塔型的建築。銅塔的前面有一個深廣的巨池，池上有石橋長約兩百公尺，可以直通巴旁寺的正門。

都城南門外半里的地方有一座巴亨山（Bakheng，或譯作巴肯山），山頂有一座石塔，建於唐朝末年（約西元八九三年）傳說是印度神話的天匠毗濕鈸加摩一夜

建造完成的，周達觀不懂印度神話，遂以中國的巨匠魯班比作神話中的工巧大匠，且對於巴亨山上的石塔建築未有任何的描述，僅說有石塔，一夜造成的簡單描述而已。

巴亨山的高度不高，約六十五公尺，位於吳哥城南門外的左側。整座石塔的基座有五層，總高八公尺，上面建有五塔，仍然是主塔居中，也是最高塔，其餘四塔分作四方各一座，現在五塔雖已殘破荒頹，但是我們從斷柱殘石仍可以想見雕刻之精美、工程之巨大。這是吳哥遺址中最高點，也是看日出與日落絕佳地點，登高眺望，美景盡收眼底。

◎引人矚目的東池和北池

東池，位在城東十里的地方，亦即暹粒河右岸，是人工挖掘的湖泊。根據周達觀所描述，東池周長約有百里之大，此乃極言其大，今約有十七公里半，如果從城東勝利門直行，可達東池的南岸。池的中間也建有石塔石屋，此即今之美蓬寺（Mebon），石塔採方形建造，立於方形平台上面共有五座石塔，中間主塔最高，四面各有一塔，中間有臥銅佛一尊，臥佛肚臍常有水流出，甘甜像中國釀製的酒，易使人喝醉。現在看不到臥佛，因為已被收藏在博物館內。

什麼是臥佛？相傳臥佛是佛陀涅槃時躺下來的最後形像，佛教徒認為向右躺下之吉祥臥，可避免墮入惡趣。真臘宗教信仰原本以印度教為主，到了闍耶跋摩七世晚年逐漸改信大乘佛教，所以吳哥遺跡雜融了印度教與佛教，而有漸

▲東池的中間建有石塔石屋，即今之美蓬寺（Mebon）。

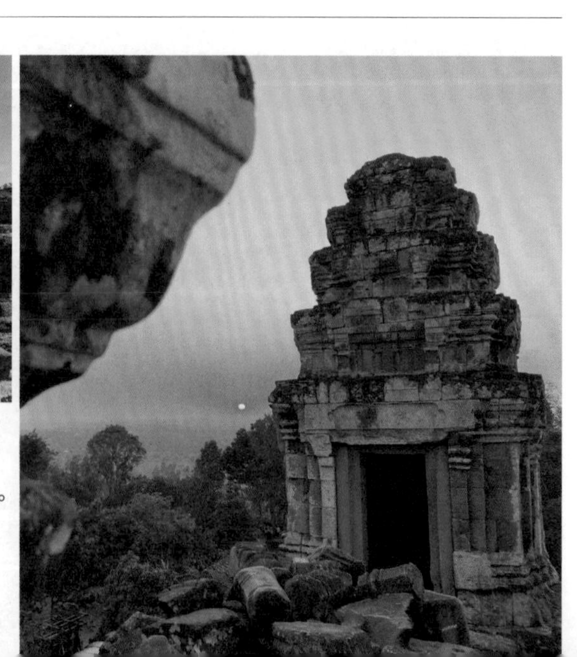

▶巴亨山是吳哥遺址中最高點，也是看日出與日落絕佳處。

向佛教靠攏的軌跡。

北池，位在都城北方約五里（今約三公里）處，整個面積僅有東池的一半，位在神劍寺正前方，所以又稱為神劍池，池中有金方塔一座及石屋（即石龕）數間，裡面有金獅子、金佛、銅象、銅牛、銅馬等雕塑。現在池水乾涸，而金銅雕塑也蕩然無存了，只剩大方池正中央還有一隻大石馬，面向方塔，相傳是演述佛教神馬普渡眾生的神話故事。

《真臘風土記》將整個國都、御苑、天宮及周邊建築地理方位遠近、佛像大小、石塔高低等建築輪廓約略描摹，與今日所見的建制大抵相同，只是周達觀所描述的城廓是個大略，並未進行細密精緻描述，或是因為防禁甚嚴，不能入內探訪之故，例如魯班墓（小吳哥）、巴肯山石塔等僅僅略提而已，還有一些未及提及的，例如西池、塔普倫寺、女皇宮、荳蔻寺等，這些建築有可能是周氏未登覽其地，故而未能描寫入書。

還有，因為周達觀是中國人，對於隸屬吳哥王朝的這些寺廟或建築未能以當地之名稱進行書寫，可能是語文隔閡未能譯成恰當之名，或是無對等意義可作譯名。例如「魯班」是採用中國之名來形容，並未以當地之音直譯其名。

以上，整個吳哥國都的建制大抵如周達觀所觀察記錄下來的，更重要的是，在這些建築之外，《真臘風土記》細緻地描述吳哥王朝各項生活日常、風土民情、政治經濟文化等內容，等待大家去揭開並品賞這一層被歷史遮蔽的面紗之後的真實風貌。

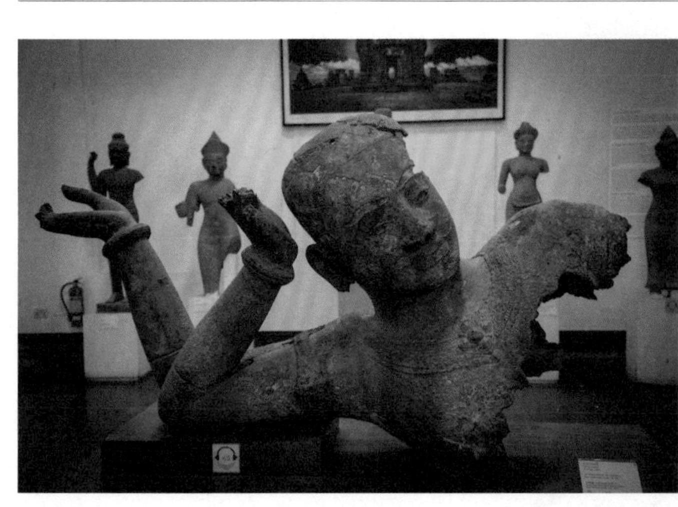

濕婆是印度教三大主神之一，象徵宇宙和毀滅，具有創造再生與繁衍子嗣的功能。

肆・再做點補充

全書除了〈總敘〉一篇總覽出使航線、起訖時間及奉命招諭始末，〈城廓〉一篇帶我們鳥瞰吳哥王朝都城及周邊建築群之外，其餘三十九篇詳細記錄「他者」（中國元朝）觀察真臘的日常生活與文化，讓後世讀者了解十三世紀的王朝如何展現文明縱深的肌理紋路。

精采的傳說與民俗活動的記載

◎神秘傳說與身份表徵

〈宮室〉記錄一則歷史悠久的傳說。

國王每夜要進王宮內的金塔與九頭蛇精相會，王后亦不敢入內，到了二更天才能出來和妻妾同睡。如果一夜不見蛇精，國王就會死亡；如果一夜不前往金塔，國王就會罹獲災禍。這個傳說和另一個傳說有關。相傳柬埔寨地主是蛇女之父那伽拉雅（Nagaraja）所擁有，而王族是蛇女娜姬（Nagi）的後裔。

除了傳說之外，也記錄真臘的建築依照身份位階及官職不同而有異。住宅大小和屋瓦也有官階等級的不同。皇親國戚大臣的住宅周圍用草蓋屋，只有家廟和正寢可以用瓦片建築，一般的老百姓只能用草蓋屋，絕對不能用瓦片蓋屋，就算是富貴人家也不敢僭越。這種嚴禁踰越階層的現象還反映在其他生活，例如服飾穿著、日常起居等。

傳說中的蛇王。

真臘的服裝，一般人民無論男女，頭上作髻，上身裸露，腰部才圍一條布，若要外出，再加一條大布纏在小布的上面。並且以布的花色來區分等級，國王的布是金絲製作，華麗且精美。

〈服飾〉又記載國王的裝扮有異平民。頭戴金冠，有時也用穿線的小香花，繞在髮髻周邊，脖子上帶著大珍珠，手腳及手指皆帶著鑲有寶石的金鐲和金戒，赤腳而行，手和腳都染上紅色，外出就手持金劍，展現國王的威嚴氣勢。

真臘國對於皇親國戚、官吏及女性比較尊重，因為一般老百姓，只有女人可以將手腳染紅，男人則不可。大臣或皇親國戚、女人皆可纏花布。除此而外，真臘也非常尊重、禮遇唐人（中國人），服飾也可打上兩頭花布。

〈官屬〉完整紀錄各種官階等第及所執掌的官吏，這些官員出入的時侯，按照品位不同，出入儀從也各自不同，有金轎、金傘數量之殊異，代表不同的身份地位。

◎歡樂的慶典活動

真臘是個歡樂的國家，幾乎每個月份都有熱鬧的節慶活動。〈正朔時序〉記載他們的曆法採用中國曆，以十月為正月，稱為「佳得」（katik）。正月展開的新年活動是在皇宮前面搭上大棚架，上面可以容納千餘人，並且在棚架上掛上燈毬花朵做為裝飾，在棚架三十丈遠的地方，架著二十丈高，像塔一樣的竿子，上面裝上煙火炮仗，每天大約架有三四座或五六座之多，晚上再由國王

真臘的服裝，一般人民無論男女，頭上作髻，上身裸露，腰部圍一條布。

親自點燃施放煙火炮仗。煙火閃亮連綿百里之外都可看到，炮聲響震整個王城，這樣歡樂施放煙火的活動，可以連續進行半個月才停止，可想見其慶祝喧騰的新年活動，熱鬧非凡。

四月的慶典活動是抛毬活動；五月是「迎佛水」的活動，所謂「迎佛水」就是將全國的佛像，無論遠近大小，都聚集在都城裡，這種特殊的陸地行舟隆重盛典，連國王也會登樓觀看。這些佛像皆有水若干隨之，大家相信匯集眾佛之水，供國王洗身，可以福佑國王平安健康。

七月是燒稻的活動。新稻成熟，迎在南門外，燃燒供佛，婦女、車象，往來觀看者絡繹不絕，非常熱鬧。

八月的活動是「挨籃」，也就是跳舞的活動，每日在王宮欽點差伎進行樂舞表演，還有鬥豬、鬥象的活動，國王也會邀請使節觀看，這樣的活動大約持續進行十天，其歡樂可知。

九月是「壓獵」活動，就是集中全國的大象到王城來，在皇宮前面進行校閱活動，這種以大象進行軍事校閱，氣勢自當宏壯可觀。現在的柬埔寨吳哥東方還有鬥象台的遺跡，應該就是周達觀所說「壓獵」的地方，整個廣場可容納萬人以上同時觀賞大象校閱的活動。

周達觀為我們留存十三世紀真臘國的慶典活動，可以想見當時吳哥王朝的輝煌盛世，唯有太平盛世才能展演這些有趣的慶典活動及民間禮俗。

庶民的日常生活

《真臘風土記》除了記載城廓、皇宮、御苑等雄偉建築群及慶典活動之外，也詳載了庶民的日常生活。

◎隨雨季而移居的耕稼生活

〈耕種〉一篇真實記錄了以農為生的居民們，因為雨季和乾季的輪替，必須每半年遷徙移居山後的生活景況。

真臘王國位於熱帶地區，常年氣溫「如五六月天」，也就是約今日二三十度的氣候，沒有霜雪，有半年是雨季，半年是乾季。雖然有半年不下雨，但是農作物一年大約可以三四穫。

每年的雨季從四月至九月，每天下雨，直到午後方停止，使得淡水洋（即金邊湖，今日的薩里洞湖）的水位非常的高，常常有七八丈之高，此時巨樹全部被淹沒，遠望只剩下叢林的樹稍而已。濱水而居的人民，在雨季來臨時，都會遷往山後去居住，直至乾季時才又遷移回來。

乾季是十月至翌年的三月，這時候不下雨，湖水的水位很低，僅能通行小舟，最深的地方也不過三五尺而已。為了配合乾、雨季的輪替，農夫憑著經驗知道水位會淹到何處，而且也知道稻穀何時可以成熟，所以因時因地制宜，隨地播種。耕種的時候不用牛耕田，而且像耒耜鐮鋤等農具和中國的製作相類而稍有不同。水傍還有一些野田，雖然不耕種卻常生野稻，這應該是另一種浮稻，

▶鬥象台遺跡。

因為它會隨著水位而浮高，若是水位高至一丈，浮稻也會隨之增高，這種水稻是中國所無者，所以周達觀特別將這種耕稼現象記載下來。

還有，開墾過的田地或是種植蔬菜都不用穢物施肥，嫌棄不潔，因此中國人到了真臘國，都不會提到耕種施肥的事怕會被鄙夷。

◎訴訟案件的處理方式

民間的訴訟案如何處理呢？〈爭訟〉記載民間訴訟案，不管大小事一定讓國王知道，刑罰有罰金而沒有杖刑鞭打的情形。如果是犯了重大事件，沒有絞斬之刑，而是在都城西門外挖坑活埋。其次，也有斬手腳指頭的，也有劓刑。如果是偷盜嫌疑人，必須將手放進熱油鍋之中，他們深信如果偷物者手伸入熱鍋油中會腐爛；如果沒有偷盜，手的皮肉絕無損傷。這種刑罰相信可以適當遏止偷盜行為。

還有一種號稱「天獄」，就是兩造爭訟者，坐在王宮對面的十二小石塔之中，二人各坐一塔，或坐一二日，或三四日，身上若生瘡癤或咳嗽發熱者，表示有罪；若是無恙者，表示無罪。

這些刑罰是維持社會治安的方式之一，反映出真臘人對法律規定的奇異習俗，讓人大開眼界。

◎「天葬」的殯葬習俗

人，有生就有死。有關死亡，如何處理呢？

吳哥寺遍佈精美浮雕壁畫。

〈死亡〉一篇詳實記載真臘的殯葬習俗。一般老百姓，人死後不用棺材包裹，而是用蓆子，上面包覆著布。出殯時，前面有旗幟引路，樂隊奏樂，又用兩盤炒米，繞路拋灑。屍體抬到城外偏僻無人的地方，棄擲在地上，讓天上的老鷹或地上的狗或畜類來吃。如果屍肉馬上吃盡，表示父母有福氣，方能有這樣的福報。如果沒有飛禽走獸來吃，或是吃不乾淨，表示父母有罪，才會有這種情形發生。這個習俗就是後人所謂的天葬。

周達觀又說當時也有火葬的習俗，大抵與中國移民移入有關。又記載若是父母死亡，並不像中國有服制之區別，而是男子剔光頭髮，女子則在頭頂剪一個錢幣大的形狀以表示孝順。

一般老百姓採用「天葬」的方式，至於國王則有陵寢埋葬，魯班墓（小吳哥）就是目前保留氣勢最恢宏的陵廟。

曾經輝煌鼎盛的吳哥王朝，被荒煙蔓草掩埋長達四百年之久，卻因為一本被中國人忽視的書籍《真臘風土記》被法國人翻譯之後，這座都城的存在才逐漸被關注，並且引發法國人探尋古都的動機。書與遺跡，互相成就，也互相揭開輝煌鼎盛的真臘王國被覆蓋的塵沙。走過歷史，掀開帷幕，才能看見它為我們保留一個被滅的吳哥王朝輝煌歷史。而無顯著功業事跡的周達觀也因為《真臘風土記》才被看見與注視。

（林淑貞）◆

14 文化基本教材：理想的追尋

理想是我們對未來的深切期待與美好想像，
它賦予我們努力向上的動力，更給我們奮鬥與探索的方向。
當然，理想是很不容易實現的，有時候甚至不會實現。
唯其如此，我們在理想的堅持中，
更可以領略到人性的光輝與信仰的重要。
但是理想不是追求欲望的滿足，而是超越個人私欲的普世關懷，
先秦時代的思想家給我們做了許多深刻、完美的示範，
不論是儒家、道家或墨家的信奉者，
他們懷抱著對提升人性、改革社會的理想，
殫精竭慮、以身作則，
給予當時及後世的人無窮的鼓勵和啟發。

壹・作者與出處

孟子　孔子　墨子　韓非子

自從周朝「分封諸侯，以藩屏周」和周公的「制禮作樂」後，人文精神獲得躍昇，思想重心也逐漸從「天」轉移到了「人」的身上。不過隨著諸侯都想要擴張勢力，征戰殺伐愈來愈多，百姓也被推向風暴中心了，要如何安身立命？不僅成為每個人的生命課題，也是時代的重要議題。當時，面對《墨子》所描述的：國與國之間，「攻其鄰國，殺其民人，取其牛馬、粟米、貨財」，和百姓被「係（繫綁）操而歸。丈夫以為僕圉胥靡（馬夫、奴隸。圉：ㄩˇ），婦人以為舂酋（舂米、掌酒）。」以及《孟子》說「爭地以戰，殺人盈野；爭城以戰，殺人盈城」的現實慘狀，儒、道、墨、法等各家先賢，莫不懷抱著理想，紛紛提出一家之見。諸子各家儘管思想不同，但都同樣是以「愛」人為出發，都想要「及物潤物」地透過思想轉化來減輕百姓的痛苦。

儒家聖人孔子以文化興亡為己任，在亂世中，「知其不可而為之」，一肩挑起道德仁義的禮教理想，鼓勵人們「仁以為己任」，用心靈的昇華降低現實的苦難感。道家老子則看出人心慾壑難填，想要以「人為」改變現狀正是造成災難的原因，所以諭知世人「虛靜無為」，「放下」一切自以為是的「成見」，要「見素抱樸，少私寡欲」地回歸本真。墨家則指出所有強凌弱、富侮貧、貴傲賤、諸侯「攻伐無罪之國」等行為，都是出自彼此間「不相愛」——「人不相愛，則必相賊。」所以墨子推廣「兼愛」思想，要用「兼相愛、交相利」來平息紛爭，使大家放下戈矛。但是還有一些問題，是在儒家德治理想、道家寬鬆政治外的層面，譬如怎樣打造百姓生活的安全防護網、處置犯罪情事等。對此，則法家主張用嚴刑峻罰來維護社會秩序，因此又有韓非等結合「法、勢、術」的治術運用。

一個國家的軟實力與吸引力，有很大的因素是來自傳統文化的魅力。愈是處在身心困頓的亂世，其思想智慧的結晶往往也愈高。當個人的人生觀、生命意義和時代課題相碰撞時，如何解決其中的衝突？各個國家的民族性與文化性，就是從這裏開始凝鍊、形塑，並創造出其所特有的文化價值。而我們通過文化傳承認識了先賢的理想性，有了「典型在夙昔」的照耀與引導後，也當反思個人的思想言為，是否能夠見賢思齊地建立起自己的理想性、或是效法古人以百姓福祉為關懷的思想高度？期望藉由閱讀經典以使我們志向高遠，正是我們學習經典、認識古人智慧的目的之一。

雖然在十九世紀後半葉到二十世紀民族弱勢的歷史發展後，國人的文化自信心伴隨著民族自信心而流失，到處充斥著批判舊文化舊傳統的思想浪潮。今日的世界潮流，更進至全球化的科技競逐。然而科技所帶來的進步，無法解決生命精神層面的問題。值此之際，向歷史借鏡，汲取先知者的智慧，未嘗不是極佳的指引與學習。同時不要隨波逐流，迷失在人云亦云中，要深思「西方化」對於「東方化」是否必須連根拔除？東方化可否翻身成為一種世界文化？我們能否立足在博大深邃的先賢智慧與精髓上，建立起更崇高的識見和格局？或許才是我們值得努力的方向。

因此關於傳統文化的未來，我們要先捫心自問是否真正認識了傳統文化？是故本選文先簡賅地闡明先秦諸子的思想要義及其理想性，以提供借古鑑今的參考。雖然各家的看法不盡相同，但是走在追求真理的路上，並不表示誰的不重要、或誰的可以被忽略。在標幟著真理與理想的大纛下，容許各人以異音唱著「愛」人的同調。「仁愛」與「兼愛」、「揹負」與「放下」，儘管各家理論有所不同，卻可以殊途而同歸。所以關於生命意義與理想性，本文從儒、道、墨、法代表作的《論語》、《孟子》、《老子》、《墨子》、《韓非子》中選錄了若干篇章，闡明其旨歸都在追求人類幸福與福祉之餘，更期望今人的心靈也能更加美好安適、理想高遠。

貳・選文與注釋、導讀

【儒家】

曾子曰：「士[1]不可以不弘毅[2]，任重而道遠[3]。仁以為己任，不亦重乎？死而後已[4]，不亦遠乎？」

（《論語・泰伯》）

1 士：讀書人。

2 弘毅：胸襟遠大，意志剛毅。弘，寬廣、宏大。毅，剛強、勇毅。

3 任重而道遠：肩負的擔子很重，要走的路途很遠。

4 死而後已：直到死時才能卸下重任。已：停止。

曾子是孔門中非常具有自覺的知識份子。他指出身為「士」階層的儒者，不但要擔負起社會責任，更要一肩扛住文化理想的重任。

孔門高徒的曾子，著有《大學》、《孝經》等經典，被後世尊為「宗聖」，是有名的孝子，並深受孔子器重。他對於孔門其他弟子所不知道的孔子「一貫」之道，能夠一語中的，精準地說出：「夫子之道，忠恕而已矣！」他深知孔門乃以「仁」為最高境界，孔子之周遊列國，就是為了實現仁政理想。如此高遠的聖學理想，是想要傳承聖學的「士」，不論「居廟堂之高」或「處江湖之遠」，都要隨時懷抱的文化使命。也如後儒范仲淹所說：「先天下之憂而憂，後天下之樂而樂。」因此身為知識分子，如果抱負不夠遠大、性情不夠剛毅，又怎能承擔此一「死而後已」的重任？孔子在滔滔濁世中，即使「道之不行，已知之矣！」卻仍然堅定地承擔著傳承「斯文」的文化重任，「知其不可而為之」，曾子所說的知識份子，正是以孔子為典範。

什麼是「知識份子」的自覺？「知識份子」擔負著引領大眾走向理想的重任。在我們今天說的豐富知識、自由思想、獨立人格和批判精神以外，兩千多年前的孔子就曾說過「士」是「志於道」的人，譬如顏淵居陋巷、簞食瓢飲，但是始終不改樂道之心。曾子則進一步指出，作為一個知識分子，必須具備剛強勇毅的志行，才能如中流砥柱，擔負起社會責任。當多數人面對不公義而沉默時，作為社會良心的「士」要能直言不曲，就像孔子宣揚的道德思想，雖然《史記》記載在當時時人多認為「迂遠而闊於事情」，但是孔子仍堅定地不改其志。二戰後，德國神學家馬丁·尼莫拉（Martin Niemöller）牧師被鐫刻在美國波士頓「猶太人屠殺紀念碑」上的懺悔文說：「起初，納粹追殺共產主義者，我不說話，因為我不是共產主義者。接著他們追殺社會民主主義者，我不說話，因為我不是社會民主主義者。後來他們追殺工會成員，我不說話，因為我不是工會成員。之後他們追殺猶太人，我還是不說話，因為我不是猶太人。最後他們要追殺我，但再也沒有人站起來為我說話了。」如果多數人對於不合理的事情保持沉默，抱持明哲保身、事不關己的逃避心態，消極地認為「不要看新聞就好」、「小蝦米不要對抗大鯨魚」……，社會風氣就會劣幣逐良幣而日趨腐敗，所以孔子說：「鄉愿，德之賊也」。

然而現代化社會以及學校教育，大多以傳授知識和專業技能的展現為主，不論所學習的專業為何，鮮少涉及人生理想、生命意義、品德教育等課題，也少有能如傳統教育下的古代讀書人，從修身、齊家到治國、平天下，普遍具有經世濟民、普濟天下的理想。心學大師王陽明曾說，人生要找件不後悔的事來做。個人能否懷抱「為國家、為社會、為眾人」的「兼善天下」情操與理想？是高度突出個人主義下的今日課題，而「仁以為己任」，就是孔子為我們點起的一盞兩千年不滅的明燈。

（孟子）曰：「有復[1]於王（齊宣王）者曰：『吾力足以舉百鈞[2]，而不足以舉一羽；明[3]足以察秋毫之末[4]，而不見輿薪[5]。』則王許[6]之乎？」

曰：「否。」

「今恩足以及禽獸，而功不至於百姓者，獨何與[7]？然則一羽之不舉，為不用力焉；輿薪之不見，為不用明焉；百姓之不見保[8]，為不用恩[9]焉。故王之不王[10]，不為也，非不能也。」

曰：「『不為者』與『不能者』之形[11]，何以異？」

1 復：白、說，告訴。

2 百鈞：三千斤，比喻非常重。鈞：量詞，古代計算重量的單位，三十斤為一鈞。

3 明：眼力清晰。

4 秋毫之末：禽鳥秋天新生細毛的尖端，言其細小難見。毫：細毛。

5 輿薪：一整車柴木，比喻非常大而易見。

6 許：猶「可」，認同、聽信。

7 獨何與：那是為什麼、什麼原因？

8 不見保：不能獲得保護。見：被、受到。

9 不用恩：不願施加恩德。

10 不王：不能行仁政於天下。

曰：「挾太山以超北海[12]，語人曰：『我不能。』是誠不能也。為長者折枝[13]，語人曰：『我不能。』是不為也，非不能也。故王之不王，非挾太山以超北海之類也；王之不王，是折枝之類也。老吾老[14]，以及人之老[15]；幼吾幼[16]，以及人之幼[17]，天下可運於掌[18]。」

（《孟子．梁惠王上》）

孔、孟都有崇高的理想，並以愛人為出發。孔子一心想要推行仁政王道，孟子也說「先王有不忍人之心，斯有不忍人之政。」有一回，當孟子拜謁齊宣王，他想告訴齊宣王，治天下不能依靠武力，要發揚「不忍人」之心，施行仁政才能得到民心和安邦定國。於是他先讚美齊宣王的慈悲心，他轉述聽說齊宣王曾見侍者牽了一頭祭祀用牛，牛因害怕而顫抖不已，宣王於是不忍心地釋放了那頭牛，另外以羊代替。但是對重禮的儒家而言，祀典之禮誠然不可廢，對牛、羊而言，牠們的恐懼其實無別，那麼為什麼孟子還讚美宣王慈悲呢？這是因為宣王親見牛的顫抖，惻隱之心油然萌動，說：「吾不忍其觳觫（ㄏㄨˊ ㄙㄨˋ，恐懼發抖），若無罪而就死地。」所以孟子讚美他有「仁心」。孟子正是抓住這個點，希望能夠激勵出宣王的理想性。

11 不為者與不能者之形：不去做和做不到的情況。

12 挾太山以超北海：背負泰山過北海，比喻不可能的事。太山：今山東省泰山。北海：渤海。

13 為長者折枝：比喻很容易做到的事。折枝：這裏有二解，一是替老人家折取一枝草木，一是向長者彎腰鞠躬，枝通肢。

14 老吾老：孝敬、奉養自己家裏的老年人。第一個「老」是奉養，動詞；第二個「老」和下文的「人之老」都是老年人，名詞。

15 以及人之老：推擴此心到其他老年人。及：推至、到。

16 幼吾幼：撫養、照顧自己家中的子弟或晚輩。第一個「幼」是撫養，動詞，第二個「幼」和下文的「人之幼」都是子弟，名詞。

17 以及人之幼：推擴此心到他人的子弟。

18 運於掌：在手掌中運轉，比喻非常容易。

孟子說，如果能夠推而廣之，把對禽獸的仁心推到百姓身上，不就是「仁民愛物」的仁政了嗎？但這裏還有一個困難點，就是戰國時諸侯都想稱霸，對於儒家宣揚的仁政理想，都以太難了、做不到——「不能也」作為遁辭。所以孟子又說，用「不能也」來文飾「不為也」、不肯做，就如同眼睛可以明察見秋毫之末，卻推說看不見一整車的柴木般，只是個藉口罷了。擁抱理想亦復如此。凡事心存理想，都可以做得到；一般人情卻好逸惡勞，總是以「不能」作為託辭。明乎此，則一切的遷延怠惰就都無所遁形了。

孟子不但婉言進諫齊宣王，還為宣王勾勒出一幅儒家理想境界的「大同」世界圖像。從《禮記．禮運篇》孔子說「故人不獨親其親，不獨子其子，使老有所終，壯有所用，幼有所長，鰥寡孤獨廢疾者皆有所養」，到孟子說「老吾老，以及人之老；幼吾幼，以及人之幼」，孟子這段充分體現儒家仁愛精神的名言，不但是對孔子「大同」理想的繼承與發揚，也以仁者胸懷照亮了此後兩千多年的我國歷史。二千多年來，在不斷變遷的傳統社會裏，經常有設立養老院、義學義塾等仁義之為。即在今日，也屢見不鮮社會賢達，慷慨解囊地資助老人院、育幼院、孤兒院或是護持文化事業、藝文團體等。這些都是大愛精神的展現，人類崇高理想的實踐。

【道家】

使有什伯之器[1]而不用，使民重死而不遠徙[2]，雖有舟輿，無所乘之[3]；雖有甲兵，無所陳之[4]。使民復結繩而用之[5]，甘其食，美其服，安其居，樂其俗[6]，鄰國相望，雞犬之聲相聞[7]，民至老死，不相往來。

（《老子》）

《老子》描繪了一幅「雖有甲兵，無所陳之」、「民至老死，不相往來」的生活圖像，這是國人最早的「桃花源」原型。不過，這主要是一種象徵意義，是以具象的「小國寡民」，作為恬淡無欲的象徵以及「反戰」思想的代表，以與當時諸侯國多追求土地廣大、人民眾多作對比。寓有「藉『小國寡民』以消弭戰爭」的理想性於其中。

道家從「天道」的角度出發，「人道」也是「天道」的一部分，所以「人道」要效法「天道」而行。老子從「大自然不會干預萬物，萬物反而能夠自由生長」得到啟示，強調「無為而無不為」。正因天道「無為」，萬物才能「無不為」。是以在政治上，道家主張執政者要減少對百姓的干擾，要讓百姓如萬物之自由自在成長。《老子》說：「治大國若烹小鮮。」治理百姓就像煎魚一樣，不隨

1 什伯之器：指各種器具。什伯：十倍與百倍，泛指眾多。什：同十。伯：同佰、百。

2 重死而不遠徙：把死亡看得很重，即重視生命而不願意搬遷遠處。

3 雖有舟輿，無所乘之：即使有車船，也沒有乘坐它們的理由和必要。

4 雖有甲兵，無所陳之：即使擁有各種武器裝備，也沒有使用的必要。陳：陳列，引申為使用。

5 使民復結繩而用之：讓人們重新使用結繩的方法記事。復：回歸。結繩：遠古時期沒有文字記載時，人們在繩子上打結記事。

6 甘其食，美其服，安其居，樂其俗：感受到吃的食物甘美，穿的衣服漂亮，住的居所安適，風俗也都很和諧。在這裏，甘、美、安、樂，都是意動動詞，意指：以……為……。

7 鄰國相望，雞犬之聲相聞：鄰國都互相看得到，雞鳴狗叫之聲也都互相聽得到。相：互相。

意翻動，魚身才能完整完美。治國之道，首重寬鬆政治哲學。

因此老子「小國寡民」的桃花源，其實是一個形象化的譬喻與摹寫。意欲藉此恬靜淡然的簡單生活，對比先秦各國所汲汲追求的「強」：兵強善戰、「大」：土地與人民的眾多。老子批判「天下無道，戎馬生於郊」，他說在連年的征戰中，常可看見連懷孕的母馬都不能免於被驅赴戰場，而在戰場的郊境上生下小馬，那就遑論百姓生活是多麼的痛苦了。先秦時期，諸侯普遍只有對國家如何強大的關懷，如《孟子》書中記載的梁惠王問：「鄰國之民不加少，寡人之民不加多，何也？」卻鮮少針對百姓怎樣才能安居的思考，百姓淪為「人為刀俎」下的「我為魚肉」，無力反抗命運。故老子以愛人為出發，強烈反戰，批判「樂殺人」者，「不可以得志於天下矣！」

道家思想強調順天應人，要「和光同塵」，追求天人、物我的和諧關係，反對一切對立與競爭。因為無欲、無爭，所以「無事無為」，不強求現象界的「表相」之得。認為人心不知足是造成人類一切災禍的根本原因，「禍莫大於不知足，咎莫大於欲得。」所以所有人為巧詐的有心造作，在老子眼中概屬多餘。他主張向大自然學習，尤其地處卑下的水，利益萬物卻不爭，最接近自然之道，「上善若水，水善利萬物而不爭。」是以對於儒家的禮樂價值，道家也反對，曰：「致虛極，守靜篤」，甚至「絕聖棄智」。因為道高一尺魔高一丈，「法令滋彰，盜賊多有。」因此學習自然之「道」，要「損之又損」，把欲望日漸減損到趨近於「無」的地步。用現代化的話說，就是一種「減法」的人生觀，要把為虛名、為財富、為享樂、為美醜、為言說、為意氣……的心降到最低。要捨棄多餘的外在，把一切人為造作全都「放下」，統統都「無」掉。

道家的理論係取法大自然的運動規律──「反者，道之動。」老子發現宇宙萬事萬象都是朝著相反的方向不斷發展，譬如出生，就開始向著死亡步步邁進。所以，「變」是世界上唯一不變的真理，一切禍福都是相倚相成的，「禍兮福之所倚，福兮禍之所伏。」世間沒有絕對的價值，既然沒有絕對價值，又有什麼值得犧牲本真去換取的?汲汲營營只是徒增痛苦，現象界表相的「得」，其實是精神層次的「失」。而所有違反大自然規律的，也都不能持久，好比「飄風不終朝，驟雨不終日」、「企者不立，跨者不行」，暴風驟雨一定有停歇的時候，踮著腳尖和跨步行走，豈能長久?不如順其自然、安時處順。

道家以自然無為說明「道」的運行，以「守柔不爭」闡述人生哲學，以「我無事而民自富，我無欲而民自樸」勸說人君，在紛擾塵雜的俗世中，宛如一道流淌人心的清流，熨貼著人們的創傷心靈。其影響深遠，與儒家思想成為國人深層積澱的思想磐石。

【墨家】

良弓難張[1]，然可以及高入深[2]；良馬難乘，然可以任重致遠；良才難令[3]，然可以致君見尊[4]，是故江河不惡小谷之滿己也[5]，故能大。聖人者，事無辭也[6]，物無違也[7]，故能為天下器[8]。是故江河之水，非一源也[9]，千鎰之裘，非一狐之白也[10]，夫惡有同方不取而取同己者乎[11]？蓋非兼王之道[12]也。

（《墨子．親士》）

先秦時期，墨家和儒家是並稱顯學的兩家。墨家在上古時期的貴族專政下，非常難能可貴地站在平民立場，是平民代言人。但是平民要如何脫穎而出？充滿了愛心的墨子，實是訓練人才的最佳老師。

由於墨子眼見「民有三患」：「飢者不得食，寒者不得衣，勞者不得息」，能夠感受到百姓之苦，所以其思想體系係從底層的百姓立場出發。《墨子》反戰，倡論「兼愛」、「非（反對）攻」，批判「諸侯各愛其國，不愛異國，故攻異國以利其國。」因為戰爭中，受苦的總是百姓。《墨子》站在儒家對立面，「非儒」、「非樂」、「薄葬」、「短喪」，因為要「去其無用之費」，要「黜奢

1 張：把弓拉開。
2 及高入深：可以射得高遠又深入。
3 良才難令：好的人才不好駕馭。令：號令對方、控制。
4 致君見尊：可使國君的地位高尊。見尊：被尊重。
5 江河不惡小谷之滿己：江河不會排斥山谷中滿溢的水。
6 事無辭：「無辭事」的倒裝。不會推辭事情，勇於任事。
7 物無違：「無違物」的倒裝。不會違反正理。
8 天下器：能包容天下萬物的大容器，即今人讚美人的「大器」。
9 江河之水，非一源也：廣大的江河水流，來源不會只有一處。引申為能容眾之義。
10 千鎰之裘，非一狐之白也：貴重的白狐皮裘，不會取自一隻白狐，而是綴集很多白狐皮毛而成的。千鎰：比喻非常貴重。鎰：二十四兩黃金為一鎰。

崇儉」、「惜時尚勤」地創造勞動力，以使百姓獲得更好的生活。墨家又以深具現代化民主精神的「尚賢使能」之說，為平民爭取參政權，力主「官無常貴，而民無終賤。有能則舉之，無能則下之」，反對貴族專政以及世襲的「世卿世祿」。即與今日全球主流的民主思潮相比，也毫不遜色。墨家思想是上古時期東方文明的耀眼光輝，是我國兩千多年前的思想理論。

《墨子．親士》的這段文字，很可以看出墨子充滿了對「人」的期許。首先，他強化「強者」的心理質素，他說良弓雖然難以拉開，但拉開了以後，箭可以射得又遠又深入；良馬難馭，但可以任重致遠；良才難使，但禁得起磨練和挑戰。所以為什麼要選難張、難馭、難令的良弓、良馬與良才？因為唯其如此，才能及高入深、任重致遠、得到真正「致君見尊」的股肱重臣。一個有理想的人，如果要成為「天下器」，路會選難走的走，擔子會挑重的挑。選擇做容易的事，是人性；挑戰艱難、成就大業，則是理想。而在通往成功的路上，必然充滿了各種難題挑戰，要堅強勇毅地披荊斬棘，必須拉開良弓、駕馭良馬、任用賢人，成為一個「不辭事、不違物」，能夠包容天下的「大器」。

所以墨子接著建設「強者」的胸襟度量：想要富有天下，就要如同江河之水非一源所能成就，也如千鎰之裘不是取自一狐，要有寬廣的容人雅量。因此儘管人性普遍愛聽美言、不喜逆耳忠言，但是想要成功，墨子指出：「惡有『同方』不取而取『同己者』乎？」人在獲得志同道合的「同方」相助時，才能照見自己的不足，增益其所不能；不能沉溺在「同己者」附和己見的諛詞，自我

11 惡有同方不取而取同己者乎：怎會不取同道之人，卻只要求附和己見？意謂只要合於道理，不必和自己意見相同。惡有：即豈有？惡：音ㄨ，何、哪裡。同方：指同道，志同道合的人。同己：一味附和自己意見的人。

12 兼王之道：即一統天下的方法。兼：兼得、擁有。

封閉在同溫層中，失去奮鬥精神。《孟子》也曾說：「入則無法家拂（ㄅㄧˋ，輔弼）士，出則無敵國外患者，國恆亡。」如果一個國家內無明法度的大臣輔弼，外無相與競爭的敵國對抗，便會因為過度安逸而趨向腐敗衰亡。

是故想要成大器，就要不斷地成長，要有承受壓力的抗壓性和健康心態。雖然到達成功前的掙扎，總是傷痕累累，亦如珍珠的外表不會是美麗的，但是堅持下去，必然可以如蛹化為蝶般翩翩飛舞。《墨子》書上又記載：有一次墨子對弟子耕柱子發了一頓脾氣，耕柱子挫折沮喪地說：難道我就沒有一點勝過他人的地方嗎？墨子反過來教他思考：如果驅車上太行山，你將選擇千里馬或是一頭牛來駕車呢？耕柱子說我當然會選擇千里馬。墨子問何以故？耕柱子說：「驥足以責。」只有千里馬才能被鞭策和擔負重任。於是墨子說：「我亦以子為足以責。」我認為你就是可以被鞭策的人，所以才責求你。這也如滄浪之水將被用來洗帽帶抑或洗腳？端看水的清濁而定；一個人想要發揮大用，抑或小用、無用？皆由自取。

今人固與禽獸、麋鹿、蜚鳥、貞蟲異者也[1]。今之禽獸、麋鹿、蜚鳥、貞蟲，因其羽毛以為衣裘，因其蹄蚤以為絝屨[2]，因其水草以為飲食；故唯使雄不耕稼、樹藝[3]，雌亦不紡績、織紝[4]，衣食之

1 蜚鳥、貞蟲：飛鳥與昆蟲。蜚：音ㄈㄟ，同飛。

2 因其蹄蚤以為絝屨：憑藉著天生的腳蹄，就可以代替衣褲鞋子等穿著。絝屨：褲子和鞋子，音ㄎㄨˋ ㄐㄩˋ。

財固已具矣。今人與此異者也，賴其力則生，不賴其力則不生。君子不強聽治[5]，即刑政亂；賤人[6]不強從事，即財用不足。

（《墨子・非樂》）

3 耕稼、樹藝：種田與種樹。

4 紡績、織紝：織布與紡織。

5 聽治：聽理政事。

6 賤人：古代平民的代稱，指庶民階層。

墨家站在平民立場，深切體認百姓想要過更好的生活、想要經濟無虞，所以凸顯勞動精神，要求「惜時尚勤」以創造財富。他在確立了人生價值在於創造富利經濟，以改善人類共同生活之後，更提出極具洞見的主張：人與人不應是競爭關係，應該「兼相愛，交相利」地互助合作。這正是墨子代表性思想——「兼愛」的理論基礎。

墨子的倫理思想不同於儒家的「人道」出發，上述選文係從「天道」視野，指出宇宙萬物如禽獸、飛鳥、昆蟲……，牠們打從出生起就能取用大地的無盡寶藏，讓自己獲得生存所需的充足物資。唯獨人類，必須自己創造「衣食之財」，所以，「賴其力則生，不賴其力則不生。」則人類豈有怠惰偷懶的條件和理由？而且通過自己的雙手創造財富的精神，是平等涵蓋所有貴族和平民的，人人都應該為創造生存資源而勤力不懈。人的價值，正在發揚勞動精神，以改善人類共同的生活。

據此，則在生存資源寥落的情況下，人與人之間更應該齊心為改善生活條件而共同努力，又何暇乎征戰？那麼為什麼還是有戰爭發生？他想：如果人與人之間都是相愛的，怎麼會去攻打對方？所以他得到結論：凡是戰爭、殺人、盜竊……，都是因為自私狹隘，只愛自己、不愛別人，也就是人類彼此間的「不相愛」。是故區別人、我的「分別心」，就是造成人與人、家與家、國與國彼此仇恨與侵略的關鍵，「諸侯各愛其國，不愛異國，故攻異國以利其國。」因此他進一步批判淆亂是非、積非成是的「不義」攻國。他說殺人既是違天害理的「不義」，何以攻國殺人卻可以被列為戰功？百姓何辜？這豈非游移的雙重標準？《墨子》的「非攻」主張，是「反戰」思想的上古先聲。

是故「兼愛」不是教人放棄對父母的愛與關懷顧養；而是墨子認為應該要以廓然大公、無私、平等的精神即「兼愛」之心，平等地對待其他族類與人群。以此，他在洪荒蒙昧的年代裏，大聲喊出「以『兼』易『別』」，提倡「愛無差等」的「兼愛」思想，表現一種深具宗教家情懷的大愛。不過這一來，其思想主張遂在後世遭致抱持「仁愛」思想、持論「親疏遠近」的孟子強烈攻訐。其實儒家也是強調「推己及人」的，只是孟子認為父母生養護育我，如此襁抱提攜之恩，不可與他人置諸同列，故強調推愛於「人之老」、「人之幼」，必須先從「老吾老」、「幼吾幼」做起。人倫始於愛親，這是儒家極力維護的礎石。

不同的關懷與出發，自然會有不同的思想理論。墨家和儒家思維不同、理想各異，墨子非儒、非樂，致使繼承孔子禮樂思想的孟子不能認同。但是在貧窮的古老年代裏，墨子心知鍾鼓琴瑟聲、錦繡文采、芻豢煎炙是人間至美，卻心有不忍——不忍上層貴族的繁文縟節，殘忍地由下層喘不過氣的庶民來擔負。

現代詩人羅智成曾經化身墨子代言人，在《諸子之書・墨翟》中說：

但誰能責怪他的離席呢？
當兩噸半的青銅編鐘與才藝
為封建主的晚膳，繁瑣地發動
一座莊穆的玉的鍋爐
為一顆昏蔽的心
隆重啟奏
這樣的縟節，墨子說，
任一急切的理想主義者
都坐不住的。

在貴族專政的傳統社會裏，「食前方丈，猶嘆無處下箸」的奢華，是「不得食，不得衣，不得息」、飢寒凍餒的底層百姓耗費無數力氣換來的。所以極具任俠精神的墨子，不滿孔門禮樂繁瑣，他以平等精神為百姓發聲，反對不合理的階級制度，尤其批判貴族擴權爭地的連綿戰爭，造成百姓哀哀無告的無謂犧牲。然而在維護階級政權者的罵聲中、主流思想的攻訐下，詩人也只能搖頭嘆息：「壯觀的兼愛，掩不住偏狹的理解。」墨家「愛利萬民」的「兼愛」思想，維持不住春秋時的顯學地位。不過，直到今天，墨家仍然以其大公無私的精神，並未衰歇地煥發著「天下為公」和宗教情懷的光芒。

【法家】

夫聖人之治國，不恃人之為吾善也[1]，而用其不得為非也。恃人之為吾善也，境內不什數[2]；用人不得為非，一國可使齊[3]。為治者用眾而舍寡[4]，故不務德而務法。夫必恃自直之箭，百世無矢[5]；恃自圜之木，千世無輪[6]矣！自直之箭、自圜之木，百世無有一，然而世皆乘車射禽者，何也？隱（檃）栝[7]之道用也。雖有不恃隱栝而有自直之箭、自圜之木，良工弗貴也。何則？乘者非一人，射者非一發也。不恃賞罰而恃自善之民，明主弗貴也。何則？國法不可失，而所治非一人也。故有術之君，不隨適然[8]之善，而行必然之道。

（《韓非子・顯學》）

1 不恃人之為吾善：不依賴人民自動為善。

2 境內不什數：國境之內恐怕還不到十人。什：通十。

3 一國可使齊：全國的人都可以派遣出使齊國，意謂都能合乎法度要求。

4 用眾而舍寡：必須使用適合眾人的方法，放棄針對少數人的方法。

5 必恃自直之箭，百世無矢：一定要依賴自然長成的直木，那麼幾百年也造不出箭來。

6 恃自圜之木，千世無輪：要依賴自然長成的圓木，那麼幾千年也造不出車輪來。

7 隱栝：即檃栝，矯正彎曲木材的工具。檃栝：音ㄧㄣˇ ㄍㄨㄚ。

8 適然：偶然。

法家思想別出於儒家「禮治」理想之外，在先秦紛亂的時代背景下，法家以社會秩序作為價值，主張用嚴刑峻法整治世亂，宣揚用「法治」來安定社會。這何嘗不是今日世界性潮流「法治」主義的先聲？

在我國實際的歷史進程中，「禮」和「法」都是維繫人倫、規範秩序的有效制約力量，不論在精神或實質上，都是互為表裏、互相補足的百姓遵循規範。但是在兩千多年的儒家主流中，「法治」思想長期淹沒在「德治」理想的光芒下，法家淪為被批判的一方。其實《禮記》早就說過：「禮樂政刑，其極一也」，禮樂政刑的終極目標，都是追求社會安定，只不過途徑各有不同罷了，「禮以道其志，樂以和其聲，政以一其行，刑以防其姦。」而在歷史上號令「獨尊儒術，罷黜百家」的漢武帝，也是行法家治術的代表人物。

法家思想的集大成者是韓非，他吸收了「法治」主義具有強制力的「道德他律」精神，在我國長期標榜德治禮教，而要求道德自覺的傳統社會裏，另以一種對人情深刻參透的理性態度，有別於先秦各家。他吸收了慎到突出的「自為心」，冷智觀察人情都是好利祿、惡刑罰的，所以他站在執政者角度，要求能使眾人一體遵循的法制規範，以追求社會的「必然之善」。這樣的治國之術，是要求作為「國法」的「必然之道」，而不是偶然的「適然之善」。因此韓非主張「用眾而舍寡」，務使任何人都不能自外於法制，譬如殺人就要受到絕對的制裁。因此他說治國之道，要「務法」而不是「務德」。

為什麼必須「務法」？韓非又吸收了商鞅的法治精神。當年商鞅到秦國，如何做到讓秦國一躍而為強國，並統一天下的？商鞅在說服秦孝公變法後，為了樹立「法」的威信，先在國都南門樹立一根三丈的木頭，下令只要有人把這此木移至北門，就賜給十兩黃金。起初，百姓怪疑，無人理會。商鞅於是把賞金提高為五十兩，此時真有一人照做了，商鞅立刻實踐諾言，賞賜五十金。在宣導了法之「不欺」後，商鞅才開始頒布新法。新法初行，百姓多感不便，太子於是以身試法，率先衝撞。商鞅處在太子不可刑的困境中，於是嚴刑輔佐太子的公子虔和老師公孫賈。第二天起，「秦人皆趨令」，沒有人敢再違法。《戰國策》和《史記》都記載了商鞅的號令賞罰，「天下莫如」，他國無及者，這使得「秦民大悅，道不拾遺，山無盜賊，家給人足。」秦法的威信，即使孝公已死、商鞅被殺，仍然「秦法未敗」地繼續發揮變法的影響力，故有後來的秦始皇統一天下，建立王朝。

「法」的作用，正在能使人人遵循、不敢違背，是檯面下安定社會的實質力量，韓非為了凸顯「用眾而舍寡」的重要性，先以造箭、造車為例。他說如果一定要用自然長成的直枝造箭，那麼幾百年也造不出箭來；一定要用自然長成的圓木做車輪，則幾千年也造不出輪子。自然的直枝、圓木千百年難逢，但世人卻皆有車可乘、有箭可用，為什麼？就是因為能夠善用矯治之器。所以即使有自然合度、無須矯治的直枝和圓木，良工也不會特別看重。因為所需要的箭不止一支，所需要的車也非僅一部，既是千載難逢，又如何滿足眾人的需求？同理，就算有不須賞罰、自動展現德性光輝的人，明君也不會特別看重，因為君主要治理的不只一人。那偶然出現、可遇不可求的善人賢才，又怎能期之眾人呢？所以韓非顛覆儒家理論，批評儒家「以文害用」，另外主張「不務德而務法」。他認為有法度的君主，不須標榜偶遇之善，只要在良好的管理下，推行必然能夠達成目標的法制即可。

先秦法家是站在「管理哲學」的角度，論如何管理眾人事務的學說。法家看似嚴峻的舉措，其實換一個角度思考，正是可使眾人擁有不會被違法亂紀者干擾的最佳保證。那麼，這就是換了另一種方式的愛人之道。一如現代教育理論，當我們有了「胡蘿蔔」的儒家循循善誘引導，再加上法家的「鞭子」在後警策，相信就是能使百姓安心生活的社會保障了。

參・再做點補充

「哲人日已遠，典型在夙昔。」在漫長的歷史進程中，懷抱理想而足為後人典範的事蹟多矣！見賢思齊，我們是否也能建立起一己的理想性呢？

「金聲玉振，如出金石」的原憲

孔子曾在和子貢的對話中，告訴子貢「貧而樂，富而好禮」，更勝於「貧而無諂，富而無驕。」因為不論現實環境是貧是富？重點都在於要有一顆「志於道」的心，如果能夠富而好禮，對社會或將會有更多實質挹助的效果。所以孔子從來不會「仇富」，而是鼓勵富人為善，反對形塑一種「有風骨等於沒有錢」的文化形象。

有一次，富裕的子貢在行善後拒絕獎勵，孔子直言其過。他說如果社會風氣普遍認為接受獎勵便是貪財、不接受就是廉潔，長期來說，反而會造成對文化現象的傷害，將無法鼓勵更多的人為善。反之，有一回子路救了人，事後他坦然收下對方贈送的一頭牛，孔子則加以肯定，因為這樣才能鼓勵更多的人勇於救人。因此雖然孔子讚美「安貧樂道」的顏淵，但是孔子所讚美的，是他的「樂道」和「不貳過」，而不是他的貧窮，這必須加以區別。想要鼓勵社會大眾和根器不同的人為善，就要讓人感受到樂道是更健康、而不是貧瘠的形象。

端木賜，字子貢，孔門十哲之一。
國立故宮博物院藏。

再從另一面來說，顏淵對於理想的堅持，確實也是值得我們尊敬和學習的。而孔門中除了顏淵以外，還有另一位原憲，也以高尚的志節贏得了世人的敬重。

原憲在孔子死後，隱於魯國草野，住在蓬草編門、破甕為窗、上漏下濕、四壁蕭然的地方，但他始終正襟危坐，絃歌不輟。其時，擔任衛相的子貢，乘坐著結駟連騎的華麗馬車去見他。但子貢只能撥開草叢，走進去容不下高大馬車的狹小巷弄。他看著手拄藜杖、衣衫捉襟見肘、破鞋包不住腳跟的原憲，問：你有病嗎？原憲對子貢說：「無財之謂貧，學而不能行之謂病。憲貧也，非病也。」並繼續用金聲玉振的聲音，詠歌商〈頌〉等詩篇。他聲滿天地，如出金石，呈現出超然世俗塵網，獨立在慶賞爵祿之外，即使天子諸侯都不能使他臣服的崇高境界。慚愧的子貢只好退出，並終身以此自省，恥己之過也。

「摩頂放踵，利天下為之」的墨子俠義精神

墨子極具任俠精神，「摩頂放踵，利天下為之。」他是躬身實踐自我理想的理想主義者。《墨子》一書在充滿了惻隱之心的「兼愛」、「非攻」、「尚賢」等思想外，還精到地闡述了力學、幾何學、代數學、光學等概念，並有〈備城門〉以下十一篇詳述製造戰守之具的武備篇章。墨子曾經為了救宋，連走十日夜從宋國到楚國，「足重繭而不息」，並憑藉著完美戰略和精良武器，詘退了楚惠王和公輸般聯手攻宋的計畫。

顏回，孔子七十二門徒之首，孔門十哲中德行科第一，但年僅四十歲就去世了，後世尊稱為「復聖」。國立故宮博物院藏。

《墨子．公輸》記載了「公輸般為楚造雲梯之械，成，將以攻宋」之事。

楚人公輸般，就是後世譽為土木工匠祖師爺的工藝家魯班（魯班尺、「班門弄斧」典故都出自他），他曾經發明可以用來窺瞰敵人城中的雲梯、木鳶（類似今日的無人機），楚王打算用來攻宋。充滿俠義精神與慈悲心的墨子，也曾經創立一整套墨家的機關術和守城的工具。當墨子千里跋涉拜見雄心勃勃、一心想要建立霸業的楚惠王，先勸他：楚地遼闊五千里，宋國只有如彈丸的五百里，就好像以彩車比破車；楚國雲夢大澤滿滿都是富饒的犀兕麋鹿、江漢魚鱉，宋國卻連野雞、兔子和鯽魚都沒有，就好像用美食佳餚和糠糟對比。既有彩車，又何必去搶別人的破車？既有錦繡華服，又何要穿別人的破舊短衣？何況宋國無罪而攻之，不可謂之仁，失義者必敗。楚王雖然理詘，卻不肯聽從。於是墨子又說，我會以堅強的武備拯救宋國的危亡，並提議和公輸般先來一場模擬賽局。

雙方交手，公輸般用雲梯攻城，墨子便用火箭燒雲梯；公輸般用撞車衝城門，墨子便用滾木擂石砸車；公輸般挖地道攻城，墨子便用煙燻地道……「公輸般九設攻城之機變，子墨子九距之。公輸般之攻械盡，子墨子之守圉（禦）有餘。」於是公輸般起了害墨子之心，墨子也早有防備地說：死一墨子仍有弟子數百。他早已派遣弟子禽滑釐等三百人，「持臣守圉之器，在宋城上而待楚寇矣。」最後，楚惠王和公輸般只得放棄攻宋。

公輸般與墨子各自發明出各種攻城與防禦的器械與裝備，如雲梯車及強弩等。

而當墨子回程過宋國時，正下著大雨，他想在城門內躲雨，守門者不納。一場亡國危機被墨子靜悄悄地神機化解了，宋國卻沒有人知道他的偉大。

墨子「形勞天下」，為天下不辭勞苦的奉獻精神，一如宗教家；守城製具，一如工匠大師；急公好義、赴湯蹈火，又如俠客；口才便給，不亞於說客；心存公義無私利，有如道德家；品德崇高，則如聖人。即連莊子都忍不住讚美：「墨子真天下之好也！」（張麗珠）◆

理想是我們對未來的深切期待與美好想像，
它賦予我們努力向上的動力，更給我們奮鬥與探索的方向。

編輯後記

編製一部教材或讀本的主要動力有三：

一、是教育者對於他所傳授的知識內容真心喜愛與認同。

二、是教育者對傳授與分享這些知識充滿熱誠，並相信透過這樣的交流，有助於某些理想的達成。

三、是對於受教育者的期待與需求有較精確的理解，對於學習的情境與心理有更深刻的體會。

但是在制式化的流程裡，這三種動力都不免被消磨，甚至扭曲了！以致於我們漸漸忘了教育者最初的願景與樂趣。

每個人對於國文教材都會有不一樣的期待與想像。我們對它的期待與想像，比較像是一個深受傳統、當代文學及各式文化思潮薰陶，並從中獲得思想內涵、自我表達能力、從中獲得提升生活品質之種種文化資源的過來人，渴望將這些資源回饋於社會、傳承給下一代；或者說，更像是一個受惠者急於分享。

根據我們自身的教育及受教過程與經驗，國文這門科目除了強化文化主體建構之外，帶給我們很多的益處與效用。這些功用與收穫，點滴在心頭；教學當中的缺失與限制，我們也心知肚明。對這些正面與負面經驗的反思與檢討，讓我們有了想編製一部理想國文讀本的動機。

為此，我們重新尋找、探索編製教材的動力，綜合以上三個面向，訂定出理想高中國文讀本應該具備的功能或滿足的指標：

1．能讓我們更周延、更深入地了解中文各種文體與各式語法，熟習進階的中文表達技巧。
2．透過對更多文史著作、文化經典的認識，提升我們的國學常識。
3．豐富我們的審美經驗，增進我們的審美能力，提升我們的美學素養。
4．傳承傳統價值，建構文化主體，建立文化自信。
5．培養思考方式，訓練邏輯分析，奠定論理基礎能力。
6．了解現代意識，培養現代心智或現代化的感受主體。
7．了解當代社會環境，熟悉現代的普世價值，掌握觀看世界的新觀點。
8．了解自己，透過個性化表現與作品風格的體悟，探索屬於自己的生活態度。
9．培養創意思維，豐富我們的想像力。
10．透過各種翻譯的經典作品，認識世界、培養和世界交流的能力。
11．熟悉在地生活經驗與特有文化，深植我們的共同記憶。
12．培養多元、包容的價值觀，認識、學習少數族群的心靈。

在漫長的文化發展過程裡，中華民族累積了各種文學形式、經典作品與重大的成就。不過各朝各代積累的文化資產並不平均，許多時候甚至是停滯與倒退的，或不符合現代人的感受。所以在國文教學素材的整合與選擇上，我們大致以時間為座標，但根據不同時期作品對當代學習者的意義與功用，衡量適切比重，對選文的出處做出：

先秦諸子、先秦文史（含詩經、楚辭等）、兩漢經史、漢詩文賦、魏晉南北朝、唐代詩歌、唐代文史（含傳奇）、宋詩宋詞、宋代文史（含宋明理學、不含話本）、元代文史、明代詩文、明清小說戲曲、清代詩文、最後的古代、民國新文學、當代華文創作、世界文學、現代思潮等十八項大致的分類，它基本上反映出我們所認知的國文教育重點，再根據認知的比重，把它們表現在內容安排上，如同訂出必選或優先學習的主題或文類，希望在高中等級的國文教育中，每個重點都可以讓學習者有機會接觸、領略。

對於文言文與白話文比例之爭，我們也有我們的看法：我們學習文言文，是為了讀懂祖先的智慧與經驗，進而建立我們與傳統的聯繫。文言文在現實生活裡已失去主要的應用價值，但是文言文最重要的意義，在於它記錄並承載了我們整個民族數千年來的文明資產，不只是簡單的表達工具而已。對自己過去的文化、傳統的價值、祖先的記憶感到熟悉、親切，我們就有了根、有了精神原鄉，未來，無論我們走到那裡、學習到什麼新的東西，才會有一個文化主體來進行對話、吸收、辯證、改良。

白話文是一個還在生長，並充滿發展、進化能量的語言，我們在生活的各個場域裡頭都有機會學習它、使用它。白話文的表達，我們是從幼稚園、小學時代就開始學習的。因此我們要問的是，在高中教材裡，我們要透過白話文的學習，獲得什麼更進一步的東西。

現代中文白話文學的發展，迄今不過一百餘年的光景，中間經歷了戰亂與鉅變，嚴格說來，成熟傳世的經典作品尚待積累，目前國文教材裡大部分的當代選文，在表達技巧、觀點及訊息量上，甚至往往不如一般媒體或書籍裡的篇章。我們要學習的，其實是了解白話文後面所傳達、承載的整個新世界的文明與心智。

簡單的說，我們用文言文認識我們文化之所由出；透過白話文認識、理解當下與未來可能的世界。所以我們強烈地認為，白話文的文本應包括更為深刻、廣泛的世界各地文學、重要著作的翻譯；不管做不做得到，有些白話文學應該以「書籍」、以「本」作為單位，每個高中生在畢業之前，應該被要求讀完幾本白話文創作或翻譯的書籍。

我們當然明白，目前的國文師資，並無法應付白話文這一面向的教學任務；目前教學理念的貪多與搖擺，更讓無所適從的學生瞎折騰，從而消耗了學習的熱誠。在這部國文讀本的編製中，我們試著努力把事情想清楚，回到教育者的初心，一步一步來，局部教材的修改與活化，也許會促成師資培訓內容的改變、教學方式與評鑑方式的改變，這何嘗不是強化國文教育、改革國文教學的契機？

由於資源、人力、時間、生產方式與經驗的限制，目前的讀本還達不到我們原先預期的基本要求，例如：我們努力探索的專業與觀點、表述的文字風格與腔調、體例的合理與周延……都還有很大的進步空間。我們在此野人獻曝、拋磚引玉，因為我們相信：國文教育就是一個民族靈魂基因的傳遞，是我們下一代的心靈教育，也是一個充滿理解、包容與創新的社會的基礎。◆

傳世經典 004

理想的讀本— 國文 4

撰 述 委 員—— 向鴻全、江江明、何淑貞、李玲珠、林淑貞、張麗珠、陳惠齡、彭鏡禧、黃雅莉、楊宗翰、羅智成、蘇珊玉 (依姓氏筆畫排序)

編 輯 委 員—— 林淑貞、張麗珠、黃雅莉、羅智成

責 任 編 輯—— 蔡孟軒

美 術 設 計—— 李林

發 行 人—— 王章力

出 版—— 一爐香文化事業有限公司
財團法人漢光教育基金會

信 箱—— alusan777@gmail.com

地 址—— 臺北市信義區松仁路 90 號 2 樓

總 經 銷—— 時報文化出版企業有限公司

電 話—— (02) 2306-6842

地 址—— 桃園市龜山區萬壽路二段 351 號

書 籍 編 號—— Z000134

印 刷—— 永光彩色印刷股份有限公司

初 版 一 刷—— 2021 年 4 月

定 價—— 新臺幣 480 元

(缺頁或破損的書 , 請寄回更換)

理想的讀本／國文 4：向鴻全．江江明．何淑貞．李玲珠．林淑貞．張麗珠．陳惠齡．彭鏡禧．黃雅莉．楊宗翰．羅智成．蘇珊玉 撰述
初版—臺北市；一爐香文化事業有限公司，財團法人漢光教育基金會，2021.4
408 面 19×26 公分－ (傳世經典；004)
ISBN 978-986-98484-3-5 (第 4 冊：平裝)
1. 國文科 2. 閱讀指導 3. 中等教育
524.31 110005667

ISBN 978-986-98484-3-5
Printed in Taiwan